Verlegt nach unbekannt

LANDSCHAFTSVERBAND RHEINLAND
ARCHIVBERATUNGSSTELLE

Rheinprovinz

Dokumente und Darstellungen zur Geschichte der Rheinischen Provinzialverwaltung und des Landschaftsverbandes Rheinland

– 1 –

Matthias Leipert · Rudolf Styrnal · Winfried Schwarzer

Verlegt nach unbekannt

Sterilisation und Euthanasie in Galkhausen 1933–1945

1987

Rheinland-Verlag GmbH · Köln
in Kommission bei
Dr. Rudolf Habelt GmbH · Bonn

Anschriftenverzeichnis:

Graf, Hendrik, Ltd. Krankenpfleger
Abt. 8, Landschaftsverband Rheinland
Kennedy Ufer 2, Postfach 21 07 20
5000 Köln 21

Hoss, Christiane, Kölnische Gesellschaft für Christlich-jüdische Zusammenarbeit e.V.
Kämmergasse 1
5000 Köln 1

Leidinger, Friedrich, Dr.,
Westfälisches Landeskrankenhaus Gütersloh,
4830 Gütersloh

Leipert, Matthias, Dr., Ltd. Arzt,
Rheinische Landesklinik Langenfeld
Kölner Straße 82
4018 Langenfeld

Schwarzer, Winfried, Rektor,
Rheinische Landesklinik Langenfeld
Kölner Straße 82
4018 Langenfeld

Seidel, Ralf, Dr., Ltd. Arzt,
Rheinische Landesklinik Mönchengladbach
Heinrich-Pesch-Straße 39–41
4050 Mönchengladbach

Styrnal, Rudolf, Ltd. Krankenpfleger
Rheinische Landesklinik Langenfeld
Kölner Straße 82
4018 Langenfeld

Wilhelm, Jürgen, Dr.,
Vors. der Landschaftsversammlung
Landschaftsverband Rheinland
Kennedy Ufer 2, Postfach 21 07 20
5000 Köln 21

Wuttke, Walter, Dr.,
Stauffenring 15
7900 Ulm

Rheinland-Verlag GmbH · Köln, 1987
Rheinland-Verlag- und Betriebsgesellschaft
des Landschaftsverbandes Rheinland mbH.
Abtei Brauweiler, 5024 Pulheim 2
Lithos: Peukert, Köln
Druck: ICS Communikations-Service GmbH, Bergisch Gladbach
ISBN 3-7927-0939-2

Inhaltsverzeichnis

Dokumente

Geleitwort zur Schriftenreihe „Rheinprovinz“

Mit seiner neuen Schriftenreihe unternimmt der Landschaftsverband Rheinland den Versuch, seine Geschichte und die seiner Rechtsvorgänger darzustellen. Deren Tätigkeit ist wenig bekannt, obwohl sie bei der Lösung wichtiger politischer Probleme eine entscheidende Rolle spielten.

Das Ausgreifen Preußens nach Westen auf die Rheinlande mit deren Einverleibung als „Rheinprovinz“ bedeutete zwar für Preußen einen gewaltigen Gewinn an politischer und wirtschaftlicher Macht, brachte aber auch außergewöhnliche Integrationsprobleme mit sich. Die neue Provinz war die nach Schlesien einwohnerstärkste und die am dichtesten besiedelte. Geprägt vom katholischen Glauben stand die Bevölkerung den überwiegend protestantischen Preußen zunächst fremd gegenüber. Gewöhnt an französische Gerichts- und Verwaltungsformen mißtraute man den preußischen Traditionen. Das Rheinland war deutlich stärker klerikalbürgerlich geprägt und wirtschaftlich viel weiter entwickelt als die übrigen Provinzen Preußens. Hier befand sich ein Zentrum der Industrialisierung, die im Laufe des 19. Jahrhunderts auch zur Entstehung des Arbeiterproletariats führte. Nicht zufällig stammen die bedeutendsten Theoretiker der Arbeiteremanzipation, Karl Marx und Friedrich Engels, aus dem Rheinischen. Trotz der wirtschaftlichen, sozialen, religiösen, landsmannschaftlichen, rechts- und verwaltungsgeschichtlichen Spannungen im Laufe des 19. Jahrhunderts gelang es, die Rheinlande mit Preußen zu verschmelzen. Dies lag wesentlich an der Beteiligung (zunächst nur der führenden Klassen) der rheinischen Bevölkerung am Geschehen in ihrer Provinz. Die Zuweisung eigener Geldquellen, der Aufbau einer eigenen Verwaltung und die Entwicklung zu einer demokratischen Vertretung schufen weitere Möglichkeiten der Selbstverwaltung und der Partizipation. Der Landtag und die ihm zugeordnete Verwaltung trugen wesentlich zur Lösung brennender Zeitprobleme bei. So wurden Einschränkungen der Kinderarbeit als Anfang der Sozialgesetzgebung oder Vorschriften zum Naturschutz lange vor staatlichen Regelungen erlassen.

Leistung und Versagen der rheinischen Selbstverwaltung angesichts historischer Herausforderungen zu erforschen und die Ergebnisse zugänglich zu machen, ist Aufgabe und Ziel dieser Reihe. Daß daraus keine „Hofgeschichtsschreibung“ werden soll, dafür steht gerade dieser erste Band, der sich mit der Verstrickung in die Verbrechen der NS-Zeit beschäftigt und das Versagen der Psychiatrie in den rheinischen „Provinzial-Heil- und Pflegeanstalten“ angesichts von Zwangssterilisation und „Euthanasie“ thematisiert.

Dr. Jürgen Wilhelm
Vorsitzender der Landschaftsversammlung
Rheinland

Dr. Bert Fischbach
Direktor des
Landschaftsverbandes
Rheinland

Vorwort zur Ausstellung vom 19. März 1985

Am 20. Januar 1983 hat der Gesundheitsausschuß der 7. Landschaftsversammlung die Verwaltung des Landschaftsverbandes beauftragt, „Material über das Verhalten der einzelnen Landeskliniken während der NS-Zeit zu sichten, um es der Nachwelt zu erhalten.“

In einem ersten Schritt wurden die in den Kliniken noch vorhandenen Materialien gesichtet und sichergestellt. Es muß jetzt die wissenschaftliche Auswertung erfolgen. Dadurch soll schließlich eine umfassende Darstellung der Situation der rheinischen Psychiatrie in der Zeit des Nationalsozialismus möglich werden.

Die Ausstellung hier in Langenfeld, der damals so genannten Zwischenanstalt Galkhausen, zeigt erstmals im Bereich des Landschaftsverbandes Rheinland einer breiten Öffentlichkeit Materialien, die die eugenischen und rassenpolitischen Maßnahmen der Nationalsozialisten im Rheinland dokumentieren. Der Betriebsleitung der Klinik und insbesondere der Gruppe von Mitarbeitern, die diese Ausstellung vorbereitet haben, gebührt Dank für ihre Arbeit, die sie nicht selten in ihrer Freizeit getan haben.

Vor Beginn des Zweiten Weltkrieges waren in den sieben rheinischen Provinzial-, Heil- und Pflegeanstalten sowie in den in konfessioneller Trägerschaft stehenden psychiatrischen Anstalten rund 20 000 geistig Behinderte und psychisch Kranke untergebracht. Davon sind bis Ende 1944 rund 15 000 Patienten – 7984 Männer, 7032 Frauen und ca. 200 Kinder – abtransportiert und aus „kriegswichtigen Gründen“ in eine andere Anstalt verlegt worden. Heute wissen wir, daß diese Verlegungen für den größeren Teil dieser Patienten den Tod bedeutet haben, den Tod im Gas, durch Nahrungsentzug, Vergiftetwerden mit Medikamenten oder den Tod durch Erschießen.

Die bloßen Zahlen sagen nur wenig aus über die Angst der Betroffenen und ihrer Angehörigen, über ihre Nöte und Sorgen, ihre Trauer und ihre Verzweiflung. Einige der Kranken haben den psychiatrischen Holocaust überlebt. Auch heute wirkt bei vielen von ihnen das Entsetzen noch nach, wenn sie darüber berichten.

Wir wollen und dürfen das Leiden, das Grauen und die Not der Kranken und Behinderten, die auf Heilung und Pflege gehofft hatten, nicht vergessen. Ebenso darf die Schuld derer nicht vergessen werden, die in der Psychiatrie tätig oder für die psychiatrische Versorgung politisch verantwortlich waren. Diese Last ist bedrückend. Seit den Krankentötungen in Hadamar und den anderen “Tötungsanstalten“ ist es nicht mehr möglich, unbelastet für die Psychiatrie tätig zu sein, sei es als Politiker, als Arzt, als Pfleger oder als Verwaltungsangestellter. Die Erinnerung an diese beschämende Epoche der deutschen Psychiatrie wird aber nur dann moralisch und gesellschaftlich zu nutzen sein, wenn die Voraussetzungen und die Umstände der NS-Verbrechen wissenschaftlich erforscht und die Ergebnisse dieser Forschung rückhaltlos offengelegt worden sind. Es gilt, die Verführbarkeit der Menschen zu durchschauen und deren Ursachen zu begreifen.

Ich begrüße deshalb grundsätzlich den ersten Versuch einer der Kliniken des Landschaftsverbandes Rheinland, zusammen mit dem Ludwig-Uhland-Institut für empirische Kulturwissenschaft der Universität Tübingen in einer Sonderausstellung eine erste Übersicht zu geben über die – so der Ausstellungstitel – „Provinzial-Heil- und Pflegeanstalt Galkhausen 1933–1945“. Ich bin sicher, daß diese Dokumentation das Interesse einer breiten Öffentlichkeit finden wird.

In wenigen Wochen wird in Köln eine weitere Dokumentation zu sehen sein, an deren Zusammenstellung die Gesundheitsabteilung der Kölner Zentralverwaltung des Landschaftsverbandes Rheinland mitgewirkt hat.

Beide Ausstellungen betrachte ich als Anfänge, denn es wird noch etliche Jahre dauern, ehe alles Material zusammengetragen, gesichtet und wissenschaftlich ausgewertet sein wird.

Der Langenfelder Ausstellung und den Veranstaltungen, die von der Klinik durchgeführt werden, wünsche ich einen guten Verlauf und regen Zuspruch.

Dr. Jürgen Wilhelm
Vorsitzender der Landschaftsversammlung Rheinland

Einleitung

Jahrzehntelang hat die Psychiatrie geschwiegen zu einem der dunkelsten Kapitel ihrer Geschichte. Das Schicksal der psychisch Kranken während der Zeit des Nationalsozialismus unterlag einem Tabu. Frühe Veröffentlichungen zu dieser unheilvollen Hypothek psychiatrischer Vergangenheit (A. Platen-Hallermund,[1] A. Mitscherlich und F. Mielke[2] u. a.) blieben weitgehend unbeachtet und fielen der kollektiven Verdrängung anheim. Erst Klaus Dörners[3] 1967 in den Vierteljahrsheften für Zeitgeschichte veröffentlichte grundlegende Arbeit leitete eine Wende ein. Es scheint, daß die Nachkriegsgeneration sich unbefangener diesem Thema zuwenden und Versäumtes nachholen kann. Die Reflektion der eigenen psychiatrischen Tätigkeit v. a. in den Landeskrankenhäusern ruft die unbehagliche Frage nach der Vergangenheit wach. Die Kliniken, in denen wir heute arbeiten, waren vor 40 bis 45 Jahren die Orte der Vernichtungsmaßnahmen gegen psychisch Kranke. Vielerorts wird daher begonnen, die spärlichen Hinterlassenschaften zu sichten, Zeitzeugen zu befragen, um einen geschichtlichen Überblick über das Geschehen und seine handelnden Personen in der jeweiligen Klinik während der Zeit des Nationalsozialismus zu bekommen. Beiträge dieser Art wollen konkrete Auseinandersetzungen mit dem Thema sein. Sie versuchen, den beklemmenden Alltag der Klinik damals so weit als möglich zu rekonstruieren und sich den verantwortlichen Personen auf biographische Weise zu nähern, soweit die Quellen das zulassen. Es ist ein Bemühen, sich das Geschehen gewissermaßen von der „Innenseite" her zu erschließen (Blasius)[4] ohne vorgefaßte Anklage- oder Verteidigungshaltung. Als Stachel bleibt die Frage, wie man selber unter den damaligen Bedingungen gehandelt hätte.

Mit der Ausstellung „*Provinzial-Heil- und Pflegeanstalt Galkhausen 1933–1945*" ist für die Rheinische Landesklinik Langenfeld ein Anfang gemacht. Eine Arbeitsgruppe unter der Leitung von R. Styrnal[5] hat die Dokumente zusammengetragen und für die Ausstellung vorbereitet. Den Mitarbeitern dieser Gruppe sei sehr herzlich für das unermüdliche Engagement gedankt.

Um die Ausstellung in den weiteren Rahmen und das Bedingungsgefüge der NS-Medizin zu stellen und um die lokalen Überlieferungsstücke in ihrem Inhalt historisch besser begreiflich zu machen, haben wir uns darum bemüht, die Wanderausstellung des Ludwig-Uhland-Institutes für empirische Kulturwissenschaft der

1 Platen-Hallermund, A., Die Tötung Geisteskranker in Deutschland, Frankfurt/Main 1948

2 Mitscherlich, A. und Mielke F., Das Diktat der Menschenverachtung, Heidelberg 1947 und dies., Wissenschaft ohne Menschlichkeit, Heidelberg 1949

3 Dörner, K., Nationalsozialismus und Lebensvernichtung, in: Vierteljahrshefte für Zeitgeschichte, 15, 1967, S. 121–152

4 Blasius, D., Psychiatrischer Alltag im Nationalsozialismus, in: Peukert, D. und Reulecke, H. (Hrsg.), Die Reihen fast geschlossen, Wuppertal 1981, S. 367–380

5 Frau I. Schmid-Steden, Dr. F. Leidinger, W. Schätzer und W. Schwarzer

Universität Tübingen „*Volk und Gesundheit – Heilen und Vernichten im Nationalsozialismus*“ ans Haus zu ziehen. Diese durch einen Katalog begleitete Ausstellung wurde unter der Leitung des Historikers Dr. Walter Wuttke zusammengestellt und seitdem in verschiedenen Städten der Bundesrepublik gezeigt.

Am 19. 3. 1985 wurden beide Ausstellungen mit einer Vortragsveranstaltung und Führungen eröffnet. Sie blieben für einige Wochen zugänglich und fanden eine überraschende Resonanz. 2200 Mitbürger jeglichen Alters aus Langenfeld und Umgebung haben die Ausstellungen besucht.

Der vorliegende Band enthält neben den Dokumenten die am 19. 3. 1985 gehaltenen Ansprachen und Referate sowie die den Ausstellungsverlauf begleitenden Vorträge. Der von Ernst Klee am 1. 4. 1985 gehaltene Vortrag zum Thema „*Das Schicksal der in die Ostgebiete transportierten Patienten*“ konnte leider nicht aufgenommen werden, da er frei formuliert war und nicht als druckfähiges Manuskript vorlag. Wir haben stattdessen Frau Chr. Hoss gebeten, uns ihr während der 4. Tagung des Arbeitskreises „Euthanasie-Forschung“ vom 27. und 28. 9. 1985 in der Rheinischen Landesklinik Langenfeld vorgetragenes Referat für die Aufnahme in den Band zu überlassen. Ihr gebührt an dieser Stelle noch einmal herzlicher Dank.

Die Dokumente und Vorträge, die in diesem Band zusammengefaßt sind, stellen auch einen Beitrag sowohl zur Ortsgeschichte als auch zur Landesgeschichte dar. Die Referate befassen sich in der Hauptsache mit der planmäßigen Vernichtung der psychisch kranken Mitmenschen. Die in Galkhausen auf uns überkommenen Akten führen uns den bürokratischen Aufwand vor Augen, der nicht nur unter organisatorischen und logistischen Gesichtspunkten notwendig war, sondern ebenso der Verschleierung krimineller Tatbestände diente. Anders-Denken, Anders-Sein waren nicht mehr zugelassen.

Das heute nahezu unvorstellbare Geschehen darf nicht dem endgültigen Vergessen anheimfallen. Solcher Erinnerung, die sowohl die Trauer wach hält, als auch uns in unserem Denken, Sprechen und Handeln in Frage stellt, wollten beide Ausstellungen dienen und Hilfe geben.

M. Leipert *R. Styrnal* *W. Schwarzer*

Walter Wuttke

Heilen und Vernichten

Ärzte und Medizin im Nationalsozialismus

In den Akten des Nürnberger Ärzteprozesses findet sich der folgende Bericht über medizinische Experimente an fünf russischen Kriegsgefangenen, die im September 1944 im KZ Buchenwald mit vergifteten Kugeln angeschossen wurden. „*Die Versuchspersonen erhielten im Liegen je 1 Schuß in den linken Oberschenkel.*"[1] Drei Häftlinge starben nach fürchterlichen Qualen in einem zwei Stunden dauernden Todeskampf:

„*Zunächst zeigten sich keine Besonderheiten. Nach 20 bis 25 Minuten traten motorische Unruhe und leichter Speichelfluß auf.* [. . .] *Nach 40 bis 44 Minuten setzte starker Speichelfluß ein. Die Vergifteten schluckten häufig, später ist der Speichelfluß so stark, daß er durch Hinunterschlucken nicht mehr bewältigt werden kann. Schaumiger Speichel entfließt dem Mund. Dann setzen Würgreiz und Erbrechen ein.* [. . .] *Nach ungefähr 90 Minuten setzte bei einer Versuchsperson wieder eine tiefe Atmung ein, begleitet von einer zunehmenden motorischen Unruhe. Die Atmung ging dann in eine oberflächliche jagende über. Gleichzeitig bestand ein starker Brechreiz. Der eine Vergiftete versuchte vergebens zu erbrechen. Um dies zu erreichen, steckte er vier Finger der Hand bis zu den Grundgelenken tief in den Mund. Trotzdem setzte kein Erbrechen ein. Das Gesicht war dabei gerötet. Die anderen beiden Versuchspersonen zeigten schon früh ein blasses Gesicht. Die übrigen Erscheinungen waren dieselben. Die motorische Unruhe wuchs später so stark, daß sich die Personen aufbäumten, wieder hinwarfen, die Augen verdrehten, sinnlose Bewegungen mit den Händen und Armen ausführten.* [. . .] *Der Tod trat 121, 123 und 129 Minuten nach Erhalten des Schusses ein.*"[2]

Verantwortlich für diesen zweistündigen Mord war der Hygieniker Joachim Mrugowsky, einer der ranghöchsten SS-Ärzte; von ihm stammt auch der zitierte Bericht. Das amerikanische Militärtribunal verurteilte ihn für seine Verbrechen zum Tode und ließ ihn hinrichten.

Wer war Mrugowsky? Auch darüber geben die Nürnberger Akten Auskunft. Zwei Zeugen charakterisieren ihn z. B. so:[3]

Tolerant in „wissenschaftlicher" und „politischer Hinsicht", zeige Mrugowsky eine „feste innere Bindung zum christlichen Glauben". Seine „Naturverbundenheit" sei „besonders ausgeprägt" und „religiös zu verstehen"; aus der Natur schöpfe er „innere Ruhe, Geisteskraft und Seelenstärke". Was ihn weiter auszeichne, seien „Innerlichkeit" und eine „alles tiefgründige Wissen überstrahlende

1 Buchenwald. Mahnung und Verpflichtung. Dokumente und Berichte, Berlin (DDR) [4]1983, S. 375
2 A. a. O., S. 375f.
3 Staatsarchiv Nürnberg, KV Prozesse, Fall 1, Dok. Joachim Mrugowsky Nr. 101 u. 106

menschliche Wärme". Ein philosophischer Kopf und romantischer Dichter, umfassend gebildet, Büchersammler, gehöre seine „Hauptneigung [. . .] der Geschichte der Medizin und Biologie, besonders der Goethezeit, in der er geistig vollkommen zu Hause" sei. In „ganz besonderem Maße" erfülle er „somit" die fachlichen und „menschlichen Voraussetzungen, die an einen Arzt zu stellen sind". Voll „Mitgefühl" und Opferbereitschaft erfreue Mrugowsky sich der „Anhänglichkeit von Patienten, Mitarbeitern oder Schülern". Die „äußere Lebensführung" sei „ordentlich, einfach und bescheiden" gewesen, „Familienleben" und „Ehe glücklich und harmonisch". „Besonders" betont wird „das innige Verhältnis" zur Mutter.

Ein Zeuge ist *„bereit, jede Bürgschaft dafür zu übernehmen, daß Mrugowskys Forschungen nur friedlichen kulturellen Zielen der Menschheit dienen werden, wie"* er *„es auch einfach nicht glauben kann, daß dieser Mann wissentlich gegen die Gebote der internationalen ärztlichen Ethik verstoßen haben sollte. Dazu"* sei *„er, der durch die Schule"* der deutschen Klassik, v. a. *„Goethes gegangen"* sei, *„völlig außerstande"*.

Auf den ersten Blick scheint es schwer vorstellbar zu sein, daß hier von ein und derselben Person die Rede ist. Man ist geneigt, den Widerspruch: feinsinniger Goethekenner einerseits, brutaler Mörder andererseits, irgendwie wegzuinterpretieren.

Ich glaube nicht, daß das geht. Was uns widersprüchlich erscheint, ist ein wesentliches Kennzeichen der NS-Medizin: das Nebeneinander und Ineinanderverschränktsein von Heilen und Vernichten, Vernichten und Heilen. Den „Naziarzt" erkennt man nicht daran, daß ihm gewissermaßen die Mordgier, und nur sie, ins Gesicht geschrieben steht.

Das Prinzip von Heilen und Vernichten hat in der nationalsozialistischen Medizin ein breites Spektrum biographischer Ausformungen gefunden, angefangen bei den bekannten SS- und KZ-Ärzten bis hin zur weniger auffälligen Mehrheit der NS-Ärzte, bei denen sich die Verhältnisse etwas komplizierter, aber auch nicht grundsätzlich anders darstellen; sie sind in der Mehrheit v. a. juristisch anders zu bewerten.

Auch dazu ein Beispiel: Ich wähle den Direktor der Tübinger Universitätsfrauenklinik, August Mayer, einen der bedeutenden Gynäkologen in diesem Jahrhundert, dessen Name mit der Entwicklung einer ganzheitlichen Frauenheilkunde eng verbunden ist. Mayer empfand es – im Nationalsozialismus natürlich – als die „größte Anerkennung" seiner „Tätigkeit", der „Tübinger Faschist" genannt zu werden.[4] Er gehörte zu den Ärzten, die sich in besonderer Weise für das „Gesetz zur Verhütung erbkranken Nachwuchses" (GzVeN) engagierten, in dessen Vollzug im Deutschen Reich etwa 350 000 „Erbkranke", das waren Behinderte, Hilfsschüler, Sinti und Roma, vermeintlich „Asoziale", zwangsweise sterilisiert, d. h. verstümmelt und in ihrer Lebensentfaltung behindert wurden. Ab 1935 sah das

4 Hochschullehrer und Praktiker, in: Hippokrates 7, 1936, S. 954

Gesetz ggf. auch die Abtreibung bei den betroffenen Frauen vor.[5] Insgesamt starben mindestens 1000 Menschen an diesen sinnlosen Operationen – für Mayer eine „generell“ nicht zu billigende Folge, die er für „schwere Geisteskrankheiten“ aber doch „gelten“ ließ.[6] Im übrigen lehnte er die „Euthanasie“ mit Nachdruck ab, wie er sich im Krieg z. B. auch gegen Pläne wehrte, Krebskranke ihrem Schicksal zu überlassen und sie aus den Kliniken zu verlegen.[7]

Beteiligt an der Vernichtungen von – nach nationalsozialistischen Maßstäben – „minderwertigem Nachwuchs“[8], war Mayer daneben und zugleich ein Geburtshelfer, dessen Umsicht und Freundlichkeit von Patientinnen und Kollegen bis heute immer wieder gerühmt wird. Aber auch hier zeigt sich der „Tübinger Faschist“. Geburtshilfe war für ihn Hilfe für Mutter und Kind und daneben ein Instrument nationalsozialistischer Rassenpolitik und Kriegsführung. *„Auch die Frau hat“*, so zitiert er beispielsweise einen Ausspruch Hitlers, *„ihr Schlachtfeld. Mit jedem Kinde, das sie der Nation zur Welt bringt, kämpft sie ihren Kampf für die Nation“*.[9] So galt Mayers Sympathie denn auch nur der gebärfreudigen und gebärwilligen, mütterlichen, arischen „Vollfrau“[10] und nicht den „Minderwertigen“, die nach seiner Meinung nur zur „fortschreitenden Verpöbelung unseres Volkes“[11] beitrügen; unsympathisch war ihm auch der „abstoßende Typ“[12] der emanzipierten und um ihre Rechte kämpfenden Frau. Dieses Sortieren der Frauen in „vollwertige“ und „minderwertige“ bestimmte auch Mayers Haltung zur Abtreibungsfrage. Schon in der Weimarer Republik war er einer der schärfsten Gegner einer Reform des § 218. Abtreibung war für ihn „Vernichtung werdenden Lebens“;[13] aber das galt nur da, wo es seinen rassen- und volkspolitischen Wertvorstellungen entsprach. An verschleppten „Ostarbeiterinnen“ nahm er im Krieg sehr wohl Abtreibungen vor,[14] die von den Nationalsozialisten mit mehr oder weniger offener Gewalt als Mittel des indirekten Völkermordes forciert wurden.

Mayers Beispiel macht ein weiteres Merkmal nationalsozialistischer Medizin deutlich. Für ihn gab es Patienten von unterschiedlichem Wert, die unterschiedlich zu behandeln waren: Es gab „Vollfrauen“ und „Minderwertige“, „Mütter“ und „abstoßende“ Feministinnen, Deutsche und Ostarbeiterinnen; und was bei den

5 Zum GzVeN siehe jetzt: G. Bock, Zwangssterilisation im Nationalsozialismus. Opladen 1986
6 A. Mayer, Klinische Erfahrungen mit der eugenischen Sterilisierung, in: Ärzteblatt für Württemberg u. Baden 2, 1935, S. 58
7 Universitätsarchiv Tübingen, 117c/441, Brief Mayers an den Rektor der Universität Tübingen v. 1. 3. 1944
8 Mayer, Klinische Erfahrungen, a. a. O., S. 57
9 A. Mayer, Deutsche Mutter und deutscher Aufstieg, München – Berlin 1938, S. 38
10 A. a. O., S. 28
11 A. a. O., S. 23
12 A. a. O., S. 28
13 A. Mayer, Geburtshelfer und Rassedienst, in: Münchener Medizinische Wochenschrift 80, 1933, Sp. 1860
14 Universitätsarchiv Tübingen, 117c/441, Schreiben Mayers an E. Stähle v. 21. 1. 1944. Mayer lehnte es aus Platzmangel ab, in seiner Klinik weitere Abtreibungen vorzunehmen.

einen ein „Verbrechen" und „Vernichtung" war, durfte bei den anderen als ärztliche Handlung exekutiert werden. Das Prinzip von Heilen und Vernichten beruhte darauf, daß die NS-Medizin sortierte, daß auf allen Ebenen (und nicht nur im KZ) selektiert wurde. Man unterschied zwischen Kranken, denen sich ärztliche Hilfe zuwenden durfte, und solchen Kranken, die in ihrer Lebensentfaltung behindert und verstümmelt werden durften, die auf die eine oder andere Weise vernichtet werden durften.

Was sich biographischen Einzelbeispielen entnehmen läßt, zeigt sich erst recht, wenn man die nationalsozialistische Medizin insgesamt betrachtet. Auf der einen Seite erklären Ärzte, wie der Tübinger Anatom Robert Wetzel, daß die *„unbedingte Pflicht zur Hegung* [. . .] *selbst jedes menschlichen Lebens und ungehemmtes Mitleid mit aller leidenden Kreatur"* nicht *„das letzte Ethos des ärztlichen Berufes"* sei; selbstverständlich gehöre dazu auch *„oft grausame Härte"* und die *„Vernichtung von Leben"*.[15] Für Viktor von Weizsäcker, einen der Väter der psychosomatischen Medizin, stand 1933 die Entwicklung einer „vollständigen Vernichtungslehre" auf dem Programm, „welche die rein als Erhaltungslehre aufgebaute Heilkunst"[16] ergänzen sollte – „saudummes Geschwätz",[17] wie er später und, nach seinem eigenen Urteil, „zu spät" erkannte.[18] „Vernichtung", „Kampf", „Ausmerze", „Sondermaßnahme" wurden zu Leitbegriffen der medizinischen Fachsprache, „Mitleid", „Menschlichkeit", „Fürsorge" zu negativen Reizworten.

Der Rassismus – entwickelt von Biologen und Medizinern verschiedener Fachrichtungen – prägte auf weite Strecken die gesundheitspolitische Praxis und bedrohte in zunehmendem Maße die Bevölkerung. 1940 sind über 400 Verordnungen und Gesetze[19] gegen rassisch „Entartete" und „Unartige"[20] in Kraft. Ärzte verfeinern die Anwendungsmöglichkeiten rassistischer Praxis, drängen auf deren Ausweitung unter ihrer Führung. Die im NS-Rassismus vollzogene Bündelung von Nationalismus, Antisemitismus, Antikommunismus und bürgerlich-elitärer Verachtung von Unterschichten und gesellschaftlichen Randgruppen macht die Medizin zu einem der wichtigsten Instrumente des faschistischen Terrors nach innen und außen.

Gleichwohl ist das abgestufte, in vielfältigen Formen sich äußernde Prinzip der Vernichtung nur eine Seite des medizinischen Alltags. Daneben zeigt sich Normales, Übliches, das aber nicht als gewissermaßen NS-freies Reservat vom Terroristi-

15 R. Wetzel, Biologisches Denken als Grundlage des Arzttums, in: Hippokrates 13, 1942, S. 122

16 V. v. Weizsäcker, Ärztliche Fragen, Leipzig ²1935, S. 72f.

17 H. Huebschmann, Von Heidelberg nach Dachau? In: G. Baader u. U. Schultz (Hrsg.), Medizin und Nationalsozialismus, Berlin (West) ²1983, S. 142

18 V. v. Weizsäcker, Begegnungen und Entscheidungen, Stuttgart 1949, S. 46

19 Staatsarchiv Sigmaringen, Ho 235 St., Pak. 136 (M 61.60). Zusammenstellung der auf dem Gebiet der Erb- und Rassenpflege bisher bekanntgegebenen Runderlasse (Stand: 1. Januar 1944)

20 Zu diesen beiden Begriffen, die auf den sozialen und biologischen Gehalt des Rassismus hinweisen, siehe: K. L. Lechler, Erkennung und Ausmerze der Gemeinschaftsunfähigen, in: Deutsches Ärzteblatt 70, 1940, S. 293. Der Aufsatz ist auch abgedruckt bei: W. Wuttke (-Groneberg), Medizin im Nationalsozialismus. Ein Arbeitsbuch, Tübingen 1980, Dok. 179

schen getrennt werden kann. Dagegen spricht schon der ungewöhnlich hohe Anteil der Ärzte, die Mitglieder der NSDAP waren (46%). Viele Ärzte mögen nicht mit allem einverstanden gewesen sein; mit einigem waren sie einverstanden. Ich will noch einmal auf das Beispiel August Mayers zurückkommen. In seinen Schriften habe ich keine antisemitischen Äußerungen gefunden. Er unterstützte aber das rassenhygienische Programm gegen seine „minderwertigen" Mitbürger, gegen „Slawentum" und „Bolschewismus"[21] mit Nachdruck. Bei vielen Ärzten dürften Sympathie für und Antipathie gegen den Rassismus ähnlich verteilt gewesen sein. Sie waren Rassisten, weil sie Antikommunisten waren, nicht weil sie Antisemiten waren; sie waren Rassisten aus bürgerlich-elitärer Verachtung zumindest eines Teiles „ihrer" Patienten. Viele Ärzte haben vielleicht auch gar nicht begriffen, was um sie herum und mit ihnen geschah, sie mögen aus Dummheit, Angst oder Opportunismus gehandelt oder nur zähneknirschend ihre „Pflicht" erfüllt haben: Wo sie nicht Widerstand leisteten – und das war nur bei einer verschwindend kleinen Minderheit der Fall – blieben sie eingebunden in das Prinzip von Heilen und Vernichten. Sie waren „gute" Ärzte für „ihre" Patienten, aber nicht für alle Patienten in gleicher Weise. Sie waren „gute Naziärzte". Ihre Moral war eine Doppelmoral und nicht die des Hippokratischen Eides, der z. B. die Unterscheidung in „vollwertige" und „minderwertige" Patienten nicht kennt.

Was waren die Ursachen für diese Entwicklung?

Ich bin der Meinung, daß man die NS-Medizin nur vor dem Hintergrund der spezifischen Machtverhältnisse und politischen Zielvorgaben des Nationalsozialismus erklären kann; innermedizinische Gründe fallen demgegenüber erst an zweiter Stelle ins Gewicht.

Auf parlamentarischem Weg, aber auch durch Unterdrückung und Selbstaufgabe der Demokratie an die Macht gebracht, war die dauerhafte Zerschlagung der Demokratie eine der wesentlichen Aufgaben des Nationalsozialismus. Ausgeschlossen von der Politik waren die Arbeiterbewegung und die Linksparteien. Aber auch von den Gruppierungen, die anfänglich bereit waren, in Deutschland das Experiment des Faschismus zu wagen, blieben im wesentlichen nur Großkapital und Großindustrie als Machtfaktoren übrig, die in der Lage waren, gemeinsam mit den Führern der NSDAP Politik zu machen. In der NS-Forschung ist dieser Sachverhalt weitgehend unbestritten, wenn auch Einzelheiten kontrovers diskutiert werden. Unbestritten ist auch die herausragende Rolle, die Kriegsvorbereitung und Krieg als Kernstück der von Wirtschaft und Naziführung bestimmten Politik auf die Gestaltung des gesamten sozialen, wirtschaftlichen und politischen Lebens hatten.

Die Folgen dieser politischen Machtverhältnisse und Zielvorgaben für die Medizin möchte ich an drei Aspekten verdeutlichen:

21 Mayer, Deutsche Mutter, a. a. O., S. 13

1. Mit der Zerstörung der Demokratie und der Arbeiterbewegung konnten sich solche gesundheitspolitischen Interessen durchsetzen, für die die Frage der Vernichtung oder Erhaltung eines Menschenlebens durch platte ökonomische Kosten-Nutzenrechnungen entschieden wurde, wovon die medizinische Literatur, ja selbst die Schulbücher voll waren. Einspruchsmöglichkeiten gegen diese Politik gab es kaum; die Alternativen dazu wurden rücksichtslos verfolgt. Die Berufsverbote an den Hochschulen, in den Krankenkassen und bei den Ärzten waren nicht nur Lebensschicksale, sondern tiefe Einschnitte in die Struktur der Medizin. Viele der Vertriebenen waren gerade die Vertreter des im Nationalsozialismus heftig bekämpften „Fürsorge"-Gedankens[22] und engagierte Sozialmediziner.[23] Sie wurden nicht selten durch stramme Nationalsozialisten, durch Karrieristen und Opportunisten ersetzt. Im übrigen wirkten die Berufsverbote, wie andere Terrormaßnahmen, einschüchternd auf die nicht direkt Betroffenen und verstärkten so das Klima des Stillehaltens, der Anpassung, des Mitmachens.

2. Um den *„großen volkspolitischen Aufgaben der Wehrhaftmachung, der Ausweitung der Rohstoffbasis aufgrund des Vierjahresplanes, der Erneuerung und Stärkung der biologischen und rassischen Kräfte des deutschen Volkes"*,[24] also der Kriegsvorbereitung und Kriegsführung, dienlich zu sein, setzte die Gesundheitspolitik wie die anderen Zweige der Sozialpolitik alles daran, die *„Belastung der Wirtschaft mit sozialen Lasten"* möglichst gering zu halten.[25] NS-Medizin war Billigmedizin. Das zeigen beispielsweise die Ausgaben der Gesetzlichen Krankenversicherung.[26]

In der Weimarer Republik hatten sie 1929 ihren Höchststand erreicht – *„künstlich aufgebläht"*,[27] wie NS-Gesundheitspolitiker meinten. Von 1929 bis 1939 gingen die Ausgaben real um 2% zurück, die reinen Leistungsausgaben sogar um 8%, und dies, obgleich die gesamtwirtschaftlichen Voraussetzungen wesentlich günstiger waren. Stiegen die Aufwendungen der Kassen in der Weimarer Republik stärker als das Volkseinkommen, so blieben sie im Nationalsozialismus erheblich hinter der wirtschaftlichen Entwicklung zurück. 1929 wurden 2,8% des Volkseinkommens für die Gesetzliche Krankenversicherung ausgegeben, 1939 nur noch 2%; im Vergleich dazu stiegen die Rüstungsausgaben von 1,1% auf 36% des Volkseinkommens, wobei u. a. auch die Rücklagen der Krankenkassen zur Finanzierung der Aufrüstung herangezogen wurden.

3. Neben der Unterdrückung gesundheitspolitischer Alternativen und der Ent-

22 Vgl. Volk und Gesundheit. Heilen und Vernichten im Nationalsozialismus. Tübingen 1982, S. 27f. u. 45f.

23 Vgl. St. Leibfried u. F. Tennstedt, Berufsverbote und Sozialpolitik, Bremen 1979

24 J. Gerhardt, Deutsche Arbeits- und Sozialpolitik, Berlin 1939, S. 10

25 Das Erwachen in der Ärzteschaft, in: Ziel u. Weg 3, 1933, S. 38

26 Die folgenden Zahlen wurden nach den Statistischen Jahrbüchern für das Deutsche Reich berechnet; ferner: D. Petzina u. a., Sozialgeschichtliches Arbeitsbuch, Bd. 3. München 1978, S. 149

27 Sozialversicherung im Aufstieg, in: Monatshefte für NS-Sozialpolitik 6, 1939, S. 104

wicklung zur Billigmedizin war ein dritter Faktor für die Herausbildung des spezifischen Charakters der NS-Medizin von ausschlaggebender Bedeutung. Im Interesse der Aufrüstung und der dahinter stehenden wirtschaftlichen und politischen Machthaber hatten alle medizinischen Maßnahmen die Forderung zu erfüllen, daß durch sie *„die Leistung des einzelnen gesteigert wird“*.[28] Die nationalsozialistische Medizin war Leistungsmedizin.

Nicht *„die Kunst, Krankheiten zu heilen“*, sondern *„etwas erheblich Höheres und Andersartiges“* war die Aufgabe des Arztes. Der Arzt habe *„an dem Über-sich-Hinauswachsen des deutschen Volkes“* mitzuwirken und die *„Gesundheit [. . .] auf einen viel höheren Leistungsstand“* zu bringen, *„als der Mensch der vergangenen Zeitepochen sie brauchte“. „Gesundheit“* heiße *„Leistungskraft und Leistungsbereitschaft* [. . .] *im Dienst an der Allgemeinheit“* und zur Sicherung der eigenen Existenz, *„ohne daß der einzelne für diese Sicherung die Hilfe des Staates wesentlich in Anspruch nimmt“*[29]. Der Begriff der Leistungsmedizin schloß also Billigmedizin und Sozialabbau in sich ein.

Auch für den Präsidenten des Reichsgesundheitsamtes, Hans Reiter, waren die Begriffe „gesund“ und „leistungsfähig“ identisch; *„wir verbinden“*, so betonte er, *„mit der Gesundheit die Notwendigkeit einer Leistung.“*[30] Gesundheits- und Sozialpolitik hatten nach seiner Meinung nicht „Wohlstand“ und „Existenz“ des einzelnen zu sichern,[31] sondern eine *„quantitative und qualitative Menschenökonomie“* zu betreiben, die *„zwangsläufig bei einer starken Wirtschaft“* ende.[32] Perspektive war die „starke Wirtschaft“, nicht die Gesundheit der Patienten.

Welche Folgen hatte das nun für die Medizin?

Billigmedizin und Leistungsmedizin setzten den Patienten wie in einer Zangenbewegung von zwei Seiten unter Druck. Einerseits wurden materielle Hilfeleistungen gespart und verweigert, andererseits wurden seine „Kraft und Gesundheit“ zugegebenermaßen bis an die Grenzen des Erträglichen „angegriffen“.[33] Die politischen Machtverhältnisse sorgten dafür, daß Widerstand gegen diese Entwicklung marginal blieb. Therapeutische Mittel und Ziele der Therapie unterlagen dabei einem teilweise grundlegenden Wandel. Da die Medizin billig zu sein hatte, wurden solche Methoden gefördert, die diesem Ziel dienten: das waren beispielsweise Volks- und Naturheilkunde,[34] „Gesundheitserziehung“ oder das Prinzip der medizinischen „Vorsorge“.

28 H. Reiter, Das Reichsgesundheitsamt 1933–1939, Berlin 1939, S. 211

29 W. Cimbal, Aufgaben und Wege einer deutschen Seelenheilkunde, in: M. H. Göring (Hrsg.), Deutsche Seelenheilkunde, Leipzig 1934, S. 108f.

30 Reiter, Reichsgesundheitsamt, a. a. O., S. 145

31 Ebenda

32 A. a. O., S. 205

33 U. Tornau, Lebensalter, Krankheit, Arbeitsunfähigkeit, in: Volksgesundheit 4, 1939, S. 2

34 Vgl. W. Wuttke, Volks- und Naturheilkunde auf „neuen Wegen“, in: Alternative Medizin. Argument-Sonderband 77/1983, S. 27–50

Schon die polemische Gegenüberstellung von „Fürsorge“ oder „Vorsorge“, die für die NS-Medizin charakteristisch war, zeigt, daß letztere nicht die Gestaltung gesunder Lebens- und Arbeitsverhältnisse meinte. „Vorsorge“ hieß im wesentlichen, wenn auch nicht ausschließlich, Propaganda für „Gesundheitspflicht“ und ein heroisch-karges Leben, Polemik gegen Kranke, Terror bis hin zur Vernichtung. Da wurde Krankheit, wenn nicht rassistisch, ausschließlich nach dem Selbstverschuldungsprinzip erklärt; sie war potentiell “ein Verbrechen gegen den Staat“.[35]

In einem Gesundheitsbuch der HJ heißt es z. B.: *„Jeder Mensch sollte den Grund seines gesundheitlichen Versagens zuerst bei sich suchen* [. . .]. *Jeder Deutsche hat die Pflicht, so zu leben, daß er gesund und leistungsfähig bleibt. Krankheit ist ein Versagen. Wer krankheitshalber häufig am Arbeitsplatz fehlt, ist ein schlechter Arbeiter.“*[36]

Zu dieser Form der Gesundheits-„Vorsorge“ und „-Erziehung“ gehörte auch, daß den Kranken in rüden Kosten-Nutzenrechnungen vorgerechnet wurde, welche „Belastung“[37] sie darstellten, die *„von den Gesunden mitgeschleppt“*[38] werden müsse. In einem Lehrbuch der „Mathematik im Dienste nationalpolitischer Erziehung“ werden folgende Aufgaben gestellt:

„Der Bau einer Irrenanstalt erforderte 6 Mill. RM. Wieviel Siedlungshäuser zu je 15 000 RM hätte man dafür bauen können?“ Oder:

„Ein Geisteskranker kostet täglich etwa 4 RM, ein Krüppel 5,50 RM, ein Verbrecher [man beachte die Aufzählung: Geisteskranker, Krüppel, Verbrecher! W. W.] *3,50 RM. In vielen Fällen hat ein Beamter täglich nur etwa 4 RM, ein Angestellter kaum 3,50 RM, ein ungelernter Arbeiter noch keine 2 RM auf den Kopf der Familie.* [. . .] *Nach vorsichtigen Schätzungen sind in Deutschland 300 000 Geisteskranke, Epileptiker usw. in Anstaltspflege.* [. . .] *Was kosten diese jährlich insgesamt bei einem Satz von 4 RM?* [. . .] *Wieviel Ehestandsdarlehen zu je 1000 RM könnten – unter Verzicht auf spätere Rückzahlung – von diesem Geld jährlich ausgegeben werden?“*[39]

Das Ziel solcher Sozialdemagogie ist klar. Gesunde werden gegen Kranke aufgehetzt, das Ausbleiben versprochener Reformen wird mit dem Argument entschuldigt, daß der gesellschaftliche Reichtum für Kranke, Asoziale, Fremdrassige verbraucht werden müsse. Es lag in der Logik dieser Sozialdemagogie, daß Kranke aus ökonomischen Gründen ermordet wurden.

Wie das Denken in vorwiegend billigmedizinischen Kategorien konsequenterweise zur Vernichtung führte, so endete dort auch die Leistungsmedizin. Die Kranken in den Heil- und Pflegeanstalten wurden ermordet, weil dies billiger war, als sie zu pflegen, *und* weil sie nach den Maßstäben der nationalsozialistischen

35 Wuttke, Arbeitsbuch, a. a. O., Dok. 83, 2, S. 153
36 A. a. O., Dok. 28, S. 63
37 A. a. O., Dok. 4, S. 16
38 A. a. O., Dok. 5, S. 18
39 A. a. O., Dok. 7, S. 20

Leistungsgesellschaft, in der allein der „Leistungswille" über den „sozialen Wert des Menschen"[40] entschied, ihr Leben verwirkt hatten.

Der Zusammenhang von Leistungsideologie und Vernichtungsmaßnahmen zeigt sich nicht nur hier. Wir haben gesehen, daß *nicht* die Aufgabe, Krankheiten zu heilen, sondern die unablässige Leistungssteigerung Ziel nationalsozialistischer Therapie war. Es ging um die „volle Ausnutzung" des menschlichen „Geburtswertes",[41] der durch Kosten für die „Aufzucht",[42] für medizinische Versorgung, Renten, Ernährung usw. vermindert, durch Leistungssteigerungen erhöht würde. Aufgabe der Ärzte war es, den Menschen möglichst lange im Produktionsprozeß zu halten. Zu diesem Zweck wurde z. B. aus Vertrauensärzten, Betriebsärzten und „Arbeitseinsatzärzten" ein umfassendes Kontrollsystem aufgebaut, das die Krankenziffern drastisch senken sollte. Dabei waren die Interessen der Patienten ohne Belang. Geleitet wurde die Tätigkeit dieser Ärzte lediglich von der Frage nach der „Verwendbarkeit der Arbeitskraft im allgemeinen Wirtschaftsprozeß".[43] Für Krankheit oder Invalidität blieb da kein Raum. *„Selbst ein defekter, geschädigter, in seiner Kraft beschränkter Organismus"*, schrieb der Tübinger Psychiater Hermann Hoffmann, *„kann noch Leistung vollbringen und muß sich nicht in jedem Fall wertlos und überflüssig fühlen. Ja, er hat dazu, streng genommen, nicht einmal das Recht"*. Dem „Ideal der Leistungsgemeinschaft" entspreche es, wenn *„auch jeder Geschwächte, irgendwie Geschädigte oder Verstümmelte, aber noch Arbeitsfähige an den Platz gestellt"* sei, *„an dem seine ihm gegebene oder noch verbliebene Kraft zur Entfaltung kommt"*.[44]

Damit ist ein weiteres Merkmal der NS-Medizin angesprochen. Sie macht den Menschen zum Objekt einer reinen Verwertungs-Maschinerie, die seine jeweils „noch verbliebene Kraft" Stück um Stück aufzehrt, ihn im Extremfall aber auch buchstäblich mit Haut und Haaren vermarktet.[45] In den Konzentrationslagern werden Häftlinge ermordet und für medizinische Schau- und Lehrsammlungen präpariert; den Häftlingen wird das Zahngold ausgebrochen und an die Reichsbank verkauft; ihre Haare werden zu Filzen verarbeitet; der Dachauer SS-Arzt Siegmund Rascher läßt die Partitur der 9. Sinfonie von Beethoven in Menschenhaut einbinden, bestellt sich Lampenschirme aus gleichem Material; in Dachau und Auschwitz wird die Asche der ermordeten Gefangenen zu biologischem Kompost aufgemischt.

Was sich hier als ein Extrem darstellt, galt im Prinzip auch außerhalb der Konzentrationslager. Mit welch perfider Zielstrebigkeit das gesamte medizinische

40 A. a. O., Dok. 18, S. 37
41 Reiter, Reichsgesundheitsamt, a. a. O., S. 86
42 A. a. O., S. 85
43 Martineck, Der ärztliche Dienst der Arbeitseinsatzverwaltung, in: Arbeitseinsatz und Arbeitslosenhilfe 8, 1941, S. 225
44 Wuttke, Arbeitsbuch, a. a. O., Dok. 17, S. 32
45 Zu diesem Aspekt s.: a. a. O., Dok. 11–16; ferner: Volk u. Gesundheit, a. a. O., S. 35. – Bericht von Alois Peter über das KZ Dachau v. 28. 10. 1981. Dokumentationsarchiv des Österreichischen Widerstandes, Wien, Nr. 17968

System zum Instrument der Vernichtung ausgebaut werden sollte, verdeutlichen die Protokolle einer Tagung aus dem Jahr 1937, auf der Vertreter aus der Ärzteschaft, aus Wirtschaft und Wehrmacht die Grundzüge der aufzubauenden Betriebsmedizin festlegten; dort heißt es z. B.:

„Aufrüstung und Vierjahresplan werden Sterblichkeit in den Betrieben erhöhen. Der Arbeiter soll stolz auf seine Arbeit werden, dies Opfer nicht fühlen. Dementsprechend die Erziehung.“[46] In einer anderen Fassung kann man lesen:

„Der Arzt muß den Arbeiter auch einmal gegen sein medizinisches Gewissen davon überzeugen, daß er stark genug für die Arbeit sei. Er muß dem Menschen immer wieder sagen, wie er sich stärken kann, aber nichts anderes. [. . .] *Es ist sicher auch vom ärztlich-menschlichen Standpunkt aus richtiger, alle Mittel auszunutzen, einen Menschen leistungsstark und leistungsbewußt im Leben zu erhalten, als ihn sich selbst und seinen Angehörigen zur Last jahrelang als Siechen und Hoffnungslosen zu erhalten. Der deutsche Mensch will lieber bis zu seinem Lebensende arbeiten und als vollwertiger Mensch gelten.“*[47]

„Ziel“ der Leistungsmedizin war es also, den Menschen in der Weise am Arbeitsplatz zu verwerten und aufzubrauchen, daß *„der Zeitpunkt des allmählichen Kräfteschwundes kurz vor dem Zeitpunkt des physiologischen Todes liegt und der endgültige Kräfteverfall mit ihm zusammenfällt“*,[48] so die Definition des medizinischen Leiters der Deutschen Arbeitsfront. Das heißt nichts anderes, als daß die Ärzte den Kräfteverschleiß im Arbeitsleben so lenken sollten, daß im Idealfall der Tod, und nicht etwa die Rente an seinem Ende stand. Heilen war in diesem System einer vorwiegend nach „wirtschaftlichen und wehrpolitischen Gründen“[49] handelnden Medizin die Kalkulation des kostengünstigsten Todeszeitpunktes, und das war die Aufgabe des nationalsozialistischen Arztes. Die Frage, ob jemand ein „Nazi-Arzt“ war oder nicht, entscheidet sich nicht danach, ob er *auch* geheilt hat, sondern ob er gegen das Prinzip von Heilen *und* Vernichten Widerstand geleistet hat.

46 Bundesarchiv-Militärarchiv Freiburg, Wi I F5/1223,1, fol. 2, Aktenvermerk vom 13. 4. 1937

47 Bundesarchiv-Militärarchiv Freiburg, Wi I 1223,1, fol. 11,Schreiben des Wehrwirtschaftsinspekteurs VII an das Reichskriegsministerium v. 28. 4. 1937

48 W. Bockhacker, Die Arbeits- und Leistungsmedizin, Stuttgart 1941, S. 16

49 G. Wagner, Reden und Aufrufe, Berlin – Wien 1943, S. 229

Matthias Leipert

Die Beteiligung der Rheinischen Provinzial-Heil- und Pflegeanstalt Galkhausen an der Vernichtung psychisch Kranker und Behinderter im Nationalsozialismus

Die nationalsozialistische Psychiatrie sah ihren Auftrag nicht nur darin, Krankheiten zu heilen und Leiden zu lindern, sondern darüberhinaus auch darin, den sozialen Wert oder Unwert eines Kranken festzulegen. Zu unterscheiden war, ob ein Patient die Aussicht bot, in ökonomischer Hinsicht ein leistungsfähiges und verwendbares Glied der Gemeinschaft zu werden, oder ob von ihm Unproduktivität zu erwarten sei, ob er als „Untüchtiger" der Allgemeinheit zur Last falle. Die „Heilbaren" waren von den „Unheilbaren" zu sondern.

Mit Bezugnahme auf die vorbereitende Philosophie der Sozialdarwinisten u. a. wurde in der Pflege und Fürsorge für die Schwachen ein unnatürliches Prinzip gesehen, das unaufhaltsam zu einer fortschreitenden Vermehrung „lebensuntüchtiger" und „minderwertiger" Existenzen und damit zu einer bevölkerungspolitischen Gefahr führen müsse. In der Absicht, dieser erbbiologischen Prognose vorzubeugen, wurde psychisch Kranken und Behinderten durch die Sterilisationsgesetzgebung das Recht zur Fortpflanzung abgesprochen. In der Konsequenz nationalsozialistischen Denkens lag es schließlich, die vermeintlich „Unheilbaren" physisch zu vernichten.[1]

Legitimiert sahen sich die Ideologen der NS-Psychiatrie durch das Fortschrittsideal einer Gesellschaft produktiver, leistungswilliger Menschen, die sich durch „Ausmerze"[2] – wie es genannt wurde – alles biologisch „Minderwertigen" einem leidensfreien Zustand nähert. Die psychisch kranken Menschen, die dieser Zukunftsvision nicht angepaßt werden konnten, wurden in der menschenverachtenden Sprache des Nationalsozialismus zu „nutzlosen Essern", „Ballastexistenzen" und „Volksschädlingen". Die Kostennutzenbilanz fiel bei ihnen negativ aus.

Um die Komplexität der NS-Psychiatrie für mein Referat etwas einzuengen, möchte ich mich nur auf die sogenannte Euthanasie beschränken. Ich möchte dabei vor allem auf die Geschehnisse zu sprechen kommen, die sich in dieser Klinik, damals Provinzial-Heil- und Pflegeanstalt Galkhausen genannt, ereignet haben.

1 Seidel, R. Psychiatrie im Nationalsozialismus, in: Sozialpsychiatrische Information 13, 1983, S. 26–43, S. 31

2 Gütt, A., Ausmerze und Lebensauslese in ihrer Bedeutung für Erbgesundheits- und Rassenpflege, in: Rüdin, E. (Hrsg.), Erblehre und Rassenhygiene im völkischen Staat, München 1934

„Euthanasie"[3] ist ein vielschichtiger Begriff, weil in ihm ein sehr unterschiedliches Spektrum von Sachverhalten zusammengefaßt wird. Der Begriff reicht von einer Sterbehilfe ohne Verkürzung des Lebens über die Tötung eines einwilligungsfähigen, qualvoll leidenden Sterbenden bis hin zur Vernichtung sogenannten „lebensunwerten Lebens". Zweifellos ist die Verwendung des Begriffs „Euthanasie" für die Tötung Geisteskranker ein Mißbrauch, weil der Begriff (griech.: schöner Tod) primär eine wie immer geartete wohltätige Hilfe meint. Die Initiatoren der Tötungsaktionen hatten jedoch in der Praxis von vornherein nichts anderes im Sinn als die systematische Vernichtung ihnen nutzlos erscheinender Menschen. Ihr fielen schließlich unterschiedslos nicht nur psychisch Kranke und geistig Behinderte, sondern auch Epileptiker, mißgebildete und schwer erziehbare Kinder, Nichtseßhafte, Taubstumme, Tuberkulöse und Krebskranke zum Opfer, am Ende auch pflegebedürftige Altenheimbewohner.[4]

Wiewohl es Bemühungen gab, eine rechtliche Grundlage für den Mord an psychisch Kranken zu schaffen, hat eine Euthanasie-Gesetzgebung niemals bestanden.[5] Man stützte sich lediglich auf ein vages Geheimschreiben Hitlers auf einem Bogen seines privaten Briefpapiers. In dieser Ermächtigung bestimmte er, daß *„nach menschlichem Ermessen unheilbaren Kranken der Gnadentod gewährt werden"* könne.[6] Mit der Durchführung wurden die Führerkanzlei und die für die psychiatrischen Anstalten zuständigen Stellen im Reichsinnenministerium beauf-

3 Erhardt, H., Euthanasie und Vernichtung lebensunwerten Lebens, Stuttgart, 1965
Erhardt, H. und Pillinger W., Euthanasie und Vernichtung lebensunwerten Lebens, in: Gruhle, H. W. u. a. (Hrsg.), Psychiatrie der Gegenwart, Band III, Berlin – Göttingen – Heidelberg 1961, S. 253 ff.
Degkwitz, R., Euthanasie – Menschlichkeit des 20. Jahrhunderts, Teil 2, in: Medizinische Klinik 71, 1976, S. 1800–1804
Hochmuth, A., Euthanasie heute – Das Problem im weiten Sinne des Wortes, in: Bethel Arbeitsheft 1, 1970, S. 36 ff.

4 Gruchmann, L., Euthanasie und Justiz im 3. Reich, in: Vierteljahrshefte für Zeitgeschichte 20, 1972, S. 235–279, S. 238

5 Platen-Hallermund, A., Die Tötung Geisteskranker in Deutschland, Frankfurt/Main 1948, S. 18

6 Dokumente zu den Geisteskrankenmorden, in: Die Wandlung 2, 1947, S. 167
Das etwa Ende Oktober 1939 aufgesetzte Schreiben im Wortlaut:
„Adolf Hitler — Berlin, den 1. September 1939

Reichsleiter Bouhler und
Dr. med. Brandt
sind unter Verantwortung beauftragt, die Befugnisse namentlich zu bestimmender Ärzte so zu erweitern, daß nach menschlichem Ermessen unheilbar Kranken bei kritischster Beurteilung ihres Krankheitszustandes der Gnadentod gewährt werden kann. [Unterschrift]"
Für die Rückdatierung des Schreibens auf das Datum des 1. 9. 1939 gibt es keine authentische Erklärung. Nach Aussagen von Karl Brandt ist aber anzunehmen, daß mit dem Tag des Kriegsausbruches symbolisch der Beginn der äußeren Neuordnung und „inneren Reinigung von minderwertigen Elementen" zum Ausdruck gebracht werden sollte.

tragt, namentlich Philipp Bouhler[7] und Dr. Karl Brandt[8]. Alle folgenden Maßnahmen der umfangreichen Vorbereitung und Durchführung der Tötung von Kranken tragen den Charakter einer ausgeklügelten und hinterhältigen Tarnung und Verschleierung der eigentlichen Absichten.

In der Tiergartenstraße 4, Berlin-Charlottenburg, wurde eigens eine zentrale, zur Führerkanzlei gehörende Dienststelle eingerichtet, weshalb die Vernichtungsmaßnahmen im folgenden „*T 4-Aktion*" genannt wurden.

Die „*Reichsarbeitsgemeinschaft Heil- und Pflegeanstalten*"[9] entwickelte einen Meldebogen zur Erfassung der zu tötenden Kranken und arbeitete mit 37 ärztlichen „Gutachtern" zusammen, welche die Tötungsentscheidung zu fällen hatten.

Die „*Gemeinnützige Stiftung für Anstaltspflege Berlin*" war zuständig für die Auswahl und Einrichtung der Tötungsanstalten. Zugleich stellte sie das erforderliche Personal zur Verfügung.

Schließlich entstand die „*Gemeinnützige Krankentransport-Gesellschaft mbH*", welche für die Verlegungstransporte zu sorgen hatte. Ihr Personal entstammte den Reihen der SS.[10]

Ab Oktober 1939 wurden die knappen Fragebögen an alle öffentlichen und privaten Anstalten versandt.[11] Dabei wurden die Anstaltsdirektoren über den Zweck der Bögen im Unklaren gelassen. Da in den Bögen u. a. nach der Arbeitsleistung der erfaßten Patienten gefragt wurde, vermuteten die meisten Direktoren besorgt, es gehe darum, die arbeitsfähigsten Patienten für die Rüstungsbetriebe der Kriegswirtschaft abzuziehen.[12] Sie neigten deshalb – wie sich zeigen sollte – in verhängnisvoller Weise zu einer besonders ungünstigen Beurteilung ihrer besten „Arbeitskräfte". Sie taten das in der falschen Hoffnung, die Kranken auf diese Weise in der Anstalt zurückhalten zu können, da sie auf diese zur Aufrechterhaltung des Krankenhausbetriebes angewiesen waren.

Die Berliner Zentrale hatte es eilig und drängte auf eine beschleunigte Bearbeitung der Meldebögen. Anstalten, die verzögert reagierten oder in denen man aufgrund diffuser Gerüchte Verdacht schöpfte und die Bearbeitung der Bögen ablehnte, erhielten Besuch von einer Berliner „Gutachterkommission". Diese ging in wenigen Tagen durch die Anstalt und erledigte die Arbeit.[13]

Wenige Wochen später übersandte die „T 4"-Zentrale den Anstalten listenmäßige Zusammenstellungen von Patienten, deren Verlegung kriegsbedingt gemäß

7 Philipp Bouhler (1899–1946), Reichsleiter der NSDAP und Chef der „Kanzlei des Führers", in der Parteiangelegenheiten sowie an Hitler persönlich gerichtete Eingaben und Beschwerden bearbeitet wurden

8 Prof. Dr. Karl Brandt (1904–1948), SS-Gruppenführer und Generalleutnant der Waffen-SS. Begleitarzt Hitlers und Reichsbeauftragter für das Sanitäts- und Gesundheitswesen

9 Platen-Hallermund, a. a. O., S. 58

10 A. a. O., S. 59

11 Ebenda

12 A. a. O., S. 60f.

13 Kogon, E. Langbein, H. und Rückerl, A., Nationalsozialistische Tötungen durch Giftgas. Eine Dokumentation, Frankfurt/M (1983) 1986, S. 39ff.

Abb.: 1 Viktor Brack

Foto, undatiert

„planwirtschaftlicher Maßnahmen des Reichsverteidigungskommissars" durchzuführen sei.[14]

Der Transport aus den „Ursprungsanstalten" in eine der 6 Tötungsanstalten erfolgte über den Umweg von „Zwischenanstalten".[15] Der Aufenthalt in den „Zwischenanstalten" diente angeblich der Beobachtung der Kranken und der erneuten Prüfung von Zurückstellungsmöglichkeiten mit eventueller Rückkehr in die Ursprungsanstalt. In Wahrheit bezweckte der Umweg in erster Linie eine Verschleierung der Spur der Kranken. Die Verlegungswege und Zielorte der Transporte waren den „Ursprungsanstalten" zwar bekannt, mußten aber vor allem vor den Angehörigen geheim gehalten werden. Diese wurden mit bewußt irreführenden Schreiben hingehalten und über das beabsichtigte Schicksal der Kranken im Unklaren gelassen. In vorgedruckten Schreiben wurde ihnen nur mitgeteilt, daß der jeweils betreffende Patient aus „kriegsbedingten Gründen" in eine „andere namentlich noch nicht bekannte Anstalt" verlegt worden sei.

Nach einem kurzen Aufenthalt in den „Zwischenanstalten" wurden die Patienten in die „Vernichtungsanstalt" verbracht, wo sie sofort nach ihrem Eintreffen getötet wurden. Nach „Experimenten"[16] mit unterschiedlichen Tötungsarten hatte sich die „Gemeinnützige Stiftung für Anstaltspflege" schließlich für eine Vergasung mit Kohlenmonoxyd entschieden. Die Kranken wurden in einen Vergasungs-

14 Platen-Hallermund, a. a. O., S. 62

15 Klee, E., „Euthanasie" im NS-Staat. Die „Vernichtung lebensunwerten Lebens", Frankfurt/Main 1983, S. 263 ff.

16 A. a. O., S. 110 ff.

raum geführt, der als Duschraum getarnt war. Der Plan, die Opfer zu vergasen, geht auf Viktor Brack[17] zurück, während Dr. Karl Brandt bei der „Euthanasie“ als ärztlicher Maßnahme auch ärztliche Mittel, etwa Injektionen, anwenden wollte.[18] Durchzuführen war sie in jedem Fall durch einen Arzt. Für die Beseitigung der Leichen standen zu diesem Zweck errichtete Krematorien zur Verfügung.[19]

Die Benachrichtigung der Angehörigen vom Tode des Patienten mit Angabe erfundener Todesursachen erfolgte durch eigens geschaffene Sonderstandesämter und „Trostbriefabteilungen“.[20] Trotz perfektionierter Tötungsbürokratie unterliefen im Verkehr mit den Angehörigen jedoch Pannen und Mißgriffe,[21] die schließlich zu erheblicher Unruhe in der betroffenen Bevölkerung führte.[22]

So sollte ein Patient, der bereits am Blinddarm operiert worden war, angeblich an einer Blinddarmentzündung verstorben sein.[23] Die Familie einer Patientin, die sich rechtzeitig durch die Flucht entzogen hatte, aber versehentlich nicht aus den Listen gestrichen worden war, erhielt ein Beileidsschreiben von makabrer Verlogenheit. Anfangs wurden mehrere Familien in einer Ortschaft gleichzeitig vom Tode ihrer Kranken informiert, was auffallen mußte. In der Folge wurden deshalb „Absteckabteilungen“[24] gebildet, in welchen auf Karten der Herkunftsgebiete der Patienten die Heimatorte der Getöteten jeweils mit farbigen Nadeln gekennzeichnet sowie Sterbedaten und Sterbeorte gefälscht wurden.

Es zeigte sich, daß die Tötungsaktionen trotz aller Versuche der Geheimhaltung und Tarnung nicht unbemerkt bleiben konnten. Der Widerstand in den Kirchen wuchs; die Staatsanwaltschaften, bei denen Mordanzeigen eingingen, wurden unruhig;[25] über Formulierungen in den Todesanzeigen der Angehörigen in den Tageszeitungen mußte der aufmerksame Leser stutzig werden.[26] Die „Feindsender“ bemächtigten sich des Themas.

Als der Bischof von Münster, Clemens August Graf von Galen[27] im August 1941 in seinen Predigten die Sache offen zur Sprache und Anzeige brachte, ordnete Hitler am 24. 8. 1941 die Einstellung der „T 4“-Aktion an. Die Tötungsanlagen

17 Viktor Brack (1904–1948), SS-Oberführer, Oberdienstleiter und Chef des Hauptamtes II (Parteipolitisches Amt mit „T 4“-Zentrale) in der „Kanzlei des Führers“. Stellvertreter von Philipp Bouhler

18 Klee, „Euthanasie“, a. a. O., S. 110

19 A. a. O., S. 149 ff.

20 A. a. O., S. 155

21 A. a. O., S. 248 ff.

22 Dokumente zu den Geisteskrankenmorden, a. a. O., S. 172 f.

23 Gruchmann, Euthanasie, a. a. O., S. 244

24 Klee, „Euthanasie“, a. a. O., S. 155

25 Gruchmann, Euthanasie, a. a. O., S. 254 ff.

26 Dokumente zu den Geisteskrankenmorden, a. a. O., S. 174

27 Clemens August Graf von Galen (1878–1946), Bischof, ab Dezember 1945 Kardinal von Münster, hielt 1941 an seiner ehemaligen Pfarrkirche St. Lamberti eine Reihe von Predigten gegen den Polizeistaat und die Euthanasie. Er erklärte u. a. am 3. 8. 1941, daß er die Verbrechen wegen Verstoßes gegen § 211 StGB (Mord) zur Anzeige bei der Staatsanwaltschaft und beim Polizeipräsidenten von Münster gebracht habe

Abb.: 2 Clemens August Graf von Galen

Foto, undatiert

wurden abgebaut und mitsamt ihrem Personal an Konzentrationslager im Osten abgegeben.[28]

Damit war das Töten von psychisch Kranken und Behinderten jedoch nicht beendet. Es begann das, was später „wilde Euthanasie“ genannt wurde.[29] Damit war gemeint, daß die Lebensvernichtung scheinbar einer zentralen Steuerung und Kontrolle entglitten war. In vielen Anstalten verfuhr man ohne offizielle Verpflichtung selbstherrlich nach eigenem Gutdünken. Vor allem wurden die Kranken durch gezielten Nahrungsentzug entkräftet,[30] sodaß sie verhungerten oder Infektionskrankheiten zum Opfer fielen. Manche Anstalten gingen dazu über, die Kranken durch Injektionen mit Morphium und Barbituraten zu töten oder sie durch Beimischungen zur Suppe zu vergiften u. a. m.

Es gibt keinen Zweifel daran, daß in dieser zweiten Phase der Vernichtung mehr Kranke umgebracht worden sind als in der ersten.[32]

Über die Beteiligung der früher so genannten Rheinischen Provinzial Heil- und Pflegeanstalt Galkhausen an der Euthanasie-Aktion kann nicht für sich allein gesprochen werden. Sie muß im Zusammenhang mit der vorgesetzten Trägerbehörde, der Rheinischen Provinzial-Verwaltung, der Vorgängerin des Landschaftsverbandes Rheinland, betrachtet werden. Dabei möchte ich in erster Linie die

28 Nowak, K., „Euthanasie“ und Sterilisation im Dritten Reich, Göttingen 1984, S. 85
29 Klee, „Euthanasie“, a. a. O., S. 371 ff.
30 A. a. O., S. 440
31 A. a. O., S. 429 ff.
32 Klee, E. (Hrsg.), Dokumente zur „Euthanasie“, Frankfurt/Main 1985, S. 284

Person des damaligen Psychiatrie-Dezernenten, Landesrat Prof. Dr. Walter Creutz (1889–1971) ins Bild rücken. Die Tätigkeit von Creutz und seine Form des Widerstandes gegen die Euthanasie-Maßnahmen sind in der Literatur und durch die Nachkriegsjustiz sehr kontrovers bewertet worden.[33] Mir kommt es deshalb darauf an, beim gegenwärtigen Wissensstand aus dem Blickwinkel Galkhausen noch einmal nachzuzeichnen, wie die Beziehungen zwischen Klinik und Trägerbehörde beschaffen waren. Dabei muß ich mich mangels anderer z. Zt. noch nicht verfügbarer Quellen im wesentlichen auf die Anklageschriften und Urteile der Landgerichte Düsseldorf und Koblenz stützen, auch wenn ich mir der Problematik dieser Quellen bewußt bin.[34]

Creutz hatte in den Jahren 1925 bis 1935 in den Anstalten Bedburg-Hau und Düsseldorf-Grafenberg als Schüler Siolis[35] seine psychiatrische Fachausbildung absolviert. Er war Oberarzt geworden und hatte sich habilitiert. Seit 1933 gehörte er im wesentlichen passiv der NSDAP an. 1935 übernahm er dann administrative Aufgaben in der Provinzial-Verwaltung und wurde zum Landesrat und Psychiatrie-Dezernenten ernannt.

Mit Kriegsbeginn wurde er als Sanitätsoffizier zur Wehrmacht eingezogen, wobei sein Dezernat unbesetzt blieb.

Im Laufe des Sommers 1940 begann der Umlauf von Gerüchten auch in den Einrichtungen der Rheinprovinz, denen zufolge Maßnahmen gegen Geisteskranke geplant waren. Quelle der Gerüchte waren neben Informationen, die aus anderen Reichsteilen kamen, möglicherweise die Professoren Pohlisch[36] und Panse[37] aus Bonn, dic im April 1940 an Besprechungen der „Reichsarbeitsgemeinschaft für Heil- und Pflegeanstalten“ zum Thema der „T 4“-Aktion teilgenommen hatten. Bekannt ist, daß beide unter Bruch der ihnen auferlegten Schweigeverpflichtung verschiedene Stellen (z. B. Anstaltsärzte in Bonn, kirchliche Vertreter der auch

33 Friedrich, J., Die kalte Amnestie, Frankfurt/Main 1984, S. 219 ff.; Platen-Hallermund, a. a. O., S. 59; Siemen, H.-L., Das Grauen ist vorprogrammiert, Gießen 1982, S. 187 ff.; Archiv der RLK Langenfeld, Urteilssammlung, Gerichtsurteile Düsseldorf, Koblenz

34 Dörner, K., Nationalsozialismus und Lebensvernichtung, in: Vierteljahrshefte für Zeitgeschichte 15, 1967, S. 121–152, S. 133; Friedrich, Amnestie, a. a. O., S. 219 ff.; Seidel, R., Meyer, H. und Süße, Th., Hilfreiche Anpassung – Hilflose Fügung. Ärzte und Verwaltung Niedersachsens während der Vernichtung psychisch Kranker zur Zeit des Nationalsozialismus, Vortragsmanuskript (Leipzig 24. 5. 1985), S. 25

35 Prof. Dr. Franz Sioli (1882–1949), Direktor der Provinzial- Heil- und Pflegeanstalt Düsseldorf-Grafenberg (1930–1947) und Ordinarius für Psychiatrie und Neurologie an der Med. Akademie Düsseldorf (1923–1947)

36 Prof. Dr. Kurt Pohlisch (1893–1955), Begründer des Rheinischen Provinzial-Instituts für psychiatrisch-neurologische Erbforschung in Bonn und Ordinarius für Psychiatrie und Neurologie an der Universität Bonn (1934–1945 und 1952–1955), gleichzeitig Direktor der Provinzial- Heil- und Pflegeanstalt Bonn von 1934–1945

37 Prof. Dr. Friedrich Panse (1899–1973), Leiter des Rheinischen Provinzial-Instituts für psychiatrisch-neurologische Erbforschung, Bonn, mit Lehrauftrag für Rassenhygiene an der Universität Bonn 1935–1945. 1955–1967 Ordinarius für Psychiatrie und Neurologie an der Med. Akademie Düsseldorf sowie Direktor des Rheinischen Landeskrankenhauses Düsseldorf-Grafenberg

Abb.: 3 Heinz Haake

Foto, undatiert

betroffenen Inneren Mission etc.) über die wahre Bedeutung der gerade eintreffenden Meldebogen der „T 4“-Zentrale informierten.

In der Provinzial-Verwaltung war es offenbar vor allem der Erste Landesrat und damit Stellvertreter des Landeshauptmannes Heinz Haake[38], Dr. Wilhelm Kitz,[39] der darauf drängte, daß die Stelle des Psychiatrie-Dezernenten angesichts der sich anbahnenden Probleme sofort besetzt werden müsse, und zwar am besten mit dem vertrauenswürdigen Prof. Creutz. Die dann folgenden Bemühungen Haakes waren erfolgreich. Creutz wurde vom Militär zurückgeholt und zum 1. 12. 1940 unabkömmlich (uk.) gestellt.

Creutz hatte s. Zt. bereits beim Militär von Maßnahmen gegen die Geisteskranken gehört. Sofort nach seiner Rückkehr nutzte er seine Verbindungen zu den Kliniken und Kirchen. Soweit wir wissen, waren es vor allem Pohlisch, Pfarrer Otto Ohl[40] von der Inneren Mission und Prälat Schulte-Pelkum,[41] die Creutz präzise ins Bild zu setzen vermochten.

38 Heinz Haake (1892–1945), Reichsinspekteur der NSDAP, SA-Gruppenführer, erster Gauleiter der NSDAP im Rheinland und einer der ersten NS-Abgeordneten im Rheinischen Provinziallandtag (heute: „Landschaftsversammlung“). Haake wurde am 11. 4. 1933 zum Landeshauptmann (Leiter der Rheinischen Provinzialverwaltung, entspricht der Position des Direktors des Landschaftsverbandes heute) gewählt

39 Dr. Wilhelm Kitz (1890–1956), Erster Landesrat (d. h. Stellvertreter des Landeshauptmanns der Rheinischen Provinzialverwaltung); Leiter der Abteilung 1 (Allgemeine und Verwaltungsfragen)

40 Pfarrer D. Otto Ohl (1886–1973), von 1912–1963 geschäftsführender Direktor des Rheinischen Provinzialausschusses für Innere Mission und stellv. Präsident des Zentralausschusses für innere Mission der Ev. Kirche seit 1934

41 Prälat Hermann Schulte-Pelkum (1874–1945), seit 1910 Direktor des Franz-Sales-Hauses in Essen-Huttrop und Stadtdechant von Essen. Das Franz-Sales-Haus war eine „Erziehungs-, Heil- und Pflegeanstalt“ für schwachsinnige Kinder der Rheinprovinz mit 700 Betten

Offenkundig nahm sich Creutz daraufhin die Etablierung einer Abwehrfront gegen die anlaufende „T 4“-Aktion vor, die von vornherein eine überregionale Dimension haben sollte.

Nach Alice Platen-Hallermund[42] bildete Creutz hier eine Ausnahme von der Regel, wonach die leitenden Ärzte der Gesundheitsdezernate im Reich sonst „dem Anschein nach“ mit den geplanten Maßnahmen einverstanden waren. Mit seinen Absichten wandte er sich über die Grenzen des Rheinlandes hinaus an den Landeshauptmann der Provinz Hannover, Ludwig Geßner,[43] und vor allem dessen Anstaltsdezernenten, Landesrat Dr. Georg Andreä[44] sowie an den Landesrat Dr. Rudolf Pork[45] der Provinz Westfalen.

Landeshauptmann Geßner[46] überreichte ihm eine selbstverfaßte für Berlin gedachte, aber offenbar nie abgesandte Denkschrift[47] gegen die „T 4“-Aktion zur Weitergabe an Haake. Creutz verwertete dieses Papier für eine eigene Denkschrift, die nach den Beratungen mit Kitz vor allem zur Einflußnahme auf Landeshauptmann Haake gedacht war. Diese Denkschrift ist Anfang 1941 fertiggestellt worden und wurde von Seidel im Niedersächsischen Hauptstaatsarchiv wieder aufgespürt und uns zur Verfügung gestellt. Diese Schrift hebt weniger ab auf ethische Gesichtspunkte, die den alten Nationalsozialisten Haake möglicherweise auch weniger angesprochen hätten. Sie stellt vor allem das Töten ohne gesetzliche Grundlage und die Unmöglichkeit der Geheimhaltung heraus. Creutz betont eindringlich den voraussehbaren Zusammenbruch jeglichen Vertrauens der Bevölkerung zu den Anstalten und die zu erwartende Panikstimmung bei den Kranken, wenn große Patientengruppen unversehens verschwinden, ohne daß dazu – nicht zuletzt wegen der Geheimhaltung – plausible Begründungen angegeben werden können, statt dessen nur ausweichende oder unwahre Auskünfte. Er kritisiert das völlig unzulängliche und fehlerhafte Fragebogenverfahren. Er problematisiert die wegen der Geheimhaltung unklaren und durch anonym bleibende „Gutachter“ uneinheitlich gehandhabten Bewertungskriterien für die Tötungsentscheidung. Schließlich würdigt er die Gewissenskonflikte und heillose rechtliche Lage der involvierten Anstaltsärzte und nimmt an dieser Stelle in gedrängter Form schon alles vorweg, was später in den Ärzte-Prozessen der Nachkriegszeit aus juristischer Sicht dazu gesagt werden wird. Die Schrift endet warnend mit der Voraussage, daß das Töten sich nicht auf psychisch Kranke begrenzen, sondern auch auf andere Krankengruppen, schließlich auch auf „Asoziale“ ausweiten werde.

42 Platen-Hallermund, a. a. O., S. 59
43 Dr. Ludwig Geßner (1886–1958), von 1933–1945 Landeshauptmann der Provinz Hannover
44 Georg Andreä (1888–1983), Landesrat, Juristischer Dezernent für die Heil- und Pflegeanstalten bei der Provinz Hannover
45 Dr. Rudolf Pork (1900–1944), Landesrat, Dezernent der Hauptfürsorgestelle und anderer Referate bei dem Provinzialverband Westfalen
46 Seidel, R., Hilfreiche Anpassung, a. a. O., S. 5
47 Meyer, H. und Süße, Th., Die Konfrontation niedersächsischer Heil- und Pflegeanstalten mit den „Euthanasiemaßnahmen“ des Nationalsozialismus, Diss. med. Hannover 1984, S. 108 ff.

Abb.: 4 Werner Heyde

Foto, undatiert

Diese Schrift vermochte Haake offensichtlich zu beeindrucken. Er wies im folgenden alle Versuche ab, die „T 4"-Aktion auch im Rheinland durchzusetzen und zu verwirklichen.

Daraufhin kündigte sich zum 12. 2. 1941 eine „Kommission" der Berliner „T 4"-Zentrale an mit den Herren Prof. Heyde,[48] Vorberg[49] und Tillmann[50] an. Im Verlaufe der Besprechung ließen sich Haake, Kitz und Creutz von ihrer ablehnenden Haltung, über die sie sich zuvor noch einmal verständigt hatten, nicht abbringen. Heyde nahm den Landeshauptmann deshalb beiseite und zeigte ihm ein Schriftstück, vermutlich eine Kopie von Hitlers geheimer Ermächtigung vom 1. 9. 1939. Haake erschien danach „völlig verändert" und erklärte, daß er sich „einer Verlegung von Geisteskranken nun nicht mehr widersetzen" könne. Er lehnte zwar weiterhin eine Tötungsanstalt für das Rheinland ab, stimmte aber der Einrichtung von je einer Zwischenanstalt für die nördliche und südliche Rheinprovinz zu. In dieser Situation bekannte der Stellvertreter Haakes, Dr. Kitz, eindeutig Farbe. Er lehnte die zukünftige Vertretung Haakes ab für alle Vorgänge, die mit der Verlegung und Tötung von Kranken zu tun hätten. Offenkundig hat ihm diese Haltung keine erkennbaren Nachteile eingebracht.

48 Prof. Dr. Werner Heyde (1902–1964), SS-Standartenführer, Ordinarius für Psychiatrie und Neurologie an der Universität Würzburg (1939–1945). Von Mai 1939 bis Dezember 1941 Leiter der Med. Abteilung der Zentraldienststelle „T 4" und „Obergutachter"

49 Reinhold Vorberg (1904–1985), Leiter der Transportabteilung der „T 4"-Zentrale

50 Friedrich Tillmann (1903–1964), Leiter der Büroabteilung der „T 4"-Zentrale ab Sommer 1940; zugleich von 1933–1945 Direktor der Wohlfahrtswaisenpflege der Stadt Köln

Da sich auch in Hannover Landeshauptmann Geßner resignierend zurückzog, war damit die von Creutz initiierte Abwehrfront gescheitert. Creutz geriet nun in eine schwierige Lage und stand vor der Frage einer möglichen Rückkehr zum Militär. Seine Entscheidung fiel jedoch nach Gesprächen mit Kitz, ihm nahestehenden Geistlichen und Juristen, nicht zuletzt mit Prof. Sioli[52] anders aus. Er beschloß, auf seinem Posten zu verbleiben in der Absicht, die Euthanasie-Maßnahmen soweit wie möglich zu sabotieren und zu behindern. Dies bescheinigte ihm im Januar 1950 das Landgericht Düsseldorf.

Nachdem Haake der Einrichtung von zwei Zwischenanstalten zugestimmt hatte, forderte die Berliner Kommission für diesen Zweck die Benennung von Galkhausen für das nördliche und Andernach für das südliche Rheinland. Diese Auswahl erfolgte nicht – wie sonst oft – nach dem Gesichtpunkt, daß die Anstalten von besonders willigen Nationalsozialisten geleitet wurden. Entscheidend war vielmehr, daß diese Anstalten ebenso wie Hadamar vergleichsweise günstig zur Reichsautobahn gelegen waren.

Noch im Februar 1941 erhielt Haake die Anweisung, die beiden Direktoren der Zwischenanstalten Dr. Beyerhaus, Galkhausen[53] und Dr. Recktenwald, Andernach[54] zu einer Dienstbesprechung in die Führerkanzlei zu entsenden. Haake beorderte den nicht eingeladenen und sich deshalb zunächst sträubenden Creutz ebenfalls nach Berlin, damit dieser sich über den aktuellen und sonst schwer in Erfahrung zu bringenden Sachverhalt persönlich informieren könnte.

An der Konferenz nahmen bekanntlich 40 bis 60 Professoren und Anstaltsleiter teil. Das Vorhaben der Vernichtung psychisch Kranker wurde erst von Brack und dann von Heyde im Detail unter Hinweise auf eine strenge Geheimhaltungspflicht erläutert.

Am 29. 3. 1941 berief Creutz eine Konferenz der Anstaltsdirektoren nach Düsseldorf und eröffnete ihnen, daß die Tötung Geisteskranker nun auch für die Rheinprovinz bevorstehe. Er berichtete über das Scheitern seiner Abwehrmaßnahmen und erklärte jeden offenen Widerstand für zwecklos. Er appellierte eindringlich an die Konferenzteilnehmer, ihre Posten nicht zu verlassen, sondern ihm dabei behilflich zu sein, zu retten, was zu retten sei. Nachdem es ihm offenbar gelungen war, die Direktoren sämtlich auf diese Linie zu verpflichten, wurden denkbare Einflußmöglichkeiten zugunsten der rheinischen Patienten beraten.

51 Archiv der RLK Langenfeld, Urteilssammlung, Urteil des Schwurgerichts Düsseldorf vom 24. November 1948

52 Schadewaldt, A., Geschichtlicher Überblick über die Entwicklung des Rheinischen Landeskrankenhauses – Psychiatrische Klinik der Universität Düsseldorf 1876–1976, in: Kranz, H. und Heinrich, K., Bilanz und Ausblick der Anstaltspsychiatrie, Stuttgart/New York 1977, S. 19

53 Dr. Georg Beyerhaus (1881–1941), Direktor der Provinzial Heil- und Pflegeanstalt Galkhausen (1928–1941)

54 Dr. Johann Recktenwald (1882–1964), seit 1934 Direktor der Provinzial Heil- und Pflegeanstalt Andernach

Abb.: 5 Georg Beyerhaus

Foto, undatiert

Wie ernst die Lage war, zeigte sich darin, daß noch am Tage dieser Konferenz eine Ärztekommission der „T 4"-Zentrale unter Leitung von Prof. Nitsche[55] in Andernach erschien. Wenige Tage später erreichte die gleiche Kommission, jetzt unter der Leitung des berüchtigten Dr. Schmalenbach[56], Galkhausen. Die Kommission ging unter Bezugnahme auf die 1940 ausgefüllten Meldebogen über die Stationen und stellte in Galkhausen eine Liste von 409 Patienten zusammen. Diese Kranken sollten getötet werden, um Platz zu schaffen für das Anlaufen der Zwischenanstalt.

Es wird berichtet, daß der damalige Direktor von Galkhausen, Dr. Beyerhaus, über diese Vorgänge erheblich erschüttert war und nicht mehr zur Ruhe kam. Auf dem Rückweg von einer Dienstbesprechung in der Provinzial-Verwaltung, in der wahrscheinlich Creutz den Direktoren Recktenwald und Beyerhaus letzte Anweisungen im Hinblick auf die Zwischenanstalten gab, starb Beyerhaus am 17. 4. 1941 auf dem Düsseldorfer Hauptbahnhof an einem Herzinfarkt.

Am 28. 4. 1941 erschienen erstmals die Busse der „Gekrat", um die selektierten Patienten in die Vernichtungsanstalt Hadamar zu bringen. Hiesige Zeitzeugen, die sich auch hier zu diesen Vorgängen nur ungerne äußern, lassen noch heute einen

55 Prof. Dr. Hermann Paul Nitsche (1876–1948), erst Stellvertreter Heydes, dann ab Dezember 1941 Leiter der Medizinischen Abteilung der Zentralstelle „T 4" und „Obergutachter". Direktor der Tötungsanstalten Sonnenstein bei Pirna/Sachsen und Dösen bei Leipzig

56 Dr. Kurt Schmalenbach (1910–?), Gutachter der „T 4"-Zentrale und Euthanasiearzt in der Tötungsanstalt Sonnenstein bei Pirna/Dresden

Abb.: 6 Leonhard Josef Winkel

Foto, undatiert

Schauder erkennen beim Gedanken an die schwarz-grau gestrichenen und verhängten Busse, die sie wie dunkle Särge erlebten.

Um Platz zu schaffen für die Zwischenanstalt haben im Mai 1941 370 Patienten aus Galkhausen in Hadamar ihr Leben gelassen.

Am 3. 5. 1941 erschien der aus Bedburg-Hau nach Galkhausen abgeordnete neue Direktor Dr. Winkel[57]. Ihm war durch Creutz bekannt, daß zwei Tage später mit dem Beginn der Zwischenanstalt ein erster Transport mit Patienten aus Düsseldorf-Grafenberg zu erwarten war.

Soweit es den verfügbaren Unterlagen zu entnehmen ist, hat Creutz die ärztliche Besetzung der Zwischenanstalt Galkhausen nicht dem Zufall überlassen. Nach Beratungen mit seinem Vertrauten Sioli versetzte er Dr. Felix Weißenfeld von Düsseldorf-Grafenberg nach Galkhausen. Dieser als zuverlässig geltende Arzt lehnte zwar die Abordnung zunächst ab, konnte aber von Sioli noch umgestimmt werden. Er übernahm am 4. 5. 1941 die „Männerseite" der Zwischenanstalt. Für deren „Frauenseite" ging der Auftrag an den schon in Galkhausen tätigen, vertrauenswürdig erscheinenden Abteilungsarzt Dr. Max Rohde.

Am 6. 5. 1941 traf der erste Transport mit 27 männlichen und 33 weiblichen Patienten aus Düsseldorf-Grafenberg ein.

Am Tage des Anlaufens der Zwischenanstalt wurden Weißenfeld und Rohde durch Direktor Winkel in groben Zügen offiziell mit ihren Aufgaben bekannt gemacht. Dabei wurden auch die üblichen Zurückstellungsmöglichkeiten der

57 Dr. Dr. Leonhard Josef Winkel (1891–1945), 1928–1941 Anstaltsarzt an der PHP Bedburg-Hau, 1941–1945 Direktor der PHP Galkhausen, Freitod am 4. 6. 1945

Patienten erörtert durch Diagnoseumdeutungen, Schönfärben der Arbeitsfähigkeit, Hinweis auf Kriegsteilnahme oder -verletzungen, Reversentlassungen[58] usw. Nach den Feststellungen des Schwurgerichtes Düsseldorf blieben die Einwirkungsmöglichkeiten von Weißenfeld und Rohde jedoch unterhalb des erhofften Niveaus. Direktor Dr. Winkel erwies sich als vorsichtiger und ängstlicher als angenommen. Er behielt sich die Überprüfung der Rückstellungsempfehlungen von Weißenfeld und Rohde vor. Er kontrollierte jeden einzelnen Fall durch eigene Untersuchung und Befragung des Pflegepersonals. Er allein traf den maßgeblichen Entscheid über eine Zurückhaltung, d. h. über Leben und Tod des Patienten, soweit die „T 4"-Verantwortlichen dieses noch zuließen. Wiederholt hat es heftige Auseinandersetzungen zwischen den Galkhausener Ärzten gegeben. Zeugen haben später bekundet, daß dem Direktor einzelne Kranke „förmlich abgerungen" worden sind.

Die Frage, wieviele von den rund 1000 rheinischen Patienten, die der Zwischenanstalt Galkhausen zugewiesen worden waren, tatsächlich vom Tode gerettet werden konnten, kann wohl abschließend nicht mehr beantwortet werden. Bis zum Abbruch der „T 4"-Aktion mit dem letzten Transport von Zwischenanstaltspatienten nach Hadamar am 20. 8. 1941 waren nach uns erhalten gebliebenen Listen 502 Patienten nach Hadamar gebracht worden. Keiner von ihnen hat es überlebt.

Im Rahmen seiner Ermittlungen hat das Landgericht Düsseldorf anhand von einzelnen Fällen zu belegen versucht, daß Rohde und Weißenfeld 24 Galkhausener und 18 Zwischenanstaltspatienten vor dem sicheren Tod bewahrt haben.

Die nach Abbruch der „T 4"-Aktion vorläufig verschont gebliebenen Zwischenanstaltspatienten wurden eigenartigerweise nicht in ihre Herkunftskliniken zurückverlegt, sondern verblieben in Galkhausen.

Bis zum Herbst 1942 fanden keine Verlegungen rheinischer Patienten in andere Reichsgebiete statt. Mit dem Fortschreiten des Krieges und zunehmenden Zerstörungen durch Luftangriffe entstand ein wachsender Krankenhaus- und Lazarettbedarf, dem auch durch geeignete Räumlichkeiten in den Psychiatrischen Anstalten abgeholfen werden sollte. In Galkhausen wurden im folgenden immer mehr Bombengeschädigte und somatische Patienten aus Düsseldorfer, Solinger, Duisburger und Neusser Krankenhäusern untergebracht.

In diesem Zusammenhang geriet die Provinzial-Verwaltung mit ihren Anstalten zunehmend unter Druck, ihre Patienten in andere Reichsgebiete zu verlegen, die auch als weniger bombengefährdet galten. Der berüchtigte Gesundheitsdezernent

58 Dabei handelt es sich um Entlassung auf Initiative des Patienten. Der Patient ist dabei bereit, dem Arzt schriftlich zu bestätigen, daß die Entlassung gegen ärztlichen Rat erfolgt. Der Patient trägt die Verantwortung für die mit der Entlassung verbundenen Risiken, auf die er vom Arzt zuvor hingewiesen worden ist. Hier dient dieser Modus dem Ziel, den Patienten vor den Tötungsmaßnahmen in Sicherheit zu bringen

des Bezirksverbandes Nassau, Bernotat,[59] offerierte aus durchsichtigen Gründen ständig freie Bettenkapazitäten, so daß es erneut zu Transporten nach Hadamar kam, allerdings nicht aus Galkhausen. Hier begannen die Räumungstransporte mit dem 16. 3. 1943. Um Platz zu schaffen, wurden rund 1500 Galkhausener und verbliebene Zwischenanstaltspatienten in 19 Transporten bis Juli 1944 vorzugsweise in östliche Anstalten verbracht, vor allem nach Meseritz-Obrawalde, Altscherbitz, Tiegenhof u. a. Dort verliert sich ihre Spur. Sicher ist nur, daß sie bis auf einzelne Ausnahmen alle zu Tode gekommen sind.

Mit der Wiederaufnahme seiner Tätigkeit als Landesrat im Dezember 1941 hatte Creutz ein geheimes und sorgfältig unter Verschluß gehaltenes Kataster geführt, in das alle Patienten eingetragen wurden, welche über die Grenzen der Rheinprovinz hinaus verlegt wurden. Das Kataster enthielt neben anderem für jeden Einzelfall Angaben zur Ursprungsanstalt, zur aufnehmenden Anstalt und eine Rubrik für das Todesdatum. Laut Anklageschrift des Oberstaatsanwaltes in Koblenz vom 4. 2. 1948 hat das Kataster zuletzt aus vier Bänden bestanden und soll Todesnachweise von 8500 Patienten allein aus Andernach und Galkhausen enthalten haben, die in Hadamar bzw. östlichen Anstalten umgekommen sind.

Mit Hilfe der eingehenden Todesmeldungen, die gelegentlich „packenweise" eingetroffen sein sollen, entstand bei Creutz frühzeitig der Verdacht, daß die Krankentötungen wieder aufgenommen oder gar nicht unterbrochen worden waren. Zusammen mit Haake stellte er Nachforschungen an. Er versuchte, sich durch offizielle Anfragen, u. a. bei Goebbels, und Besuche im Reichsinnenministerium sowie durch Reisen zu den Anstalten und Befragen von Begleitpersonal der Transporte ein eigenes Bild von der undurchsichtigen Sachlage zu machen. Er erreichte schließlich, daß 1943 für sämtliche rheinischen Patienten, die sich im Generalgouvernement befanden, die Anstalt Kulparkow bei Lemberg bereitgestellt wurde und schickte acht Personen Pflegepersonal und einen Chefarzt aus dem Rheinland hin, zuletzt Dr. Rohde aus Galkhausen. Aber auch von dort kamen in unverminderter Zahl Todesmeldungen zurück.

Das Urteil des Landgerichtes Düsseldorf vom 27. 1. 1950 hält das widerspruchsvolle Hinter- und Nebeneinander von beruhigenden und beunruhigenden Ergebnissen dieser Nachforschungen und Bemühungen fest mit eindeutigem Überwiegen der letzteren. Hier scheint die ganze Problematik des Versuches durch, „das Übel eines verbrecherischen Systems von innen heraus zu verkleinern", wie es etwa Kogon[60] ausgedrückt hat.

59 Otto Bernotat (1890–1951), Landesrat für das Anstaltswesen des Bezirksverbandes Nassau; zu den Vorgängen im Einzelnen: Platen-Hallermund, a. a. O., S. 92 f., 109 ff. sowie Stöffler, F., Die „Euthanasie" und die Haltung der Bischöfe im hessischen Raum 1940–1945, in: Archiv für mittelrheinische Kirchengeschichte 13, 1961, S. 301–325, S. 305 f. und Klee, „Euthanasie", a. a. O., S. 268

60 Kogon, E., Der SS-Staat, München 1946, S. 264 u. 301 (zit. nach R. Seidel, Hilfreiche Anpassung, a. a. O., S. 7)

Seidel, aber auch Heinrich[61] haben darauf hingewiesen, daß es der Haltung der verantwortlichen rheinischen Ärzte, in erster Linie Creutz, zuzuschreiben ist, daß die Zahl der Tötungen von Kranken im Rahmen der Euthanasievorgänge für das Rheinland weit niedriger liegt, als vergleichsweise in anderen deutschen Regionen. Sie sahen im Vorgehen von Creutz und seinen nachgeordneten Ärzten – in Galkhausen Rohde und Weißenfeld – einen zwar gescheiterten, aber ethisch gerechtfertigten Versuch, Menschenleben zu retten. Dementsprechend wurden sie schon 1948 freigesprochen. Während das Landgericht Düsseldorf 1950 in 1. und 2. Instanz zum gleichen Ergebnis gelangte und Creutz, Rohde und Weißenfeld von der Anklage des Verbrechens gegen die Menschlichkeit erneut freisprach, ging das analoge Verfahren gegen die verantwortlichen Ärzte der Zwischenanstalt Andernach – Dr. Recktenwald und Dr. Kreisch[61] – in erster Instanz anders aus. Sie wurden am 29. 7. 1948 vom Landgericht Koblenz zu 8 bzw. 5 Jahren Zuchthaus verurteilt. 1950 aber wurden auch sie freigesprochen und dieser Spruch wurde 1951 in der Revision bestätigt.

Nachzutragen ist, daß die Zeit der Verfolgung für die psychisch Kranken in der Anstalt Galkhausen am 25. 4. 1945 endete. An diesem Tage besetzten die Amerikaner das Krankenhausgelände. Kurze Zeit später starb der Direktor der Anstalt durch eigene Hand.

Nicht nur für Galkhausen, sondern generell galt, daß nach dem Kriege eine lange Zeit der Sprachlosigkeit folgte. Die Psychiatrie war nicht in der Lage, ihre Opfer zu betrauern. Die Euthanasieprozesse der 40er und 60er Jahre haben sich mehr mit der juristischen und moralischen Schuld oder Unschuld der Ärzte und des Pflegepersonals beschäftigt. Dabei entstand leicht die Gefahr, daß die Opfer in Vergessenheit gerieten.[63]

Erst in den letzten Jahren sind Psychiater auf den Gedanken gekommen, daß die Opfer, die Zwangssterilisierten und die Getöteten, den Verfolgten des Nazi-Regimes zuzurechnen und ihnen gleichzustellen sind.[64] Auch sie und ihre Angehörigen haben einen Anspruch auf Anerkennung und Verwirklichung einer Entschädigung, soweit das überhaupt möglich ist. Erst dann kann es ihnen gelingen, sich anderen Verfolgten gegenüber gleichwertig zu fühlen.

1945 erfolgte zunächst kein grundlegender Bruch in der Psychiatriegeschichte.[65]

61 Seidel, R., Psychiatrie und Nationalsozialismus, in: Sozialpsychiatrische Information 13, 1983, S. 26–43, S. 36ff.; Heinrich, K., Öffentlichkeit und „reine Lehre" in der Psychiatriegeschichte, in: Fortschritte der Neurologischen Psychatrie 53, 1985, S. 145–190, S. 181

62 Dr. Ewald Kreisch (1900–1968), Abteilungsarzt und Leiter der Männerabteilung der Heil- und Pflegeanstalt Andernach

63 Pörksen, N., Unfähigkeit zu trauern: Anklagen und Verteidigen der Täter – Vergessen der Opfer, in: Dörner, K. (Hrsg.), Fortschritte der Psychiatrie im Umgang mit Menschen, Rehburg-Loccum 1985, S. 117ff.

64 Dörner, K. (Hrsg.), Gestern minderwertig – heute gleichwertig? Folgen der Gütersloher Resolution, Gütersloh 1985

65 Kuhlenkampff, C., Erkenntnis, Interesse und Pragmatismus. Erinnerungen an die Zeit von 1945–1970, in: Dörner, Fortschritte a. a. O., S. 127ff.

Die Anstalten waren zwar heruntergekommen und befanden sich in beklagenswertem Zustand, sie waren aber in der Regel erhalten geblieben. So wurde die psychiatrische Versorgung in den gleichen Häusern fortgesetzt. Aufgrund der bekanntgewordenen Verbrechen an den ihr anvertrauten Patienten hatte die Psychiatrie jeden Kredit verspielt. Man begegnete ihr zu Recht mit Mißtrauen und Ablehnung, von der immer bestehenden latenten Abneigung gegen die Krankenhauspsychiatrie und ihre Patienten einmal ganz abgesehen. In dieser Situation zogen sich die Psychiater hinter ihre Mauer zurück und verwalteten klaglos den Mangel und das Elend des therapeutischen Alltages der Nachkriegsjahre.

Es gibt Untersuchungen, die objektivieren, daß sich der psychiatrische Sprachgebrauch in der Nachkriegszeit zunächst nur wenig geändert hatte. Er behielt in Psychopathologie und Prognostik vielfach eine distanzierte und abwertende Grundeinstellung gegenüber den psychisch Kranken und Behinderten bei (Leidinger). Es muß deshalb die Frage gestellt werden: Was ist aus der Zeit des Nationalsozialismus erhalten geblieben? Auch wenn heute ausgeschlossen ist, daß sich Vergleichbares wiederholt, so haben doch möglicherweise einige Elemente unter der Oberfläche überlebt. Ich möchte abschließend nur ein Beispiel geben. Es ist auffällig, daß sich die Krankenhauspsychiatrie bis in die 70er Jahre der Psychiatrie-Enquête hinein trotz des allgemeinen Wirtschaftsaufschwunges mit einem Hungerlohn zufriedengegeben hat. Die skandalös niedrigen Pflegesätze machten sie zum medizinischen Armenhaus. Es ist zu vermuten, daß der tiefsitzende Zweifel am sozialen Wert des psychisch Kranken und Behinderten lähmend auf die Therapeuten gewirkt hat. Sie akzeptierten ohne nennenswerten Widerspruch die Auffassung, die Behandlung und Versorgung psychisch Kranker müsse billig zu haben sein. Auch wenn inzwischen in vielerlei Hinsicht unbestreitbar mit großen Anstrengungen Versäumtes nachgeholt wurde, gibt es Anlaß, wachsam zu bleiben. Wenn heute von „gesplitteten Pflegesätzen“ für akut und chronisch Kranke gesprochen wird, von „Kostentransparenz“, dann wird im Klartext gefordert, bei den chronisch Kranken Einsparungen vorzunehmen.

Der Präsident der Deutschen Gesellschaft für Psychiatrie und Nervenheilkunde, Prof. Heimann, sah sich auf einer Tagung der Gesellschaft in Tübingen im Oktober 1984 zu folgender Erklärung veranlaßt:

„*Wir können nicht schweigen, wenn aus Kostengründen chronisch Kranke zu sogenannten Pflegefällen werden, um die man sich therapeutisch nicht mehr ausreichend bemüht. Ich behaupte: chronisches psychisches Leiden ist nicht unheilbar!*“

An gleicher Stelle bezeichnete der Münchner Psychiater Prof. Lauter die Unterscheidung in „Pflegefälle“ und „Behandlungsfälle“, wie sie in einigen Bundesländern bereits praktiziert wird, als „soziale Euthanasie“.[66]

66 Ärztezeitung vom 9. 10. 1984, zit. nach: Dachverband Psychosozialer Hilfsvereinigungen Bonn, Info Februar 1985

Hendrik Graf

Die Situation der Patienten und des Pflegepersonales der rheinischen Heil- und Pflegeanstalten in der Zeit des Nationalsozialismus

Vorbemerkungen

Die Bereitschaft des Pflegepersonales, sich mit der eigenen Geschichte auseinanderzusetzen, ist wenig ausgeprägt. Die Krankenpflege, auch die psychiatrische Krankenpflege, ist a-historisch. Krankenschwestern und -pfleger haben wenig Interesse an der eigenen Geschichte. Es ist aber sehr schwierig, einen Weg in die eigene berufliche Zukunft zu finden oder eine gültige Standortbestimmung zu versuchen, wenn man die eigene berufliche Vergangenheit nicht kennt oder wenig darüber weiß. Denn wie soll man wissen, wo man hingeht, wenn man nicht weiß, wo man hergekommen ist?

Im 19. Jahrhundert entstanden die beiden Traditionsstränge der deutschen Krankenpflege, die bürgerliche und die proletarische. Zur bürgerlichen Krankenpflege zählen die sogenannten Pflegegenossenschaften, wie die katholische Ordenskrankenpflege, die evangelische Diakoniekrankenpflege, die Mutterhäuser des Roten Kreuzes und die freiberufliche – nicht mutterhausgebundene – Krankenpflege. Wie die Bezeichnung sagt, stammen ihre Mitglieder aus dem Bürgertum. Zur proletarischen Krankenpflege gehörte das Wartepersonal. Wärterinnen und Wärter kamen, ebenso wie die von ihnen betreuten Patienten, aus dem 4. Stand, dem Proletariat.

Die Situation des Irrenpflegepersonales vor der Machtübernahme der Nationalsozialisten

Im Jahr 1932 wurden im Deutschen Reich für die Irrenpflege unterschiedliche Ausbildungsgänge durchgeführt. In einigen Ländern des Reiches, z. B. in Sachsen und Hamburg, war die staatliche Krankenpflegeprüfung vorgeschrieben, die sich an den preußischen Regelungen von 1906 orientierte. In Bayern und Preußen (das Rheinland gehörte damals zu Preußen) gab es verwaltungsinterne Ausbildungsgänge, die ein Jahr dauerten und 50 Unterrichtsstunden beinhalteten. In Württemberg, Anhalt und in Westfalen wurde keine Ausbildung angeboten. Begründet wurde diese Auffassung mit der hohen Fluktuationsrate des Irrenpflegepersonales.

Ein von der Reichsregierung eingesetzter Reichssparkommissar für das Gesundheitswesen, der auch den Bereich des Irrenpflegepersonales überprüfte, hatte in der Mitte der zwanziger Jahre festgestellt, daß Irrenpflege keine Krankenpflege sei. Der Aufgabenbereich der Irrenpflege sei schwerpunktmäßig auf kustodiale

Gesichtspunkte ausgerichtet. Irrenwärter und -wärterinnen wurden als Exekutivorgane verstanden.

Die Arbeitszeit in der Krankenpflege betrug damals 60 Stunden pro Woche, was sich nach der Machtübernahme durch die Nationalsozialisten nicht änderte. Für das weibliche Personal und das unverheiratete männliche Pflegepersonal bestand Kost- und Logiszwang. Man mußte in der Anstalt wohnen und an der Anstaltsverpflegung teilnehmen. Zum Heiraten war die Erlaubnis des jeweiligen Anstaltsdirektors erforderlich. War dieser nicht einverstanden, und der Heiratswunsch bestand weiter, mußte man aus dem Dienst ausscheiden. Bei dienstlichen Verstößen konnten Ordnungsstrafen, z. B. Gehaltsabzüge, verhängt werden. In den Anstalten herrschte strenge Trennung der Geschlechter, sowohl für das Personal wie für die Patienten.

Die Auswirkung der „Machtergreifung" auf die Krankenpflege und die rhein. Anstalten

Nach der Machtübernahme der Nationalsozialisten blieben die Pflegegenossenschaften weiterhin bestehen. Die katholische Ordenskrankenpflege, die evangelische Diakoniekrankenpflege und das Deutsche Rote Kreuz wurden als Organisationen nicht angetastet. Im Gegensatz dazu wurde die freiberufliche Krankenpflege verboten wie z. B. auch die Gewerkschaften. Stattdessen wurde von den Nationalsozialisten der „Reichsbund Deutscher Schwestern" gegründet. In der Deutschen Arbeitsfornt (DAF) wurden das „Fachamt für freie Berufe" und die Fachgruppe „Krankenhäuser und Kliniken" gegründet, in die die freiberuflich tätigen Schwestern übernommen wurden. Im Mai 1934 wurde die „Nationalsozialistische Schwesternschaft", eine Parteiorganisation, gegründet, wegen ihrer Tracht auch „braune Schwestern" genannt. Jüdische Pflegekräfte durften ab sofort nur noch Angehörige ihrer eigenen Glaubensgruppe pflegen.

Für die Irrenpflege änderte sich bei der Machtübernahme durch die Nationalsozialisten wenig. Die Vielfalt der Ausbildungsgänge blieb erhalten. Neu war, daß das Irrenpflegepersonal ebenfalls im „Fachamt für freie Berufe" organisiert wurde, in der Fachgruppe „Heil- und Pflegeanstalten". Dafür war ein Monatsbeitrag von RM 2,– zu entrichten. Nicht Organisierte konnten in der Krankenpflege nicht tätig werden. Die vor der Machtübernahme bestehenden Berufsorganisationen für die Irrenpflege waren verboten worden.

Auswirkung auf die Irrenpflege hatte außerdem das „Gesetz zur Wiederherstellung des Berufsbeamtentumes", da das Irrenpflegepersonal, als Exekutivorgan, weitgehend verbeamtet war. Nicht-arische Pfleger und Pflegerinnen und alle, die nicht „fest auf dem Boden der nationalsozialistischen Weltanschauung" standen, wurden entlassen. Mit Schreiben vom 12. Mai 1933 hatte der Landeshauptmann der Rheinprovinz, Haake, entsprechende Anweisungen erlassen. Auch auf Angestellte und Arbeiter wurde das Gesetz sinngemäß angewandt. In der Chronik der Anstalt Düsseldorf-Grafenberg unter dem 12. April 1933 heißt es dazu: *„In*

Befolgung der gesetzlichen Bestimmung schieden die jüdischen Ärzte aus."[1] Es ist davon auszugehen, daß in den Verwaltungen, im ärztlichen Dienst und im Pflegedienst der Anstalten viele Angestellte, Beamte und Arbeiter aufgrund dieses Gesetzes entlassen worden sind.

Gleichzeitig begann der nationalsozialistische Staat damit, die Verwaltung nach dem Führerprinzip umzuorganisieren. Der Anstaltsdirektor war jetzt der Betriebsführer und die Mitarbeiter der Anstalten waren die Gefolgschaftsmitglieder. Die alten Betriebsräte wurden abgelöst und durch Mitglieder der „Nationalsozialistischen Betriebszellenorganisation" ersetzt. Das Irrenpflegepersonal war Ärzten und Verwaltung gegenüer weisungsgebunden. Pflegerisches Handeln wurde bis ins Detail reglementiert. Eigenverantwortliches oder eigenständiges Handeln des Pflegepersonales wurde nicht geduldet. Direkte Vorgesetzte für das Pflegepersonal waren Oberpfleger und -schwestern. Diese waren nach dem Prinzip der Geschlechtertrennung auf der „Männerseite" dem Vorsteher und auf der „Frauenseite" der Oberin nachgeordnet. Der Ausbildungsgang für das Irrenpflegepersonal der Rheinprovinz wurde im Verlauf des Krieges gekürzt und geändert. Der Lehrgang umfaßte 50 Unterrichtsstunden, die im Winterhalbjahr angeboten wurden, weil im Sommer auf den Feldern, im Garten usw. länger gearbeitet wurde. Das damalige Lehrbuch für das Irrenpflegepersonal „Leitfaden für den Irrenpfleger" von Dr. Falthauser hatte 98 Seiten und umfaßte Krankheitslehre, Krankenpflege und die neuen rassischen und eugenischen Lehrinhalte.[2]

Die Chronik der Anstalt Düsseldorf schildert die Machtübernahme der Nationalsozialisten so:

„Die Machtergreifung der NSDAP war das wesentliche Ereignis des Jahres 1933. Anfang Februar 1933 wurde erstmalig die Hakenkreuzfahne auf der Anstalt gehißt. Die nationalsozialistische Betriebszellenorganisation wurde in der Anstalt organisiert, die Musikkapelle trat in die nationalsozialistische Betriebszellenorganisation über und wurde zuerst beim Fackelzug der Verwaltung Gerresheim kurz nach der Reichstagswahl am 5. 3. 1933, an dem der Direktor und die Gefolgschaft der Anstalt geschlossen teilnahmen, aktiv.

In der Folgezeit wurden für die Anstalt regelmäßig Betriebsappelle und Versammlungen abgehalten, in denen teils der Direktor sprach, teils der Ortsgruppenleiter und die Propagandaredner [. . .] *und* [. . .]. *Am 8. Mai 1933 wurde der alte Betriebsrat durch die nationalsozialistische Betriebszellenorganisation ersetzt und am 15. Mai 1933 auf Anordnung des Kommissars für den Arbeitsfrieden zur Wahrung der politischen Ausrichtung, der Parteigenosse* [. . .] *bestellt. Für die Anstalt wurde eine nationalsozialistische Betriebszellenorganisationsfahne beschafft und am 6. August 1933 geweiht. Zum Erntedankfest 1933 schufen die Handwerker der Anstalt ein großes symbolisches Wahrzeichen, das später in der Gauwaltung der Arbeitsfront seine Aufstellung fand.*"[3]

1 Archiv der RLK Düsseldorf-Grafenberg, Chronik 1932–1941, S. 369 (im folgenden: Chronik)
2 Dr. Faltlhauser, Leitfaden für Irrenpfleger, Halle/Saale 1936, Nachtrag „Erb- und Rassenpflege"
3 Chronik, S. 369

Am 17. Juli 1933 richtete der Landeshauptmann der Rheinprovinz ein Rundschreiben an die Anstalten, in dem es heißt:

[. . .]

„Nachdem der Parteienstaat in Deutschland überwunden ist und die gesamte Verwaltung im Deutschen Reiche unter der Leitung des Reichskanzlers Adolf Hitler steht, erscheint es angebracht, den von ihm eingeführten Gruß allgemein als den Deutschen Gruß anzuwenden. Damit wird die Verbundenheit des ganzen deutschen Volkes mit seinem Führer auch nach außen hin klar in Erscheinung treten.

[. . .]

Sämtliche Beamte, Angestellte und Arbeiter von Behörden grüßen im Dienst und innerhalb der dienstlichen Gebäude und Anlagen durch Erheben des rechten Armes."[4]

In einem weiterem Rundschreiben wies der Landeshauptmann auf ein Urteil des Arbeitsgerichtes Halle an der Saale hin:

„[. . .]

Die Ablehnung dieser Amts- und Dienstpflicht [den Deutschen Gruß darzubieten] *stellt eine unberechtigte Gehorsamsverweigerung im Amts- und Dienstverhältnis dar, die den Dienstberechtigten zur Lösung des Vertragsverhältnisses das Recht gibt. Hierbei ist es gleichgültig, welcher Art die Beweggründe sind, die den Dienstverpflichteten zu seiner Haltung bestimmen. Ggfs. rechtfertigt sich auch die fristlose Kündigung des Dienstvertrages, da der Kläger in seiner Eingabe die vorgeschriebene Grußart für ihn als gewissenswidrig erklärt und damit auch seine hartnäckige Verweigerung dieser Dienstpflicht für die Zukunft kundgetan hat. Es kann einer Behörde und einem staatlichen Unternehmen nicht zugemutet werden, Beamte und Dienstverpflichtete, die ihre Pflichten bewußt verletzen, nach endgültiger Feststellung dieser Verfehlung auch nur noch einige Zeit weiterzubeschäftigen. Denn anderenfalls würde die Autorität des Staates, der unbedingt auf die genaueste Befolgung seiner Anrodnungen drängen muß, schwere Einbuße leiden."*[5]

Alle Bediensteten der rheinischen Anstalten waren gehalten, schriftlich die Kenntnisnahme dieser Verfügung des Landeshauptmannes zu bestätigen. Aber auch eine nun mißliebige politische Betätigung in der Vergangenheit gefährdete den Arbeitsplatz. So schreibt im April 1933 ein Oberarzt an den kommissarischen Ortsgruppenleiter:

„Unter Bezugnahme auf ihren heutigen fernmündlichen Anruf beim Parteigenossen [. . .] *übersende ich Ihnen anliegend eine Äußerung über die polit. Einstellung der beamteten Pfleger* [. . .] *und* [. . .].

Die beiden Pfleger [. . .] *und* [. . .] *sind nach meiner Ansicht politisch ungefährlich. Als Fachschaftsleiter der NSBO hatte ich Gelegenheit, mich öfter und länger mit* [. . .] *und* [. . .] *zu unterhalten, da es mein Bestreben war, die Einstellung beider zur heutigen Regierung kennenzulernen. Ich muß zugeben, daß beide sich die größte Mühe geben, den heutigen Verhältnissen gerecht zu werden. Wie mir beide erklärten,*

4 Archiv der RLK Bedburg – Hau, Nr. 23

5 Ebenda

haben sie die wirtschaftlichen Interessen der SPD wahrgenommen, aber marxistisch sich nicht betätigt. Es stimmt wohl, daß sie bei der SPD als Mitglied bis März eingetragen waren, sie haben sich dann aber abgemeldet, weil sie überzeugt waren, daß man die Arbeiter belogen und betrogen hätte.“[6]

In seinem 1. Jahresbericht (April 1934) schreibt der Landeshauptmann:

„Wenn die Öffentlichkeit aus diesem Bericht den Eindruck erhält, daß auch die rhein. Provinzialverwaltung alles getan hat, was in ihren Kräften stand, um das Wollen des Führers und der nationalsozialistischen Bewegung zur Verwirklichung zu bringen, so möchte ich die Gelegenheit nicht vorübergehen lassen, daraufhinzuweisen, daß mit der Durchführung unserer Pläne und der damit verbundenen Umstellung und Umorganisation der gesamten Verwaltung, eine ganz außerordentliche Arbeitsleistung aller meiner Mitarbeiter verbunden war, für die ich ihnen auch an dieser Stelle meinen Dank ausspreche. Als ich mit meinem Amt betraut wurde, habe ich starke Zweifel gehegt, ob es möglich sei, gerade hier im Rheinland, wirkliche nationalsozialistische Aufbauarbeit zu leisten. Heute nach 1 Jahr kann ich sagen, daß nachdem eine umfangreiche Säuberung der Verwaltung von ungeeigneten und belasteten Elementen durchgeführt wurde, ein Vertrauensverhältnis geschaffen worden ist, das mich mit allen meinen Mitarbeitern vom ersten bis zum letzten verbindet. Ich weiß und mit mir meine Mitarbeiter, daß wir erst am Anfang stehen, daß noch große und größte Aufgaben vor uns liegen, bis die endgültige geistige und organisatorische Umformung der Deutschen Nation durchgeführt ist.“[7]

Bewerber, die sich für den Dienst in den Provinzialanstalten bewarben, mußten entweder Angehörige der SA, BDM- oder HJ-Mitglied, der SS oder Wehrmacht gewesen sein. Es ist übrigens falsch anzunehmen, daß die große Arbeitslosigkeit, die vor 1933 bestanden hatte, mit der Machtübernahme der Nationalsozialisten aufgehört hätte. Es gibt hinreichend Belege dafür, daß bis in die Mitte der dreißiger Jahre Schreiben der SA an die Direktoren der Provinzialanstalten gerichtet wurden, mit der Bitte, arbeitslose SA-Männer einzustellen. Ähnliche Schreiben kamen von der NS-Frauenschaft und vom BDM.

Festzuhalten bleibt, daß sich das Leben in den Anstalten nach der Machtübernahme entscheidend geändert hatte. Die Ausrichtung auf den zentralen Führerstab war durchgeführt. Systemwidrige Auffassungen oder gar Widerspruch waren von Strafe bedroht und wurden nicht geduldet. Denunziationen waren an der Tagesordnung. In einem der Gespräche, die ich mit ehemaligen Mitarbeitern der rheinischen Anstalten geführt habe, hat eine Verwaltungsangestellte das so beschrieben: *„Man konnte nicht mehr miteinander reden.“*

Die eugenischen und rassenhygienischen Maßnahmen der Nationalsozialisten

Das „Gesetz zur Verhütung erbkranken Nachwuchses“ wurde am 14. Juli 1933 verabschiedet. Im Deutschen Reich begann damit eine umfangreiche Erfassung

6 Ebenda

7 In: Die Rheinprovinz 10, 1934, S. 5

aller psychisch Kranken und Behinderten mit dem Ziel der „Eindämmung des kranken Erbgutes“. In der Chronik der Anstalt Düsseldorf-Grafenberg heißt es dazu: *„Die Arbeit nach dem ‚Gesetz zur Verhütung erbkranken Nachwuchses‘ begann im 1. Quartal 1934.“*[8]

In diesem Jahr, 1934, waren im Deutschen Reich bereits 62 436 Sterilisierungen erfolgt. Ein umfangreicher Verwaltungsapparat mußte ins Leben gerufen werden. Erbgesundheitsgerichte und entsprechende Berufungsinstanzen wurden eingerichtet. Eine Ehevermittlung für Unfruchtbargemachte wurde geschaffen. Die erforderlichen Operationen mußten durchgeführt und die entsprechenden Krankenhäuser für diese Operationen bestimmt werden. Der Direktor der Anstalt Grafenberg berichtete im Januar 1935 über die Situation im Rheinland unter der Überschrift *„Die Durchführung des ‚Gesetzes zur Verhütung erbkranken Nachwuchses‘ in den Provinzial Heil- und Pflegeanstalten der Rheinprovinz“:*

„Niemand, der die Gesetzgebung des Nationalsozialistischen Staates auch nur in etwa übersieht, kann sich dem zwingenden Eindruck entziehen, daß eine neue Zeit sich jetzt die Form ihres Weltbildes schafft, daß ein neuer Geist vielgestaltig seinen Ausdruck findet [. . .]. *Die praktische Arbeit nach dem Gesetz begann im Laufe des 1. Kalendervierteljahres, und wie sich bis zum 30. September 1934 die Durchführung des Gesetzes in den rhein. Anstalten abgewickelt hat, soll aus folgenden Zahlen hervorgehen. In den sieben Provinzial-Heil- und Pflegeanstalten befanden sich am 31. März 1934 9855 Kranke. In der Zeit vom 1. April bis 30. September 1934 kamen 2520 Kranke als Neuaufnahmen hinzu, so daß in der Berichtszeit eine Gesamtzahl von 12 375 Kranken in den Anstalten behandelt wurde. Von dieser Gesamtkrankenzahl sind als unter des Gesetz fallend 7265 angezeigt worden.“*[9]

„Im Jahre 1935 kam eine Kommission auf die Station 1. Viele Patienten unserer Station wurden begleitet von Pflegern dorthin in den Tagesraum gebracht. Da ich inzwischen Ausgang hatte [innerhalb der Anstalt] *bin ich selbst dorthin gegangen. Dort mußten wir warten. Es waren dort 3 oder 5 Ärzte von Düsseldorf. Einzeln wurden wir hereingerufen. Als ich aufgerufen wurde und in das Zimmer kam, reichte mir einer der Ärzte ein gelbes Formular und sagte dabei: ‚Wenn Sie das unterschreiben, sind Sie in 14 Tagen entlassen.‘ Ich habe das Papier entgegengenommen, gelesen und ihm zurückgegeben. ‚Das glaube ich nicht‘, sagte ich, und der Arzt sagte dann: ‚Denken Sie, unser Führer lügt?‘ Worauf ich erwiderte: ‚Euer Führer ist nicht mein Führer, mein Führer ist Gott.‘ Wir haben länger debattiert und u. a. sagte ich: ‚Der Krieg steht vor der Tür.‘ Ich war ca. ¼ Stunde im Zimmer, während die anderen Patienten meist 1 oder 2 Minuten im Zimmer geblieben waren. Ich wurde dann herausgeschickt um zu überlegen. Später habe ich dann doch unterschrieben. Ich wußte vorher schon von anderen Patienten, die nicht unterschrieben hatten, daß sie auf dem Friedhof gelandet waren. Der Pfleger* [. . .], *der in der Station 1 tätig war, sagte: ‚Sie müssen nicht so öffentlich sprechen.‘ Ich sagte zum ihm: ‚Hören Sie*

8 Chronik, S. 373
9 In: Die Rheinprovinz 11, 1935, S. 42

doch auf,' denn ich traute ihm nicht, da er nicht so handelte wie er redete. Als alle Patienten durch waren, wurde ich wieder hereingerufen. Ich habe dann unterschrieben und den Ärzten bei der Unterschrift erklärt, daß ich nur unterschreiben würde, weil ich nicht auf dem Friedhof landen wollte. Da haben die gestaunt."[10]

Die neue Zeit äußerte sich auch darin, daß die Anstalten einen intensiven Besuchsverkehr erlebten. Im Jahresbericht der Provinzialverwaltung von 1935 wird dazu folgendes berichtet:

„Eine ungemein rege Tätigkeit haben die Provinzial-Heil- und Pflegeanstalten im Berichtsjahr im Sinne der Aufklärung und Belehrung weiter Bevölkerungskreise über das Wesen der Geisteskranken und Anstalten, insbesondere über die Bedeutung der Erbkrankheiten und die rassenhygienischen und bevölkerungspolitischen Maßnahmen des Staates entfaltet. In sämtlichen Anstalten haben zahlreiche Vorträge der Anstaltsärzte, Führungen und z.T. vor geeigneten Besucherkreisen auch Krankenvorstellungen stattgefunden. In einer Anstalt überschritt die Menge dieser Besucher im Laufe des Jahres die Zahl 2000 um ein beträchtliches. Trotz der hier sich ergehenden Belastungen der Anstalten, der beteiligten Personenkreise und nicht zuletzt auch der Kranken, haben sich die Anstalten dieser nicht einfachen Aufgabe eifrig und gerne unterzogen, in der Erkenntnis, welche Bedeutung einer solchen Aufklärungsarbeit im Interesse der erst an ihrem Anfang stehenden eugenischen und bevölkerungspolitischen Maßnahmen des Staates zukommt. Naturgemäß waren es neben Fachkreisen aus dem Bereich des Gesundheitswesens in erster Linie Organisationen der NSDAP und ihrer Gliederungen, welche sich auf diesem Wege eine Vertiefung ihrer einschlägigen Kenntnisse und Erfahrungen zu erwerben wünschten. Genannt sei die Gliederung der SA und SS, die verschiedenen Gauführerschulen und sonstigen Gruppen der Parteiorganisation, die Gliederung der Nationalsozialistischen Volkswohlfahrt, die Leiterinnenkurse der NS-Frauenschaft, Führergruppen der Hitlerjugend und des Bundes Deutscher Mädel, Gliederungen der Deutschen Arbeitsfront, Gruppen des NS-Ärztebundes, des NS-Juristenbundes, des NS-Lehrerbundes, des NS-Studentenbundes, des Arbeitsdienstes, der Landesbauernschaft, der Kreisbauernschaften und der bäuerlichen Werkschulen, Kurse von Hilfsschullehrern, Referendaren, Strafanstaltsbeamten, Beamten der Wohlfahrts- und Arbeitsämter, Fürsorgerinnen, Hebammen, Krankenschwestern und Ortsgruppen der Deutschen Gesellschaft für Eugenik."[11]

Zur gleichen Zeit wurde in der Anstalt Bonn das Erbbiologische Institut eingerichtet. In diesem Institut wurden die Bewohner des Rheinlandes in Sippentafeln erfaßt. Im Juni 1936 sind bereits 1.1 Mio Bewohner des Rheinlandes „verkartet". Insgesamt 30 000 Sippentafeln wurden erstellt mit ca. 40 erfaßten Einwohnern des Rheinlandes pro Tafel. Das Rheinland war das einzige Gebiet im Reich, dessen Bevölkerung vollständig erfaßt wurde in bezug auf die Erkrankten und ihre Angehörigen.

10 Archiv des Landschaftsverbands Rheinland (im folgenden: ALVR) Pulheim-Brauweiler, Sammlung Graf, Interview mit dem Zeitzeugen J.

11 In: Die Rheinprovinz 12, 1936, S. 409f.

Im Jahresbericht 1935 schreibt die Provinzialverwaltung der Rheinprovinz:
"Niemand kann sich der Erkenntnis verschließen, daß die ungeheure Last, welche die Versorgung einer so großen Zahl geisteskranker und geistesschwacher Menschen für die rhein. Bevölkerung darstellt, auf das Mindestmaß herunterzudrücken ist, welches überhaupt im Erreichbaren liegt. Die Provinzialverwaltung hat auch im Berichtsjahr den Weg eiserner Sparsamkeit auf dem Gebiet der Geisteskrankenfürsorge beschritten. Wenn es gelang, ab 1. Okt. 1934 den Pflegesatz für die aufgrund der Fürsorgegesetzgebung in den Prov. Heil- und Pflegeanstalten untergebrachten Kranken von 2,60 Mark auf 2,50 Mark/Tag zu senken, so ist dies bereits ein bemerkenswerter Erfolg. In den Privatanstalten liegt der Pflegesatz heute [1935] *im Durchschnitt bei 1,70 RM."*[12]

Heute ist bekannt, daß der Tagesverpflegungssatz in den Anstalten bei 0,47 RM lag, während zur gleichen Zeit in den Konzentrationslagern ein Tagesverpflegungssatz von 0,60 RM veranschlagt wurde.

1935 begannen Luftschutzkurse in den Anstalten. Der Direktor der Heil- und Pflegeanstalt Düsseldorf-Grafenberg berichtete, daß in der Anstalt der erste Luftschutzkeller eines Düsseldorfer Krankenhauses gebaut wurde.

Ab 1936 wurde ein fleischloser Tag pro Woche in den Anstalten eingeführt. In den Anstalten fanden Luftschutzübungen statt, es wurden (würde man heute sagen) „Betriebsfeuerwehren" gebildet, zu denen auch langzeitkranke Patienten gehörten.

Die Krankenpflegelehrbücher, das „Krankenpflegelehrbuch des Reichsministeriums des Inneren" und das schon zitierte Irrenpflegelehrbuch, jetzt umgenannt in „Geisteskrankenpflege", wurden um die Inhalte der Erb- und Rassenlehre erweitert.

Die Situation von Kranken- und Irrenpflege kurz vor Ausbruch des Zweiten Weltkrieges

Im Kölner Gürzenich fand im Mai 1934 eine Vereidigung von NS-Schwestern statt. Gauleiter Grohé hielt dort eine Rede zur Rolle der NS-Schwesternschaft im Gesundheitswesen. Er führte u. a. aus:

„Die Nationalsozialistische Bewegung erstreckt sich auf alle Gebiete des Lebens. Keineswegs bedeutet die Einrichtung der NS-Schwesternschaften ein Vorurteil gegenüber der Tätigkeit der konfessionellen Schwestern. Wer einmal als Kranker in einem Hospital gelegen hat und dort die Liebestätigkeiten der hilfsbereiten Krankenpflegerinnen am eigenen Leib verspürt habe, der wird sich dessen immer dankbar erinnern. Da aber die Zahl dieser Schwestern so zurückgegangen ist, daß in Zukunft nicht mehr die unbedingte Gewähr für die Erledigung aller Aufgaben gegeben ist, hat sich die Gründung der NS-Schwesternschaft als notwendig erwiesen. Hinzu kommt, daß die Zukunft Aufgaben stellen wird, die nur von Menschen erfüllt

12 In: Die Rheinprovinz 11, 1935, S. 332

werden können, die in ihrer weltanschaulichen Haltung vom Nationalsozialismus erfüllt sind. Schließlich haben die Bischöfe Verbote für konfessionelle Schwestern erlassen, bei bestimmten Operation [gemeint sind die Unterbrechung der Samenleiter und der Eileiter] *Hilfestellung zu leisten, so daß schon im Interesse der zu Behandelnden die Gründung der NS-Schwesternschaft dringend notwendig geworden ist. Den NS-Schwestern wird damit ein im Interesse der Volksgesundheit äußerst wichtiges Aufgabengebiet anvertraut. Sinn und oberste Richtschnur der NS-Schwestern wird immer nur sein, den Volksgenossen zu helfen und die Gemeinschaft der Nation zu fördern.“*[13]

1938 wurde das „Gesetz zur Ordnung in der Krankenpflege“ erlassen. Ab diesem Zeitpunkt durften nur noch Arier in der Krankenpflege tätig werden. Die Krankenpflege war jetzt aufgrund des Gesetzes Berufsausübungsrecht. Staatlich geprüften Krankenschwestern und -pflegern wurden bestimmte pflegerische Tätigkeiten ausschließlich vorbehalten. Im Jahr 1939 wurde eine neue Krankenhaustarifordnung (Kr.T.) geschaffen. In der Begründung zum „Gesetz zur Ordnung in der Krankenpflege“ heißt es:

„Nach nationalsozialistischer Weltanschauung ist die Erhaltung der Volksgesundheit eine der wichtigsten Aufgaben des Staates. Der nationalsozialistische Staat hat daher dafür Sorge zu tragen, daß gut ausgebildete Krankenpflegepersonen in ausreichendem Maß zur Verfügung stehen. Ziel des Gesetzes ist es, einheitliches Reichsrecht zu schaffen. Der Bedeutung und Verantwortlichkeit der in Frage kommenden beruflichen Tätigkeiten entsprechend soll künftig diese nur ausüben dürfen, wer nachweist, daß er dazu geeignet und befähigt ist.“[14]

Zum Gesetz wurden zusätzlich Ausführungsverordnungen für die Zulassung von „Mischlingen“ zur Krankenpflege erlassen. Mischling 2. Grades war man mit einem volljüdischen Großelternteil und als Mischling 1. Grades galt man, wenn beide Großelternteile jüdisch waren.

Die Ausübung der Irrenpflege wurde durch das „Gesetz zur Ordnung in der Krankenpflege“ nicht berührt, denn noch immer galt Irrenpflege nicht als Krankenpflege.

Im Bereich der Rheinprovinz fanden erstmalig zentrale Fortbildungsveranstaltungen für das „gehobene Pflegepersonal“ statt, für Oberinnen, Vorsteher, Oberschwestern und Oberpfleger. Jeweils 30 Pflegekräfte wurden in den Jahren 1937 und 1938 speziell fortgebildet. In den Unterrichtsplänen dieser Fortbildungswochen waren insbesondere Erblehre, Rassenlehre und Erbbiologie enthalten.

Im Jahre 1939 schreibt der Psychiatriedezernent der Rheinprovinz an die Direktoren der rheinischen Anstalten:

„In der letzten Zeit ist es mehrfach auf den Abteilungen für unruhige Kranke vorgekommen, daß Pfleger und Pflegerinnen sich zu einer unsachgemäßen Behandlung oder gar Mißhandlung von Kranken haben hinreißen lassen. In mehreren

13 In: Die Rheinprovinz 13, 1937, S. 274f.
14 Engel, B., Die ärztlichen Hilfsberufe, Berlin 1941, S. 211

Fällen ist den Kranken dabei ein körperlicher Schaden zugefügt worden. In einem besonderen Fall, der sich kürzlich ereignet hat, ist sogar der Tod eines Kranken dadurch herbeigeführt worden, daß sich ein Pfleger in falscher und fahrlässiger Weise mit seinem erheblichen Körpergewicht über die Brust eines Kranken legte, um ihn festzuhalten und auf diese Weise ausgedehnte Rippenbrüche verursachte, welche auf dem Weg über Verletzung der Lunge und einer Blutung in der Brustfellhöhle den Tod des Kranken bewirkten. In mehreren Fällen, in denen Pflegepersonal unvorschriftsmäßig und schuldhaft gegen Kranke, namentlich gegen unruhige Kranke vorgegangen ist, mußten empfindliche Strafen verhängt werden."[15]

Der Psychiatriedezernent schlägt vor, die Mitarbeiter zu schulen, sie schärfer zu überwachen und nächtliche Kontrollen einzuführen, um Vorfälle ähnlicher Art zukünftig zu vermeiden. Zum gleichen Problemkreis aus Interviews mit Patienten der ehemaligen Anstalten (Bei der beschriebenen Situation handelt es sich um eine Behandlungsmaßnahme):

„Im Bewahrhaus kam ich in eine Zelle mit 6 anderen. Da war eine Gittertür und auch ein Klosett. Dr. [. . .] *kam noch einmal und sah nach mir. Ich sagte: Sie sind doch Arzt, handeln Sie doch ärztlich. Er ging aber weg und kurze Zeit später kamen 2 Patienten und holten mich aus der Zelle heraus, wogegen ich mich wehrte. Die beiden Patienten packten mich zusammen mit dem Oberpfleger und dem Pfleger. Ich erhielt dann eine Packung. Sie wickelten mich in nasse Tücher. Erst die Füße und dann den ganzen Körper, wie eine Mumie. Sie zerrten wie verrückt an mir.* [. . .] *stemmte sich mit dem Fuß gegen die Bettkante, um die Laken möglichst recht fest zu ziehen. Kurz danach habe ich geschrien vor Schmerzen, immer weiter, immer weiter. Sie hatten mich mit dem Bett in ein offenes Zimmer geschoben. Ich meine, daß ich mindestens 1 1/2 Std. so gelegen habe und dauernd geschrien habe. Ich habe gerufen vor Schmerzen."*[16]

Eine Patientin berichtet:

„Als ich zu mir kam, [die Patientin hatte einen epileptischen Anfall erlitten] *hat mich die Schwester immer wieder getreten, in den Hintern und überall, dabei hat sie gesagt: 'Du wärst besser tot.' Dabei war ich immer ruhig. Ich bin dann in mein Bett gegangen, wie ich das nach Anfällen immer getan habe. Wenn wir auf der Station waren, durften wir uns nachmittags nicht hinsetzen. Kaffee gab es auch nicht. Wir mußten schrubben und Fenster putzen. Die Schwester hatte schon immer 5 Eimer mit Lauge fertig. Die kippte sie dann in den Tagesraum und wir mußten alles aufputzen."*[17]

Das Pflegepersonal und die Euthanasieaktion

Im Rahmen dieser Aktion war auch den Irrenpflegekräften eine bestimmte Rolle zugedacht worden.

15 Archiv der RLK Bedburg – Hau, Nr. 20
16 ALVR, Sammlung Graf, Interview mit dem Zeitzeugen J.
17 ALVR, Sammlung Graf, Interview mit der Zeitzeugin K.

„Am 4. Januar 1940 finden sich etwa 24 Pflegerinnen und Pfleger im Columbus-Haus in Berlin ein. Sie haben, entsprechend einer Aufforderung des Innenministeriums warme Wintersachen, festes Schuhwerk und Wäsche dabei. Alle sind auf einen mehrmonatigen Einsatz vorbereitet. Bohne und Blankenburg empfangen die neuen Mitarbeiter. [. . .] Blankenburg hält eine Ansprache: Es sei ihnen doch wohl auch schon der Gedanke gekommen, unheilbar Kranke durch einen sanften Gnadentod zu erlösen. Nachdem er die geplante Euthanasie sehr 'offen' erläutert hat, versichert er den Eingeweihten, daß sie mit der Tötung selbst nichts zu tun hätten. Ausdrücklich erklärt er, daß wir zurücktreten könnten und es würden uns dadurch keinerlei Nachteile entstehen. [. . .] Nun bekommen die Anwesenden eine Viertelstunde Bedenkzeit, Blankenburg und Bohne verlassen den Raum, ein Aufpasser bleibt jedoch zurück. Niemand redet ein Wort. Alle lassen sich anschließend widerspruchslos verpflichten.“[18]

Anfang Jahres 1940 begann die „Meldebogenaktion“. In der Anstalt Galkhausen z. B. wurden diese Meldebogen zusammen vom Oberpflegepersonal und den Ärzten ausgefüllt.

Im selben Jahr erhielten die rheinischen Anstalten ein Merkblatt der Provinzialverwaltung über das Verhalten bei Transporten von Patienten in andere Anstalten. Es ging dabei um Richtlinien, wie man mit dem Geld, dem Eigentum und sonstigen Dingen der Patienten umzugehen hat. Außerdem wurde vorgegeben, wie die Kranken bei Transporten mittels Leukoplaststreifen zu markieren waren.

Es ist davon auszugehen, daß mit dem Beginn der euthanasiebezogenen Transporte in den Anstalten ein erheblicher zusätzlicher Arbeitsaufwand erforderlich wurde. Lebensmittelkarten mußten zusammengestellt, die schon verbrauchten Tage mußten abgeschnitten und Listen geführt werden.

Eine Ordensschwester aus Kaufbeuren-Irsee:

„Also auf den Listen waren die Namen, jeder Name hatte eine Nummer und wir haben dann jedem Kranken, der auf der Liste stand, so einen Leukoplast-Streifen auf den Rücken geklebt und darauf die Nummer und den Namen geschrieben. Uns hat man gesagt, die Leute kommen in Wohltätigkeitsanstalten oder Caritas oder so, damit es billiger wird. Ja dann haben wir sie ganz schön angezogen. Die schönsten Kleider und Wäsche haben wir mitgegeben. Die schönsten Sachen, damit sie einen guten Eindruck machten.“[19]

Eine Kollegin von ihr berichtet:

„Die ist auch vergast worden und die war noch bös zu uns, sie hat es geahnt. ‚Mörderinnen‘ hat sie uns geheißen, wie man sie in den Bus rein hat. ‚Ihr seid Mörderinnen, ihr bringt uns um.‘ Der ist es gegangen wie den anderen, die hat man

18 Klee, E., „Euthanasie“ im NS-Staat. Die Vernichtung „lebensunwerten Lebens“, Frankfurt/M. 1983, S. 109

19 Mader, Ernst T., Das erzwungene Sterben von Patienten der Heil- und Pflegeanstalt Kaufbeuren-Irsee zwischen 1940 und 1945 nach Dokumenten und Berichten von Augenzeugen, Blöcktach 1982, S. 15f.

abgeholt, am nächsten Tag waren sie tot und die Angehörigen haben dann Nachricht gekriegt, gestorben an Typhus oder sonst was, und es war doch alles gelogen.“[20]

Eine Patientin berichtet aus der Anstalt Johannisthal:

„*Morgens um 5 standen die Autos an Station V. Wir haben am Fenster gestanden. Die, die weg mußten, haben geschrien. Auch meine Freundin Elisabeth, die war wohl 30 Jahre alt, ist weggekommen. Wer eine gute Arbeitskraft war, der konnte bleiben. Ich habe Angst gehabt, ich wollte nicht weg von hier. Ich habe das oft gesehen. Immer morgens früh. Die haben die Patienten feste reingedeut. Manchmal haben sie die Kranken auch getreten.*“[21]

Ein Patient aus Düsseldorf erzählt:

„*Die, die mit mußten, haben Bescheid gekriegt. Sie haben ihre Sachen gekriegt und dann waren sie weg. Die waren traurig und haben geweint. Auch Frauen waren dabei. Keiner hat sich gewehrt. Die haben Spritzen gekriegt, die meisten. Von den Juden im Haus 6 haben sich viele das Leben genommen.*“[22]

In den Jahren 1939 bis Febr. 1941, also *vor* dem Beginn der „ersten Welle“ der Euthanasieaktion, sind in insgesamt 41 Transporten aus den Provinzial-Heil- und Pflegeanstalten des Rheinlandes 2384 Patienten verlegt worden, aus den konfessionellen in 18 Transporten 680 Patienten.

Die „erste Welle“ der Euthanasieaktion, von März 1941 bis Aug. 1941, umfaßt im Rheinland insgesamt 25 Transporte mit 2172 Patienten aus den Zwischenanstalten Galkhausen und Andernach in die Tötungsanstalt Hadamar.

Die jüdischen Kranken aus dem Rheinland wurden in den Anstalten Düsseldorf und Andernach zusammengefaßt. Der Direktor von Düsseldorf-Grafenberg schreibt in der Chronik:

„*Die aus nordrheinischen Anstalten abzutransportierenden Juden wurden zum Abtransport in der Anstalt Grafenberg für einige Tage gesammelt.* [. . .] *Es kommt zu einem bedeutenden Rückgang der Patientenzahlen. Die kleiner werdenden Stationen werden zusammengelegt. Pflegerinnen versehen auf Männerstationen den Wachdienst* [. . .] *Im Herbst 1941 werden 2mal Kranke nach einer in Berlin verfügten Liste in die Anstalt Galkhausen verlegt. Die Verlegungsaktion wurde dann vorläufig eingestellt.*“[23]

1941 heißt es in derselben Chronik:

„*Die wirtschaftl. Lage ist wesentlich schlechter geworden. Die Kranken klagen über Hunger, Gewichtsabnahmen sind weit verbreitet. Von den Neuaufnahmen sterben sehr viele in den ersten Tagen der Aufnahme oder kurze Zeit danach. Während die alten Anstaltspfleglinge nicht sehr wesentlich absterben.*“[24]

In einer Station der Anstalt Bonn war es üblich „*daß jeder Patient bei der Mahlzeit 1 Scheibe Brot erhielt. Wer den Brotkanten bekam, das Endstück, erhielt*

20 Mader, a. a. O., S. 20
21 ALVR, Sammlung Graf, Interview mit der Zeitzeugin K.
22 ALVR, Sammlung Graf, Interview mit dem Zeitzeugen S.
23 Chronik, S. 390
24 Chronik, S. 391

zusätzlich ein Brettchen. Wenn das nächste Mal Brot verteilt wurde, mußte dieser Patient das Brettchen zeigen, damit er nicht zweimal nacheinander den dickeren Kanten bekam". Ein weiterer Bericht: „*Wegen schlechter Ernährung ist er* [ein taubstummer Patient]; *ein großer, starker Mann, immer schwächer geworden. Er kam schließlich mit Stöcken in die Schuhmacherei, denn er wußte ja, wenn er nicht arbeitete, bekam er noch weniger zu essen. Schließlich kam er nicht mehr in die Schuhmacherei. Zusammen mit einem anderen besuchte ich ihn auf der Station. Er lag dort im Bett und war sehr schwach, laufen konnte er nicht mehr. Wir haben ihm dann von unseren Rationen etwas abgegeben und ihm so zusätzlich etwas zu essen gebracht. Das war aber zu wenig für den großen Mann. Schließlich ist er gestorben.*"[25]

Die „zweite Welle" der Euthanasieaktion beginnt im September 1941, auch in den rheinischen Anstalten. Bis zum Ende des Krieges werden noch einmal in 98 Transporten aus den Provinzial-Heil- und Pflegeanstalten 6589 Patienten verlegt und in 71 Transporten aus den konfessionellen Anstalten des Rheinlandes 3660 Patienten.

Am 1. Februar 1941 wird vom Reichsminister des Inneren, bezogen auf die Irrenpflege, eine Verfügung erlassen:

„Planwirtschaftliche Maßnahmen in den Heil- und Pflegeanstalten;
Mein vertraulicher Runderlaß vom 8. November 1940.
Bis auf weiteres kann Irrenpflegern und -pflegerinnen, die durch planwirtschaftliche Maßnahmen in den Heil- und Pflegeanstalten freigesetzt werden, eine widerrufliche Erlaubnis der berufsmäßigen Ausübung der Krankenpflege im Sinne des § 1, Abs. 1 usw. erteilt werden. Die Erlaubnis setzt voraus, daß der Antragsteller deutschen oder artverwandten Blutes ist, politisch zuverlässig."[26]

Hierfür wurde ein Ausweis über die widerrufliche „Erlaubnis zur berufsmäßigen Ausübung der Krankenpflege geschaffen" und die Berufsbezeichnung „Krankenpflegerin" und „Krankenhausgehilfe" eingeführt.

Nach dem Ende des Zweiten Weltkrieges wurde eine ehemalige Schwester der Anstalt Meseritz-Obrawalde vor Gericht befragt:

„Wieviele Menschen wurden bei ihnen im Krankenhaus Obrawalde täglich getötet?" Antwort: „In der Frauenabteilung, in der ich als Obersanitäterin gearbeitet habe, wurden 8–10 Frauen getötet. Wieviele in der Männerabteilung getötet wurden, weiß ich nicht. Ich nehme an, daß die Gesamtzahl der täglich getöteten Männer und Frauen die Zahl 15 erreicht."

Wie groß ist die Anzahl der im Krankenhaus Obrawalde getöteten Menschen? Antwort: „Es fällt mir schwer, diese Frage zu beantworten, da ich mit der statistischen Erfassung nichts zu tun hatte. Doch man kann annehmen, daß die Gesamtzahl der Getöteten nach meinen Berechnungen 18 000 Menschen erreicht."

Wieviele Personen haben Sie selbst im Krankenhaus getötet? Antwort: „Ich selbst habe täglich 2–4 Menschen getötet. Außerdem wurden unter meiner persönlichen

25 ALVR, Sammlung Graf, Interview mit dem Zeitzeugen J.
26 Engel, a. a. O., Hilfsberufe, S. 137

Leitung in der Frauenabteilung täglich mehr als 5 Menschen getötet. Insgesamt wurden von mir während der gesamten Zeit ca. 1500 Menschen und in der gesamten Frauenabteilung über 6000 Menschen innerhalb von 2 Jahren getötet. Es sind so schreckliche Dinge, daß ich darauf verzichte, sie alle zu nennen.“[27]

Eine andere Schwester berichtet:

„Anders ist es bei den Fällen gewesen, wo ich die Tötung nicht für notwendig und angebracht hielt. Wenn ich mich bei diesen Tötungen doch beteiligte und somit gegen meine innere Einstellung und Überzeugung handelte, so geschah es deswegen, weil ich es gewohnt war, die Anordnungen und Befehle der Ärzte unbedingt auszuführen. Ich bin so erzogen und ausgebildet worden. Als Schwester und Pflegerin besitzt man nicht den Bildungsgrad eines Arztes und kann daher nicht werten, ob die vom Arzt getroffenen Maßnahmen oder Anordnungen richtig sind. Die ständige Übung, den Anordnungen eines Arztes zu folgen, geht so in Fleisch und Blut über, daß das eigene Denken ausgeschaltet wird.“[28]

Eine andere Schwester aus Obrawalde sagt:

„Mir fällt dazu ein, daß wir uns damals unterhalten haben, daß wir nicht in der Haut derjenigen stecken möchten, die später einmal zur Verantwortung gezogen werden. Damit meinen wir diejenigen, die diese Tötungsaktion organisiert und befohlen haben. In diesem Zusammenhang denke ich an die Pflegerin [. . .], die damals betonte, nur ihre Pflicht getan zu haben, aber andererseits mit ihren Nerven vollkommen zerrüttet war und nicht mehr schlafen konnte. Nie dachten wir aber daran, daß wir kleinen Pflegerinnen, die gar keinen anderen Ausweg hatten, als das zu tun, was ihnen befohlen wurde, einmal zur Verantwortung gezogen werden könnten.“[29]

Ein Patient aus der Klinik Bedburg-Hau hat mir erzählt, was er 1951 bei seiner Rückkehr aus der Anstalt Uchtspringe in der Nähe von Magdeburg erlebt hat.

Er kommt zurück in die Station, die er schon aus dem Krieg kennt, 1943 ist er von dort weggekommen. Und da ist auch ein Pfleger, den er von damals her kennt. Der Pfleger sieht den Kranken und sagt zu seinen Kollegen: *„Der lebt noch, der lebt noch.“*

„Dann habe ich den Teller mit dem Gemüse genommen und ihm ins Gesicht geworfen. Der hat mir doch das Leben nicht gegönnt.“

27 Medizinisches Informations- und Kommunikationszentrum Gesundheitsladen e.V. (Hrsg.), Geschichte der Krankenpflege. Versuch einer kritischen Aufarbeitung, Berlin 1984, S. 36

28 Geschichte der Krankenpflege, S. 29

29 A. a. O., S. 44

Friedrich Leidinger

Heilen und Herrschen. Ein Beitrag zur ärztlichen Sittengeschichte

Woyzeck, Er hat die schönste aberratio mentalis partialis, die zweite Spezies, sehr schön ausgeprägt. Er ist ein interessanter Kasus. Subjekt Woyzeck, Er kriegt Zulage, halt Er sich brav! Zeig Er seinen Puls. Ja.
Georg Büchner: Woyzeck

Der Schizo ist der Feind.
Heinar Kipphardt: März

Zehn Jahre Psychiatriereform, zehn Jahre Bemühungen um Therapie und Rehabilitation, Auflösung der psychiatrischen Gulags, Gemeindenähe und jetzt: Euthanasie.

Ein Anachronismus? Eine Pflichtübung zum ominösen vierzigsten Jahrestag der Kapitulation des Nazi-Reichs? Der Versuch, die Väter und Großväter in den Schmutz der Vergangenheit zu ziehen, um von eigenen Fehlern, dem eigenen Unvermögen abzulenken?

Oder etwa, wie Klaus Dörner sagt, eine historische Notwendigkeit, diktiert von der Unmöglichkeit, Freiheit und Gleichberechtigung für jene zu erreichen, die zu hunderttausenden Opfer der NS-Medizin wurden, ohne diese Vergangenheit aufzuklären, sie nicht länger zu verleugnen und zu verharmlosen, als geringster Akt von Wiedergutmachung gegenüber den Opfern und ihren Familien?

Natürlich wissen wir um die vergeblichen Bemühungen, die Vergangenheit zu bewältigen, um die unvollkommene Bestrafung der Täter vieler Verbrechen, gerade unter den Ärzten. Wenn wir uns jedoch in den Aktenkeller begeben und nach der Vergangenheit suchen, so treffen wir auf Gegenwärtiges; wir erschrecken beim Anblick wohlgeführter Krankenakten, differenzierter Beurteilungen; wir erschrecken angesichts engagierter Lehrbücher, verfaßt von Mördern.

Der 8. Mai in der deutschen Psychiatrie: Niederlage oder Befreiung? Die Unternehmung des Nationalsozialismus hat der deutschen Nation einen Totalverlust beschert. Wiederaufbau: Neubeginn oder Schadensbegrenzung?

Ist es da verwunderlich, daß auch die Ärzteschaft in der Nachkriegszeit sich maßgeblich vom Prinzip der Schadensbegrenzung leiten ließ? *„Von den etwa neunzigtausend in Deutschland tätigen Ärzten haben etwa dreihundertfünfzig Mediziner Menschenverbrechen begangen* [. . .]. *Die Masse der deutschen Ärzte hat unter der Diktatur des Nationalsozialismus ihre Pflicht getreu den Forderungen des hippokratischen Eides erfüllt, von den Vorgängen nichts gewußt und mit ihnen nicht in Zusammenhang gestanden.“*[1] Diese Sätze schrieb die Bundesarbeitsgemeinschaft

1 Mitscherlich, A. und Mielke, F., Wissenschaft ohne Menschlichkeit, Heidelberg 1949, zitiert nach: Wuttke, W., Die Herrschaft von Künstlern, in: Doehlemann, M. (Hrsg.), Wem gehört die Universität?, Gießen 1977, S. 193

der Ärztekammern 1949 als Vorwort in die Broschüre, die Mitscherlich und Mielke in ihrem Auftrag über den Nürnberger Ärzteprozeß erstellt hatten.

So wurde die Auseinandersetzung damit, inwieweit die Entwicklung medizinischen Denkens und ärztliche Ideologie den Boden für die unleugbaren Verbrechen bereitet haben, vermieden. Bis heute ist man bemüht, die geistige Urheberschaft der NS-Verbrechen einem kalten, unmenschlichen Materialismus, einer pervertierten ärztlichen Ethik anzulasten, die Medizinverbrechen als ein dem Wesen der Medizin Fremdes dem Zugriff der historischen Analyse zu entziehen.

Wie selbst unübersehbare Hinweise aus der Vorgeschichte der Euthanasie, die diese als einen wesentlichen Bestandteil der deutschen Medizin in diesem Jahrhundert ausweisen, entsprechend uminterpretiert werden können, dafür mag das Beispiel Karl Jaspers paradigmatisch gelten. Jaspers löste das Problem, daß 1920 der Psychiater Hoche und der Jurist Binding die Forderung nach der *„Freigabe der Vernichtung lebensunwerten Lebens"* in aller Öffentlichkeit erhoben, auf elegante Weise: *„Jene damals hochangesehenen, intelligenten und seelendummen Professoren"* seien getragen gewesen *„von dem professoralen und nationalen Hochmut jener Zeit"*.[2]

Jaspers schildert ein Erlebnis aus seiner Studienzeit, als ein ihm später freundschaftlich verbundener psychiatrischer Oberarzt einem im Endstadium dementen und schmerzgepeinigten Paralytiker eine tödliche Morphiumdosis verabreicht. Jahre später habe er mit jenem Psychiater darüber gesprochen und folgende Erklärung gehört: *„Wer es tut, nimmt das Risiko, wegen Mordes vor Gericht zu stehen, auf sich. Vor meinem Gewissen bin ich ruhig. Es gibt unlösbare Probleme."*[3] Das Problem des Gnadentods, die Tötung eines unerträglich Leidenden, wird zur individuellen Gewissensfrage, denn *„der echte Arzt kennt keine Illusionen, ihm zeigen sich die menschlichen Realitäten unverhüllt."*[4]

So kommt Jaspers schließlich zu folgender Erklärung, wie es denn möglich ist, daß besonders Ärzte die Vernichtungspolitik der Nationalsozialisten wissenschaftlich-theoretisch vorbereiteten, in ihrer praktischen Durchführung förderten und erst ermöglichten: *„Pervertierte Mediziner waren die Täter, wie früher die Erfinder der Grundsätze zu solchen Taten. Sie werden hier in ihrer Haltlosigkeit sichtbar. Sie sind mangels ärztlicher Wesensbildung der Plausibilität rationaler Gedankengänge erlegen."*[5]

Die Verneinung des Politischen in der Medizin, der Rückbezug auf zeitlos gültige, außerhalb der Geschichte stehende Wertmaßstäbe läßt sich in der neueren Medizingeschichte zurückführen auf die Zeit der Niederlage der bürgerlich-liberalen Revolution im 19. Jahrhundert. Diese Niederlage markiert das Scheitern für die Bemühungen um eine Medizinalreform in Deutschland und den Kampf der

2 Vgl.: Schmidt, G., Selektion in der Heilanstalt 1939 – 1945, Stuttgart 1965, S. 10
3 A. a. O., S. 12
4 A. a. O., S. 10
5 A. a. O., S. 12

Psychiatrie um Anerkennung als aufgeklärte Wissenschaft, beide Bestrebungen nicht zufällig in der Person Griesingers personifiziert.

Die Psychiatrie des Vormärz hatte sich bis dahin auf den Weg begeben, die repressiven Institutionen des vorbürgerlichen Staates zu differenzieren und den als psychisch krank erkannten Subjekten dieser Institutionen zur Emanzipation zu verhelfen. Doch genauso, wie der bürgerliche Staat erst durch das Scheitern der Revolution geschaffen werden konnte, genauso trägt auch die Psychiatrie als eine seiner Institutionen den Doppelcharakter von Befreiung und repressiver Ordnung in sich.[6]

Die Psychiatrie, die heute mehrheitlich an den Lehrstühlen der Bundesrepublik gelehrt wird, beruft sich in ihrem Krankheitsverständnis nicht mehr auf den Materialisten Griesinger, sondern auf Kraepelin, jenen Apologeten des Bismarck-Staates, der die sozialen Widersprüche seiner Zeit und ihre Wechselwirkung mit psychischem Kranksein in dem Begriff der Endogenität aufhob. Das Endogenitätskonzept öffnete der Psychiatrie endgültig die medizinischen Hochschulen und führte in seinem Gefolge Sozialdarwinismus und Eugenik in die medizinische Wissenschaft ein.

Diese neuen Sichtweisen fanden in der Ärzteschaft eine breite Zustimmung, war doch der Kampf um berufsständische Macht und Einfluß in eine neue Phase getreten. Es ist erst ein Jahrhundert her, daß Ärzte in Deutschland die Wahl hatten zwischen einer beamteten Stellung als Armenarzt im öffentlichen Gesundheitswesen und der Tätigkeit als Hausarzt, der, wie in den Buddenbrooks nachzulesen, unten bei den Domestiken an der Familientafel durchgefüttert wurde. In dieser Situation erfolgt die Absage an den wissenschaftlichen Rationalismus, der „keine Demut und keine Ehrfurcht vor dem Naturgeschehen"[7] kennt, wogegen der Arzt als Heilkünstler sich zunehmend einer ästhetisierenden Betrachtung krankhafter Vorgänge befleißigt, denn *„der berufene Arzt vollbringt an einem kranken Menschen eine Tat; er schafft ein Werk, wie eben ein Künstler durch Änderung, durch Umwandlung vorgefundener Sachlagen ein neues Verhalten hervorzubringen vermag* [. . .]. *Denn sie sind die Herren des Kranken, nicht dessen bezahlte, von seinem Gutdünken abhängende Bediente. Zum Arzt tauglich ist nur der, der ein Herr sein kann."*[8]

Solche Äußerungen mögen einem heute als exotische Stilblüten vorkommen, hätten sie nicht dem Zweck gedient, die Kampfmoral der Ärzte in der Auseinandersetzung mit der entstehenden Sozialversicherung zu stärken und sie immer weiter für sozialdarwinistische und rassistische Vorurteile geöffnet. Das Recht auf ärztliche Behandlung für jeden wurde in den Äußerungen vieler meinungsführender Ärzte offen oder versteckt abqualifiziert als *„Herabwürdigung des Kassenarztes*

6 Vgl.: Dörner, K., Bürger und Irre, Frankfurt/M. 1969

7 Sauerbruch, F., Heilkunst und Wissenschaft, In: Die Naturwissenschaften, 1926, zitiert nach: Wuttke, W., Herrschaft, a. a. O., S. 183

8 Schweninger, E., Der Arzt, Radeburg 1926, zitiert nach: Wuttke, W., Herrschaft, a. a. O., S. 177

zu einem Gebrauchsgegenstand", den man wie einen *„Bedarfsartikel des Alltags"* kommen läßt oder bestellt.[9]

Von hier bis zu der Auffassung des in der Weimarer Zeit vielgelesenen Danziger Chirurgen Erwin Liek, die Krankenversicherung bedeute die *„Drohung des Untermenschen"*,[10] ist nur ein kleiner Schritt.

Kranksein, erst einmal einem aufgeklärten Denkansatz entzogen, wird zu einem mystifizierten Übel, der Kranke zum Feind des Volkes. Der Arzt hingegen sieht sich nunmehr in vorderster Front einer gesellschaftlichen Elite, um den Kranken zu bekämpfen. Noch Griesinger hatte gemahnt, daß *„nicht eine Krankheit, sondern ein einzelner Kranker, nicht die Tobsucht, sondern ein tobsüchtig Gewordener Objekt unserer Behandlung sei"*.[11] Doch was Griesinger aus seiner im bürgerlichen Vormärz wurzelnden Überzeugung heraus selbstverständlich war, was seine Alltagsethik aus dem Geiste eines fortschrittlichen Liberalismus bestimmte, erlebte nur wenige Jahrzehnte später eine völlige Bedeutungsumkehrung. Wo nämlich die Behandlung des für die soziale Gemeinschaft bedrohlichen Kranken nicht möglich – oder nicht sinnvoll – erscheint, bleibt um der Erhaltung des großen Ganzen willen nur noch die Vernichtung des Einzelnen.

Kein geringerer als Viktor von Weizsäcker, der als der Begründer der modernen Psychosomatik in Heidelberg lehrte, veröffentlichte im Sommersemester 1933 seine Vorlesungen, in denen er ausführte: *„Es ist gewiß unangenehm, daß sich der Arzt nicht von dem Gesetz des Vernichtens emanzipieren kann, aber es ist ein Glück, wenn er durch Verstrickung Gelegenheit bekommt, der blinden Vernichtung Einhalt zu tun und das Handeln aus dem Geist zu lenken, auch wo es Vernichtung heischt."*[12]

Wer in jenen Jahren mit einer – aus heutiger Sicht – kaum nachvollziehbaren Verbiegung des Kantschen Imperativs seinem akademischen Publikum solches vorsetzte, begegnet uns kaum in der Gestalt eines Opfers professoralen Hochmuts oder rationaler Plausibilität, vielmehr verkörpert er das Versagen der intellektuellen Eliten, die Unfähigkeit zur Kritik einer Kaste von Mandarinen, wie Habermas sie nennt,[13] die, sofern sie von einer direkten Komplizenschaft mit dem Vernichtungssystem verschont blieben, diesen Umstand wohl eher einem gnädigen Zufall, weniger jedoch ihren charakterlichen oder intellektuellen Stärken anrechnen

9 Mayer, A., Vom Geist der Medizin, vom Ungeist der Zeit und vom Wanken der Arztthrone, in: Ärztliche Mitteilungen/Deutsches Ärzteblatt 46, 1961, zitiert nach: Wuttke, W., Herrschaft, a. a. O., S. 185

10 Liek, E., Die ärztliche Praxis, Leipzig 1928, zitiert nach: Wuttke, W., Herrschaft, a. a. O., S. 185

11 Griesinger, W., Die Pathologie und Therapie der psychischen Krankheiten für Ärzte und Studierende der Medizin, Braunschweig [4]1876, zitiert nach: Seidel, R., Bedachte Belangbarkeit, in: Dörner, K. (Hrsg.), Fortschritte der Psychiatrie im Umgang mit Menschen, Rehburg-Loccum 1985, S. 198

12 Weizsäcker, V. von, Ärztliche Fragen, Leipzig 1933, zitiert nach: Wuttke, W., Herrschaft, a. a. O., 114

13 Habermas, J., Eine Art Schadensabwicklung, in: Die Zeit 41, 1986, H. 29, S. 40

dürfen. Die Euthanasie-Täter waren jedenfalls kaum durch ihre persönlichen Anlagen zu ihrem Tun prädestiniert.

Carl Schneider, in Heidelberg lange Jahre Fakultätskollege von Weizsäckers, kann als einer der genialsten psychiatrischen Denker Deutschlands überhaupt bezeichnet werden, der bei Erscheinen seines Lehrbuchs „Behandlung und Verhütung von Geisteskrankheiten“ (1939) bereits zum engsten Kreis der Euthanasieplaner gehörte.[14]

Die vielfältigen Bemühungen, die Beteiligung an der NS-Medizin auf einen kleinen Kreis unselig Verstrickter zu begrenzen, sollten nur dem Anliegen dienen, vergessen zu machen, daß die Medizin in Deutschland von Amtsarztstuben über die Universitäten bis zu den SS-Forschungsinstituten in den Vernichtungslagern das alltägliche Geschäft des Rassismus besorgte, letztlich auf dem Boden einer rassistischen Grundhaltung, der auch viele Mediziner etwas Positives abgewinnen konnten, die im übrigen keine Nationalsozialisten waren.

Der Widerstand aus der Ärzteschaft gegen das Heilen und Vernichten war entsprechend gering und praktisch wirkungslos.

Die Mordaktionen der Euthanasieärzte wurden zumindest an einem Ort noch über den Tag der Kapitulation des Nazireichs hinaus fortgeführt. Die in der Bundesrepublik geführten Prozesse gegen Ärzte, die an der Euthanasie beteiligt waren, endeten fast ausnahmslos mit Freisprüchen. Die Frage, wie es dazu kommen konnte, daß sie sich an der Euthanasie beteiligt hatten, konnte kein Gericht erörtern. *„Spätestens seit 1945 jedenfalls ist der nicht mehr Psychiater zu nennen, für den die Reflexion dieser Frage nicht zum Umgang mit sich und denen, die ihm zugewiesen sind, gehört.“*[15]

Die Anstalten nahmen nach Beseitigung der Kriegsschäden und der im Zuge von Krankenhausneubauten erfolgten Zurückführung der Fremdbelegung durch körperlich Kranke ihren ordentlichen Betrieb wieder auf.

Das Jahr 1945 markiert in der Psychiatrie keinen Bruch. Dies mag folgender Auszug aus einer Krankenakte verdeutlichen. Der Patient, Geburtsjahrgang 1926, kam 1941 zum ersten Mal in Kontakt mit der Psychiatrie. Von da an lebte er in psychiatrischen Einrichtungen und wurde als 17jähriger 1943 in eine „Euthanasie“-Anstalt im Osten verlegt. Er überlebte und arbeitete als Leichenträger in der Anstalt. 1951 kehrte er nach Westdeutschland zurück und kam in die Klinik nach Galkhausen. Heute lebt er in einem Wohnheim für Behinderte. Obwohl die beiden folgenden fachärztlichen Beurteilungen fast zwanzig Jahre trennen, sind sie geprägt von derselben Sichtweise.[16]

14 Dörner, K., Klassische Texte – neu gelesen. Carl Schneider: Genialer Therapeut, moderner ökologischer Systemtheoretiker und Euthanasie-Mörder, in: Psychiatrische Praxis 13, 1986, S. 112 – 114

15 Dörner, Bürger, a. a. O., S. 380

16 Archiv der RLK Langenfeld, Patientenakte, Abschrift des Berichts vom 6. Oktober 1941 und Gutachten vom 17. November 1960

Gutachten der Rheinischen Provinzial-Anstalt für Kinder und Jugendpsychiatrie in Bonn vom 29. Juli 1941

Körperlicher Befund: Altersentsprechend entwickeltes Junge in gutem Allgemeinzustand. Haut gut durchblutet, rein, Akrocyanose. Auf re. Schulter etwa erbsengroßer dunkler Pigmentfleck. Sichtbare Schleimhäute gut durchblutet, ausreichendes Unterhautfettgewebe. In li. Kniebeuge an medialem Rand klein-handflächengroße Brandnarbe, parallel zur li. Tibia verlaufende, tief eingezogene Operationsnarbe (Osteomyelitits). Skelett kräftig, Gelenke aktiv und passiv frei beweglich. Muskulatur gut profiliert. Schädel: Großer, nach hinten ausgezogener Hirnschädel. Mittelhohe, flache Stirn, schmaler Gesichtsschädel, Primitiv, fast tierisch anmutende Gesichtszüge. Augen stehen in gleicher Höhe, sind frei beweglich, Lidspalten gleichweit. Breiter Nasenrücken. Große, abstehende, mangelhaft modelierte Ohren. Auffallend breiter Mund, wulstige, aufgeworfene Lippen, Mund wird ständig halb offen gehalten, Zunge gerade vor, fest. Vollzähliges Gebiß, beginnende Karies der unteren rechtsseitigen Backenzähne. Rachenring o. B. Innere Organe ohne nachweisbaren path. Befund. Genitale altersentsprechend entwickelt. –

[. . .]
Psychisch: Primitiver Jugendlicher, der durch den Situationswechsel nicht sonderlich beeindruckt ist, sich stumpf in alles fügt, was man von ihm verlangt. Meist in heiterer Stimmungslage, lacht

Gutachten des Rheinischen Landeskrankenhauses Langenfeld vom 17. November 1960

[. . .]
Körperlicher Befund: Kräftiger junger Mann, dysplastischer Habitus-fast animale Gesichtszüge mit typischem Degenerationsstigmata, wie man sie als körperliche Begleitmerkmale bei seelischen Missbildungen bzw. Schwachsinn vielfach Gelegenheit hat zu beobachten. Breiter Mund mit wulstig aufgeworfenen Lippen, der fast ständig halboffen gehalten wird; steiler Gaumen, abstehende plumpe Ohren seien hier als Degenerationsstigmata nur genannt. – Ausserdem sind tiefgreifende Operationsnarben an der linken Tibia nach abgelaufener Osteomyelitis festzustellen.

[. . .]
Psychischer Befund: Schon auf den ersten Eindruck hin wirkt [der Patient] bereits für den Laien leicht erkenntlich reichlich stumpf und hilflos. Die angestellte Untersuchung macht auf ihn keinen besonderen Eindruck. Bei der Exploration erweist er sich zwar kontaktbereit, antwortet auch willig nach bestehendem Wissen, zeigt aber auch hierbei seine primitive, schwunglose Art und begleitet seine Reden stets mit nichtssagendem, blödem Lächeln. Die Intelligenzprüfung zeigt einen ganz erheblichen Rückstand. Der Untersuchte besitzt kaum nennenswerte Schulkenntnisse; [. . .]
Er verwechselt sogar Tage und Jahreszeiten. Das Nichtwissen bedrückt ihn so gut wie nicht. Er empfindet es gar nicht,

beständig, wenn sich auch keine Ursache dazu bietet. Bei den verschiedenen Explorationen ist er kontaktbereit, antwortet nach besten Wissen, zeigt aber auch hier seine primitive schwunglose Art, geht nicht sonderlich auf die Themen ein, vermag es auch nicht; begleitet seine Reden stets mit dem nichtssagenden blöden Lächeln. – Die Intelligenzprüfung zeigt einen erheblichen Rückstand. Untersuchter besitzt kaum Schulkenntnisse, liest die Sütterlinschrift nur buchstabierend, verwechselt oft die einzelnen Buchstaben. Schreiben kann er auch nur einige Buchstaben der Sütterlinschrift. Er hat den Zahlbegriff 5, kann weder abstrakt noch anschaulich rechnen. Die Auffassung ist erheblich erschwert, die Merkfähigkeit herabgesetzt. Er vermag nicht den Inhalt einer vorgetragenen Geschichte wiederzugeben. Orientierungsvermögen und Allgemeinwissen fehlen gänzlich, er verwechselt sogar die Tage und Jahreszeiten. Das Nichtwissen bedrückt ihn nicht, er empfindet es gar nicht, daß er hinter den anderen zurücksteht. Die praktischen Arbeiten sind besser als die Intelligenzleistungen, man kann ihn zu einfachen Arbeiten heranziehen, zu Botengängen usw. –

Beurteilung: Erblicher Schwachsinn erheblichen Grades bei einem auch charakterlich äußerst primitiven Jungen. Bildungsfähigkeit besteht nur in sehr beschränktem Masse. Wegen der unzulänglichen Familienverhältnisse ist die Unterbringung des Untersuchten in einer Schwachsinnigenanstalt erforderlich. Er wurde dem [. . .] in [. . .] zugeführt. –

da er – wie schon gesagt – viel zu abgestumpft ist. [. . .]

Beurteilung: Wie aus den ausführlichen Darlegungen zur Vorgeschichte und dem bisherigen Krankheitsverlauf bzw. aus dem gescheitertem Verhalten des [Patienten] hervorgeht, der völlig unfähig ist, ausserhalb der Anstaltsbetreuung auf sich selbst gestellt zu existieren und seinen Lebensunterhalt zu verdienen, handelt es sich bei ihm um einen tiefstehenden Schwachsinnigen und zwar liegt ein von Haus aus angeborener Schwachsinn vor, gepaart mit charakterlichen und ethischen Minderwertigkeiten. [Patient] ist bildungsunfähig, – auch eine Spätreife ist bei ihm nicht mehr eingetreten, Verwahrlosungstendenz, Hilflosigkeit, Hang zu kleineren Eigentumsdelikten sowie zum Lügen und insbesondere triebhafte, sexuelle Enthemmtheit bedingen zum Schutze seiner selbst und der öffentlichen Sicherheit und Ordnung dringlichst seine weitere Unterbringung, Pflege und Betreuung in geschlossener psychiatrischer Fachstation, nicht zuletzt auch nach den weidlich genug mit ihm gemachten trüblichen Erfahrungen, [. . .]

Christiane Hoss

Die jüdischen Patienten in rheinischen Anstalten zur Zeit des Nationalsozialismus

Die nationalsozialistischen Verbrechen – sofort denken wir in unvorstellbaren Zahlen, an Zehntausende, Millionen Tote. Hier ist die Rede von wenigen: von einer unbekannten Zahl, ein paar Dutzend höchstens, jüdischer Patienten, die im Winter 1939/40 zusammen mit Tausenden anderer Kranker aus der Rheinprovinz in andere Landesteile verlegt, dort erfaßt, gesammelt und zur Tötung abtransportiert wurden, von 136 Kranken jüdischer Abkunft, die vor dem Anlaufen der Aktion „T 4" in der Rheinprovinz aus rheinischen Anstalten weggebracht und aus der Anstalt Cholm, Post Lublin, als verstorben gemeldet wurden und von 550 anderen, deren Todesweg nun wirklich in die Gegend von Lublin führte. Sie wurden ins Generalgouvernement deportiert, und bei einem der Zugtransporte ist das Ziel bekannt: der Bahnhof Izbica. Wenige, verglichen mit den tausenden Opfern der „Euthanasie" aus der Rheinprovinz, wenige, verglichen mit den Opferzahlen der Judenvernichtung. Nur wenig war über ihr Schicksal herauszufinden. Ich will versuchen, an sie zu erinnern und die paar Dokumente, die von ihrem Leben und Sterben in deutschen Heilanstalten zeugen, zu verbinden mit Stichworten zur Geschichte des Lebens einer Minderheit in Deutschland.

Im Juni 1933 lebten im Deutschen Reich rund 500 000 Juden. Das waren 0,8 % der Bevölkerung.[1] Ihre Zahl hatte – im Gegensatz zu den Behauptungen der antisemitischen Propaganda – ständig abgenommen. Das wurde innerjüdisch heftig diskutiert. Warum wurde die jüdische Gemeinschaft kleiner und drohte zu überaltern?[2] Wie konnten ausgerechnet die deutschen Juden, im 19. Jahrhundert die führenden der Welt, so wenig Lebenskraft beweisen? Das 19. Jahrhundert ist in der Geschichte des Judentums das deutsche Jahrhundert. Die Reform – der Versuch, die Religionsgebräuche in einer gewaltigen Anstrengung ohne Rücksicht auf Verluste der neuen Zeit anzupassen –, die Reaktion darauf, die moderne Orthodoxie, die gemäßigten Richtungen des konservativen Judentums, die messianischen Bewegungen, ob sozialistisch oder zionistisch, sie alle wurden im deutschen Sprachraum entwickelt, debattiert, bekämpft und schließlich exportiert in alle Welt.

In hundert Jahren vom Ghetto zur Gleichberechtigung, in hundert Jahren von

1 Genschel, H., Die Verdrängung der Juden aus der Wirtschaft im Dritten Reich, Göttingen 1966, S. 274. Geringfügig abweichende Zahlen in der grundlegenden Arbeit von Bennathan, E., Die demographische und wirtschaftliche Struktur der Juden, in: Mosse, W. E. (Hrsg.), Entscheidungsjahr 1932, Tübingen 1966², S. 87–131

2 Diskussion über sinkende Geburtenrate und Überalterung in den in Anm. 5 genannten Schriften und in den Jahrgängen 1930 ff von: Jüdische Wohlfahrtspflege und Sozialpolitik, Zeitschrift der Zentralwohlfahrtsstelle der deutschen Juden

Thorastudium und Judendeutsch[3] zum humanistisch gebildeten Bürger, in hundert Jahren von der Kleinstgemeinde in einem verschlafenen Nest in die Großstadt – es war, so schien es Anfang des 20. Jahrhunderts, alles ein bißchen viel gewesen. Die deutschen Juden waren sich klar darüber, daß sie für all dies einen hohen Preis gezahlt hatten. Da war, die Emanzipation begleitend, der moderne Rassen-Antisemitismus entstanden und hatte sich ausgebreitet. Nicht etwa, daß die deutschen Juden gesehen hätten, was kommen würde. Später, nach 1945, als geschehen war, was man im englischen Sprachraum Holocaust nennt oder auf Hebräisch Schoa, und wofür die Deutschen in vierzig Jahren kein Wort gefunden haben, das nicht aus der Sprache der Mörder kommt, da wurden die Entwicklungen des 19. Jahrhunderts von vielen Juden als Irrweg angesehen, der nur ein schlimmes Ende nehmen konnte. Aber damals, in den zwanziger und dreißiger Jahren, sahen die deutschen Juden mit Sorge auf andere Folgen der Veränderungen.

Viele Menschen waren dem Judentum entfremdet, gehörten keiner Religionsgemeinschaft mehr an oder hatten sich taufen lassen. Die Zahl der religiös gemischten Ehen stieg, und die Kinder aus diesen Ehen waren meist keine Juden mehr und wollten keine sein. Sorge bereitete auch eine andere Entwicklung: Die Selbsttötungsrate der Juden stieg im Laufe des 19. Jahrhunderts ständig an. Sie überholte die aller anderen Bevölkerungsteile. Die innerjüdische Diskussion über diese „jüdische Selbstmordepidemie", 1925 in Berlin begonnen, verlief charakteristisch: heftig, ohne Ergebnis, sie wurde fortgeführt, in die Emigrationsländer mitgenommen, sie lebt noch heute. Charakteristisch aber auch: Sofort wurde eine praktische Lösung des Problems gesucht und ein neuer Hilfsfonds gegründet.[4]

Vor allem aber beunruhigte die Zahl der geistig und seelisch Kranken. Warum waren Juden von „Geistes- und Gemütskrankheiten" stärker betroffen als andere Bevölkerungsteile? Statistisch scheint es eindeutig, es gab mehr solche Kranke, es gab doppelt so viele unter den Juden wie unter den Christen.

Über die Frage, warum prozentual so viele Juden in den „Irrenstatistiken" vorkamen, wurde eifrig gestritten und wissenschaftlich gearbeitet.[5] Vom modernen Großstadtleben, von der Inzucht, von der Anspannung durch den Beruf oder der

3 Thora – die Weisung. Die fünf Bücher Mose der hebräischen Bibel. Im Studium dieser Texte und der überlieferten Auslegungen, Kommentare und Entscheidungen bestand das jüdische „Lernen" bis zur Emanzipation fast ausschließlich. Judendeutsch ist die Sprache der deutschen Juden bis zum 18./19. Jahrhundert. Sie galt danach als „Jargon", der abzulegen war und auch – im Gegensatz zum osteuropäischen Jiddisch – verschwunden ist.

4 Kwiet, K., The ultimate refuge. Suicide in the Jewish Community under the Nazis, in: Leo Baeck Institute Year Book 29, 1984, S. 135–167

5 Frigyes, L., Über Geistes- und Nervenkrankheiten und -gebrechlichkeiten der Juden, Diss. med. Frankfurt/M. 1927; Gutman, N. J., Über den heutigen Stand der Rasse- und Krankheitsfragen der Juden, München 1920; Hoppe, H., Krankheiten und Sterblichkeit bei den Juden und Nichtjuden mit besonderer Berücksichtigung der Alkoholfrage, Berlin 1903; Juliusberger, O., Fürsorge für nervöse und seelische Leiden, in: Jüdische Wohlfahrtspflege und Sozialpolitik, N. F. 5, 1935, S. 131-133; Sichel, M., Die Geistesstörungen bei den Juden, Leipzig 1909

Schädigung der Nervenkräfte durch antisemitische Verfolgung, von der späten Heirat, die im Gegensatz zur guten alten Zeit Sitte geworden war – Erklärungen gab es genug und auch genug jüdische Fachärzte, die sie veröffentlichten und ihre Gemeinschaft zu einem gesünderen Leben, möglichst auf dem Lande, bekehren wollten. Auch die Vermutung einer spezifischen Anfälligkeit der jüdischen Rasse – was immer das sei – fehlt bei jüdischen Autoren nicht.

Dagegen stellten Sioli und seine Schüler nach Untersuchungen in Frankfurt nüchtern fest: Die Statistik beweist nicht, daß es unter den Juden mehr seelisch Kranke gibt als unter den Christen. Sie beweist nur: mehr Juden sind in Anstaltspflege. Dies führen sie zurück auf die jüdische Tradition, Störungen des Wohlbefindens als Krankheit zu definieren und den Arzt aufzusuchen.[6]

Nun, diese Tradition ist allerdings alt. *„Wenn du dich krank fühlst, bete zu Gott, aber rufe auch den Arzt, er soll nicht fehlen.“* (Jesus Sirach 38), was dann im Talmud und bei Maimonides mit der Regel bekräftigt wird, ein Jude solle sich nur in einem Ort niederlassen, in dem es eine Synagoge, eine Schule und einen Arzt gibt.

Auch die Diskussion über die Frage der Häufigkeit geistiger und seelischer Erkrankungen bei den Juden lebt bis heute fort.[7] Obwohl sie nicht entschieden wurde, wurden von Anfang an Lösungen der unmittelbaren Probleme gesucht. Hier hieß die praktische Lösung: die jüdische Heilanstalt.

Die Notwendigkeit der Gründung der Israelitischen Anstalt Sayn im Jahre 1869 wurde vom leitenden Arzt 1912 so dargestellt: *„Unter den zahlreichen jüdischen Geistes- und Nervenkranken sind nun viele* [. . .], *die sich in den öffentlichen und privaten Anstalten nicht wohlfühlen, in erster Linie stört sie das ihren religiösen Geboten nicht entsprechende Essen* [. . .], *sodann fehlt ihnen jede Möglichkeit gottesdienstlicher Betätigung und der Ausübung der in jüdischen Familien* [. . .] *gepflegten traditionellen Gebräuche. Aber selbst wenn man von dem rein religiösen Moment, dessen Einfluß bei Nervenkranken zwar nicht gering anzuschlagen ist, absehen will, gibt es noch andere Faktoren, die geeignet sind, auf jüdische Kranke ungünstig einzuwirken. Trotz aller Aufsicht wird es sich nicht immer vermeiden lassen, daß sie von weniger gebildeten Kranken und zuweilen wohl auch vom Pflegepersonal als Juden verspottet und beleidigt oder auch wegen ihres jüdischen Namens und Aussehens gehänselt werden.“*[8]

Dies also eine Schilderung aus dem Jahre 1912. Es ist nicht anzunehmen, daß diese Gründe für die jüdische Heilanstalt in den Folgejahren weniger wichtig gewesen wären.

Im Jahre 1933 war dann der Stand: die jüdischen Anstalten Bendorf-Sayn und Berlin-Weißensee, die jüdischen Abteilungen der staatlichen Anstalten in Lohr

6 Sichel, Geistestörungen, a. a. O., S. 28–42

7 Goodman, R., Genetic disorders among the Jewish people, Baltimore–London 1979, S. 421 ff., bezeichnenderweise unter dem Obertitel: Misconceptions

8 in: Bresler, J., Deutsche Heil- und Pflegeanstalten für Psychisch Kranke in Wort und Bild, Bd. II, Halle 1912, S. 426

Abb.: 7 Synagoge der Israelitischen Heil- und Pflegeanstalt Sayn

Foto, ca. 1912

und in Branitz, für Kinder und Jugendliche Beelitz in der Mark, die jüdische Abteilung des Calmenhofs in Idstein, die Heilerziehungsheime in Marburg und in Neu-Isenburg. Ganz kurz noch ein paar andere Zahlen: 21 Kranken- und Siechenhäuser, 3 Obdachlosenheime, 2 Lungenheilstätten, zu schweigen von den Altersheimen, Arbeitsstätten, Suppenküchen, Waisenhäusern, Erholungsheimen und vielen anderen.[9] Für 0,8 % der Bevölkerung eine erstaunliche Zahl an Sozialeinrichtungen – und viele davon standen auch den Nichtjuden offen. Auch dies ist dahin, unwiederbringlich.

Es gab also 1933 die Patienten in den jüdischen Heil- und Pflegeanstalten, daneben jüdische Patienten in staatlichen Anstalten und außerdem in den Anstalten beider christlicher Konfessionen Patienten jüdischer Abkunft, Getaufte zumeist. Wie es ihnen in diesen Jahren erging, kann nur aus den geringen Spuren erschlossen werden, die in Akten und Veröffentlichungen zu finden sind. Eine solche Spur ist die stärker und stärker werdende Beanspruchung der jüdischen Heilanstalten, die schließlich schon in Friedenszeiten zu Überbelegung führte.[10] Sei es, daß sich andere Anstalten weigerten, jüdische Kranke aufzunehmen, sei es, daß die jüdischen Patienten nun mehr als je fürchteten, schlecht behandelt zu werden; sie versuchten jedenfalls, in jüdischen Heilanstalten unterzukommen.

Ein Anzeichen für Stimmungsmache in einer Anstalt findet sich in den Akten von Bedburg-Hau. Da hat der Propagandwart Dr. [. . .] 1933 den Beamten und Beamtinnen der Provinzial- Heil- und Pflegeanstalt unter Androhung sofortiger Entlassung verboten, in jüdischen Geschäften oder Warenhäusern zu kaufen. Dr. [. . .] wollte wohl den Boykott vom 1. April 1933 in Bedburg-Hau zur Dauereinrichtung machen. Es ist ihm nicht gelungen: auf eine Beschwerde der Westdeutschen Kaufhof AG in Kleve hin ordnete der Landeshauptmann am 8. 9. 1933 an, dieses Verbot zurückzunehmen, da es der Bekämpfung der Arbeitslosigkeit entgegenwirke.[11]

In den Anstaltsakten ist nichts zu finden über die Auswirkungen des Gesetzes zur Verhütung erbkranken Nachwuchses auf die jüdischen Patienten. Vielleicht interessiert hier ein Hinweis auf jüdische Einstellungen zu diesem Gesetz. Die traditionelle Auslegung der Thora erlaubt die Sterilisation beim Mann nicht, bei der Frau nur zur Abwehr von Gefahren für ihr Leben und ihre Gesundheit. Das ausführlichste Responsum zu dieser Frage von Moritz Schreiber (1821) schließt: *„Niemand ist verpflichtet, sich selbst zu zerstören, um die Welt zu bevölkern.“*[12]

In der Zeitschrift „Jüdische Wohlfahrtspflege und Sozialpolitik“ aus jenen Jahren finden sich Hinweise, daß das Gesetz vom Herausgeberkreis – keineswegs nur orthodoxe Juden – nicht bejaht wurde. Neben leidenschaftslosen Erörterun-

9 Führer durch die jüdische Wohlfahrtspflege, hrsg. von der Zentralwohlfahrtsstelle der deutschen Juden, Berlin 1933

10 Bericht Dr. Jacoby in: Schabow, D., Zur Geschichte der Juden in Bendorf, Bendorf 1979, S. 15

11 Archiv der RLK Bedburg-Hau, Nr. 23

12 Jakobovits, I., Jewish Medical Ethics, New York 1962, S. 159–167

gen der gesetzlichen Vorschriften ist im Jahrgang 1934 ein Artikel des Privatdozenten im Ruhestand für Soziale Hygiene Dr. Georg Wolff über die biologische Zukunft der Juden abgedruckt. Darin lehnt Wolff ab, sich *„über die Erhaltung und womögliche Verbesserung des biologischen Erbgutes, die gegenwärtig in den eugenischen Debatten eine große Rolle spielt“*, zu äußern. Denn die *„Ausschaltung minderwertiger Erbanlagen auf dem Wege der Fortpflanzungshinderung und die Höherzüchtung der menschlichen Art durch geeignete Gattenwahl ist* [. . .] *ein Problem, dessen wissenschaftliche Klärung noch in den Anfängen steht.“* Im Gegensatz zu den Zeitschriften der christlichen Wohlfahrtspflege gibt es in diesen Bänden keine Beiträge, die eugenische Absichten oder das Gesetz selbst und seine Durchführung begrüßen, dagegen im Jahrgang 1935 eine Stellungnahme gegen die Entscheidung des Erbgesundheitsgerichts Hamburg zum Schwangerschaftsabbruch bei „Erbkranken“. Es werden ablehnende juristische Stimmen zitiert, die, wie wir wissen, sich nicht durchgesetzt haben. *„Wenn der Gesetzgeber sich aber ausdrücklich darauf beschränkt habe, die Entstehung erbkranken Nachwuchses zu verhindern* [. . .], *so werde er seine Gründe haben, die zu durchkreuzen nicht Sache von Erbgesundheitsgerichten sei“*. Die Entscheidung sei *„eine eigenmächtige Überschreitung des vom Gesetz gezogenen Aufgabenkreises.“*[13]

Als die Vorbereitungen zur Ermordung der Kranken begannen, war die Aussonderung der deutschen Juden schon weit fortgeschritten. Bis zum 1. September 1939 waren 1448 Gesetze und Verordnungen, Erlasse und Anordnungen zu diesem Zweck ergangen (die Gesetze und Verordnungen zur Aussonderung der „erbbiologisch Minderwertigen“ sind noch nicht so gesammelt und zusammengestellt, auch sie dürften einen stattlichen Band ergeben).[14] Nun treffen bei den jüdischen Kranken die beiden Linien zusammen. Im Meldebogen findet sich das Merkmal der Krankheit und das Merkmal der „Rasse“, das bei der Erfassung der Kinder mit schweren angeborenen Leiden noch gefehlt hatte.

Wie auch in den Heilanstalten jüdische Patienten schlechter als andere gestellt und isoliert wurden, zeigen wieder einige Aktenvorgänge, so ein Brief des Psychiatriedezernenten des Provinzialverbands an den Direktor der Anstalt Galkhausen vom 8. 9. 1938. Er bezieht sich auf den Erlaß des Reichsministers des Innern vom 22. 6. 1938 über Mißstände in Krankenanstalten, in dem gesonderte Unterbringung von Juden in Krankenanstalten *„wegen Gefahr der Rassenschändung“* gefordert worden war. Professor Creutz schrieb: *„Mit Rücksicht auf einen Erlass des Herrn Reichsministers des Innern, auf den ich vorerst nicht nähere eingehe, ersuche ich zum 20. 8. 1938 um Bericht, wieviel Juden in der dortigen Anstalt* [. . .] *vorhanden sind. Dabei bitte ich anzugeben, wie sich diese Juden in Bezug auf die Unterbringung verteilen* [. . .]. *Ich gebe jetzt bereits davon Kenntnis, dass der Herr Minister darauf hingewiesen hat, dass die Unterbringung der Juden und die Rege-*

13 Jüdische Wohlfahrtspflege und Sozialpolitik, N. F. 4, 1933/34, S. 267 ff und 330 ff und Jg. 5, 1935, S. 105

14 Walk, J., (Hrsg), Das Sonderrecht der Juden im NS-Staat, Karlsruhe 1981

lung ihrer Bewegung in der Anstalt und im Anstaltsgelände die Gefahr einer Rassenschändung mit Sicherheit ausschliessen muss. Auf diese durch den Herrn Minister betonte Notwendigkeit bitte ich ein besonderes Augenmerk zu haben. Etwa erforderlich werdende weitere Massnahmen bezüglich der jüdischen Kranken, soweit sich solche aus den Anordnungen des Herrn Ministers ergeben, bleiben vorbehalten."[15]

Bei der damals üblichen strengen Geschlechtertrennung in Anstalten können diese Erlasse und Anordnungen nicht den Sinn gehabt haben, mögliche Liebesbeziehungen zwischen „jüdischen" und „arischen" Anstaltsbewohnern zu verhindern. Es wird hier, wie auch in anderen Zusammenhängen, offenbar, daß ein, vielleicht der wichtigste, Zweck des Nürnberger Gesetzes „zum Schutze des Deutschen Blutes und der Deutschen Ehre" war, die Menschen jüdischer Abstammung zu isolieren. Nun sollten sie also in Krankenanstalten behandelt werden, als litten sie an einer gefährlichen Infektionskrankheit. Ob in den rheinischen Anstalten auf diese Anweisung hin die Unterbringung der jüdischen Patienten wirklich geändert, ihre Bewegungsfreiheit eingeschränkt wurde, läßt sich aus den Akten nicht feststellen. Beamte setzten die von „oben" verordnete Aussonderung schöpferisch oder auch gefügig in Verwaltungsvorschriften um. Die „Irren" waren menschlicher. Sie lehnten die Diskriminierung der jüdischen Kranken ab, so das Ergebnis einer Umfrage in Heilanstalten vom 20. 10. 1938. Das Personal jedoch verhalte sich zustimmend.[16]

Bei der Erfassung der jüdischen Patienten ging es dann zunächst um die Kosten. Es begann mit der Verordnung über die öffentliche Fürsorge von Juden vom 19. 11. 1938. Nun benötigte der Psychiatriedezernent von allen Provinzial- und Privatanstalten die Daten der jüdischen Patienten, und er fügte hinzu: *„Wer Jude ist, bestimmt sich nach der 1. Verordnung zum Reichsbürgergesetz vom 1935"*, also dem ersten der Nürnberger Gesetze. In einem neuen Rundschreiben vom 4. 2. 1939 hieß es dann: *„Ich ersuche in jedem Einzelfall mit möglichster Beschleunigung zu prüfen, ob ein anderer Kostenträger die Kosten der Anstaltspflege ab 1. 1. 1939 ganz oder teilweise übernimmt oder ob insbesondere die freie jüdische Wohlfahrtspflege eintreten kann. Der Provinzialverband der jüdischen Wohlfahrtspflege im Rheinland* [. . .] *hat hier für jeden jüdischen Anstaltspflegling einen Betrag von 5 RM in Aussicht gestellt. Ob dieser Zuschuß der Leistungsfähigkeit der jüdischen Wohlfahrtspflege entspricht oder zu gering ist, müßte durch den Bezirksfürsorgeverband festgestellt werden"*.[17]

Bei diesem Stichwort – die Leistungsfähigkeit der jüdischen Wohlfahrtspflege – muß man sich vergegenwärtigen, was von der jüdischen Wohlfahrtspflege in diesen Jahren gefordert wurde: Auswanderung aller, die es irgendwie ermöglichen konnten, zurück blieben die Armen, Alten, Kranken, Angehörigen von Inhaftierten,

15 Archiv der RLK Langenfeld, Akte „Jüdische Seelsorge"
16 Bock, G., Zwangssterilisation im Nationalsozialismus, Opladen 1986, S. 210, Anm. 63
17 Archiv der RLK Bedburg-Hau, Nr. 10

Arbeitslosen. Aus ihren Berufen verdrängt, ihre Geschäfte arisiert, wer war nicht unterstützungsbedürftig? Und nun sollte auch noch die Fürsorge für all diejenigen übernommen werden, die bisher aus öffentlichen Mitteln unterstützt worden waren.

Auf jeden Fall wurden nun Listen der jüdischen Patienten erstellt, und die aus Bedburg-Hau zeigt, daß in dieser riesigen Anstalt mit 4000 Patienten zu diesem Zeitpunkt 21 Männer und 27 Frauen lebten, die nach den Nürnberger Gesetzen als Juden galten. Ein Drittel von ihnen wurde bald darauf zwecks Kostenersparnis in Pflegeheime gebracht, so daß Mitte 1939 noch 19 Männer und 19 Frauen jüdischer Herkunft in Bedburg-Hau waren.[18]

Der nächste Vorgang, der sich um diese 38 Menschen dreht, befaßt sich mit den Schwierigkeiten, die das Gesetz über die Änderung von Familien- und Vornamen vom 17. 8. 1938, eine Schöpfung des unermüdlichen Dr. Globke im Reichsinnenministerium, mit sich brachte. Er und sein Haus hatten sich seit 1932 (!) mit der Frage beschäftigt, wie man erreicht, daß Juden und „Arier" am Namen unterschieden werden können. Viele Vorschläge waren erarbeitet worden. Zucrst hatte man beim Familiennamen angesctzt. Sollte man Juden nicht die Führung so edler Familiennamen wie „Hinrichsen" verbieten? Ihnen nur noch ein paar typisch jüdische Familiennamen gestatten und all den Ariern, die mit jüdisch klingenden Familiennamen geschlagen waren, eine Änderung ermöglichen? Aber, abgesehen vom Verwaltungsaufwand, gab es da peinliche Einwendungen, so z. B. eine germanisch-uradlige Familie von und zu Löwenstein, die ihren Namen unbedingt behalten und vor dem Mißverständnis, es sei ein jüdischer Name, schützen wollte. So ging es also nicht, es mußte anders gehen: mit den Vornamen. Und so wurde Gesetz: Jeder Jude, der nicht einen typisch jüdischen Vornamen hatte, mußte den zweiten Vornamen „Israel" oder „Sara" annehmen und in jeder schriftlichen Äußerung angeben, damit dem Volksgenossen auch klar war, daß er es hier mit einem Juden zu tun hatte.[19]

Sorgfältig führte der Provinzialverband im Jahr 1939 diese Vorschrift aus. Da die

18 Ebenda

19 Dr. Hans Globke: „Ein schöpferischer Verwaltungsbeamter". So der Titel des Nachrufs von Hans Buchheim in der FAZ vom 16. 2. 1973. Er war 1949–1963 Adenauers Staatssekretär im Bundeskanzleramt. Wegen seiner Tätigkeit im Reichsinnenministerium und seines Kommentars zum Blutschutzgesetz war seine Berufung ins Bundeskanzleramt umstritten. Im Gespräch mit Dr. Robert Kempner 1945 in Nürnberg meinte er, das Furchtbarste, was er im Innenministerium erlebt habe, sei die Euthanasie gewesen. (so Kempner in: Gotto, K. (Hrsg), Der Staatssekretär Adenauers, Stuttgart 1980, S. 213, dort auch Globkes eidliche Erklärung vom 16. 5. 1946 dazu). Die von mir kurz wiedergegebenen Dokumente zur Entstehung des Gesetzes zur Änderung von Familien- und Vornamen sind veröffentlicht in der Dokumentation von Reinhard M. Strecker, Dr. Hans Globke, Hamburg 1961. Strecker war einer der wenigen, die schon in den fünfziger und sechziger Jahren, als die Aufarbeitung der NS-Zeit weit größeren Widerständen begegnete als heute, wagten, Justiz und Verwaltung mit ihrer NS-Vergangenheit zu konfrontieren. Vor allem arbeitete er Bestände aus Archiven der DDR und osteuropäischer Staaten durch, als dies in der Bundesrepublik noch allgemein abgelehnt wurde. Die Reaktionen auf seine Funde und die Angriffe auf ihn waren entsprechend heftig.

Juden die Änderung ihres Vornamens selbst vornehmen und den Behörden bekanntgeben mußten – dies ist die übliche Praxis, die Verfolgten an ihrer Verfolgung zu beteiligen – sollte nun der Anstaltsleiter die jüdischen Patienten dazu anhalten und für die nicht geschäftsfähigen einen Pfleger bestellen. In der Verwaltung von Bedburg-Hau, so zeigen die Akten, hatte man die Rassenfrage immer noch nicht begriffen. Denn in den Listen der nun Umzubenennenden steht bei zweien ein großes Fragezeichen und daneben „katholisch" bzw. „evangelisch getauft". Es fand sich erst kein Pfleger, die Fristen verstrichen, als endlich ein Pfleger bestellt war, gab es noch eine Panne. Einer der dreißig, die da umbenannt werden sollten, mußte aus der Aktion wieder herausgenommen werden. Nicht weil er gestorben oder entlassen worden wäre, sondern weil er mit Vornamen Isidor hieß.[20] Im Innenministerium nämlich hatte der – wie uns nach 45 versichert wurde – so katholische Dr. Globke eine Liste der eindeutig jüdischen Vornamen erarbeiten lassen, bei denen es eines Zusatzes nicht mehr bedurfte. Wer Moses oder Aaron hieß, Rachel oder Rebekka, konnte auf den Zusatz „Israel" oder „Sara" verzichten. Und auf dieser Liste eindeutig jüdischer Vornamen steht auch Isidor. Der Heilige Isidor von Sevilla, der judenfeindliche Kirchenvater und der Heilige Isidor von Madrid, der Patron so vieler süddeutscher Dorfkirchen, hätten sich gewundert.

Ein anderer nichtbiblischer Vorname, der bei Juden viel häufiger war als Isidor, fehlt allerdings auf dieser Liste: der Vorname Siegmund. Siegmund/Sigismund nannten Juden ihre Söhne in dankbarer Erinnerung an die aufgeklärten polnischen Könige dieses Namens, vor allem Zygmunt I., der 1534 den gelben Fleck, die Judenkennzeichnung an der Kleidung, abgeschafft hatte. Aber „Siegmund" auf einer Liste typisch jüdischer Vornamen – das war wohl im Innenministerium undenkbar.

Eine andere Episode aus diesem Aussonderungsprozeß betrifft evangelische Christen jüdischer Abstammung. Sie ist uns nur bekannt geworden, weil die Anstalt Tannenhof bereit war, sie in der Kölner Ausstellung „Heilen und Vernichten" darstellen zu lassen. Es gab sicher viel ähnliches auch in anderen Privatanstalten. Im Jahre 1938 beriet der Kaiserswerther Verband, der Träger des Tannenhofs, über eine neue Satzung. Es wurde Aberkennung der Gemeinnützigkeit befürchtet, wenn die Anstalt nichtarische Pfleglinge beherberge. Es heißt im Protokoll: *„Die neue Satzung muß der* [. . .] *veränderten Einstellung des deutschen Volkes zur Rassenfrage dadurch Rechnung tragen, daß sie die Aufnahme von Patienten jüdischer Abstammung ausschließt* [. . .]. *Die Anstaltsleitung wird angewiesen, von jetzt ab keine Patienten jüdischer Abstammung aufzunehmen und* [. . .] *mit dem Ziel, daß die Anstalt baldmöglichst von solchen Patienten frei wird, ist* [. . .] *Privatpatienten zum nächstmöglichen Termin zu kündigen und bei Normalkranken der Landeshauptmann um Überführung der Kranken in eine andere Anstalt zu bitten."*

20 Archiv der RLK Bedburg-Hau, Nr. 10

Die neue Satzung sieht dann so aus:
„Der Durchführung der in § 1 genannten gemeinnützigen und mildtätigen Zwecke dienen
a) eine Heil und Pflegeanstalt [. . .]
b) ein Diakonissen-Mutterhaus zur Ausbildung und Bereitstellung von Schwestern für die Durchführung des Dienstes christlicher Nächstenliebe an deutschen Volksgenossen[. . .]“[21]

Auf die Frage: „Wer ist denn mein Nächster?“ war die Antwort des Kaiserswerther Verbands damals also: „Der deutsche Volksgenosse.“ Es hatte da einmal eine andere Antwort gegeben. Der befragte Rabbi hatte mit einer Geschichte geantwortet, vom Mann, der von Jerusalem hinunterging nach Jericho und vom Samariter, dem Erbfeind der Juden, der sich als sein Nächster erwies. Aber das war lange her.

Am 1. September 1939 war man dann endlich im Krieg. Es lebten inzwischen schon bedeutend weniger Juden als 1933 in Deutschland, im Altreich rund 214 000 (= 0,3 % der Bevölkerung), die Maßnahmen hatten ihre Wirkung nicht verfehlt.[22] Es gab allerdings wohl kaum sehr viel weniger Patienten jüdischer Abkunft in Heil- und Pflegeanstalten. Denn was macht eine jüdische Familie zwischen 1933 und 1939, die auswandern möchte, auswandern kann und einen Angehörigen hat in Galkhausen oder Bendorf-Sayn? Den Kranken mitnehmen – unmöglich, Gesunde haben schon Schwierigkeiten genug, ein Land zu finden, das sie aufnehmen will.[23] Den Angehörigen zurücklassen?

In Bedburg-Hau wurden auf einer Liste 1939 die Angehörigen und Vormünder der jüdischen Patienten aufgeführt. Man sieht daraus, wie sich die Familien entschieden hatten. Nur bei einem Fünftel der Kranken gab es keine Angehörigen mehr in Deutschland, die nächsten Familienmitglieder lebten in Belgien, in den Niederlanden, in Frankreich, in USA, in Südamerika.[24]

Am 1. September 1939 begannen im Rheinland die Krankentransporte. Ihre Zahl stieg bis 1941, und auch mit dem „Euthanasie-Stopp“ vom 24. August 1941 hörten sie nicht auf. Es ist bekannt, daß die Transporte von Kranken in den Jahren 1942–45 unter dem Vorwand der Evakuierung wegen des Luftkriegs häufig in Tötungsanstalten führten. In der Rheinprovinz begannen die Transporte und

21 Die Dokumente wurden zuerst zusammengestellt von Pastor Martin Wolff, Tannenhof, zur Mitarbeiterfeier Weihnachten 1983, s. a. Katalog der Kölner Ausstellung „Heilen und Vernichten im Nationalsozialismus“ Köln 1985, S. 93 f

22 zuletzt Wolfgang Scheffler in: Strauss/Kampe, Antisemitismus, Bonn (Bundeszentrale für Politische Bildung) 1984, S. 193, mit Erläuterung und Bewertung der Quellen für die Zahlen.

23 So wurde z. B. der gehbehinderten Tochter des Kölner Rabbiners Dr. Hannover nach Einmarsch der deutschen Truppen in die Niederlande von den amerikanischen Einwanderungsbehörden in Amsterdam die Einreise zu ihrer nach USA emigrierten Familie wegen ihrer Behinderung nicht gestattet. Sie kam im Konzentrationslager um. Geudtner, O., Hengsbach H. und Westerkamp, S., „Ich bin katholisch getauft und Arier“, Köln 1985, S. 231. Für die Unterstützung dieser Arbeit durch eine Druckkostenbeihilfe sei dem Landschaftsverband Rheinland auch hier gedankt.

24 Archiv der RLK Bedburg-Hau, Nr. 10

damit die Abgrenzungsschwierigkeiten (welche Patienten kommen zu welchem Zweck wohin?) schon 1939. Zum Herbst und Winter 1939/40 wissen wir selbst nach den bisher höchst unvollständigen Unterlagen von Verlegungen von etwa 3000 Kranken in hannoversche, sächsische, brandenburgische, hessische und württembergische Anstalten.[25] Die Akten von Bedburg-Hau weisen aus, daß auf diese Transporte auch 14 jüdische Kranke gingen. In anderen Anstalten wird es ebenso gewesen sein. Was wurde aus diesen so früh „Evakuierten"? Das läßt sich erschließen aus Dokumenten, die aus dem Herbst 1941 stammen. Dazwischen liegt die Aktion „T 4" in der Rheinprovinz mit regelmäßigen Tötungstransporten von April bis August 1941 nach Hadamar. Das Ergebnis: Leere in den rheinischen Anstalten. Und so richtete der Psychiatriedezernent im Juli und August 1941 gleichlautende Schreiben an die Oberpräsidenten von Hannover, Mark Brandenburg und Sachsen und an einzelne Anstalten. *„Da zur Zeit in den rheinischen Provinzial- Heil- und Pflegeanstalten zahlreiche Plätze frei sind, ist es nunmehr möglich und dringend erwünscht, die in den dortigen Anstalten untergebrachten Kranken wieder in rheinischen Heil- und Pflegeanstalten unterzubringen."* Nach diesem Wunsch wurde verfahren und für Bedburg-Hau auf einer Liste festgehalten, wie viele Patienten zurück kamen:
aus der Mark Brandenburg von 536 im Jahre 1940 dorthin verlegten Patienten: 28 aus Sachsen von 363: 86 aus Hannover von 266: 25.[26]

In Württemberg und Hessen hat Professor Creutz erst gar nicht angefragt, um seine Plätze in rheinischen Anstalten wieder aufzufüllen. Die dorthin verlegten Patienten sind wohl ohne Ausnahme in Grafeneck und Hadamar umgekommen.

Die jüdischen Patienten, die auf diese ersten Transporte 1939/40 geschickt wurden, sind, soweit es die Unterlagen ergeben, nicht mehr zurückgekommen, sondern in ihren Evakuierungsanstalten erfaßt und zur Tötung abtransportiert worden. Eine Spur findet sich bei den Dokumenten des Sammeltransports vom 27. 9. 1940 über Wunstorf. Asmus Finzen veröffentlichte Erkundigungen von Angehörigen und Ämtern aus dem Rheinland nach verschwundenen jüdischen Patienten, die vorher in hannoverschen Anstalten untergebracht waren.[27]

Hier, in der Rheinprovinz selbst, hatten die verbliebenen jüdischen Kranken noch ein paar Monate zu leben. Ende Januar 1941 erging dann auch hier durch den Provinzialverband die Anweisung an alle Provinzial- und Privatanstalten, die

25 Katalog Kölner Ausstellung, a. a. O., S. 100 ff. (inzwischen sind weitere Transporte bekannt geworden), Quellen S. 113
26 Archiv der RLK Bedburg-Hau, Nr. 11
27 Finzen, A., Auf dem Dienstweg, Rehburg-Loccum 1984, S. 41 ff. Finzen, S. 23 ff. und Klee, E., „Euthanasie" im NS-Staat, Frankfurt 1983, S. 248 ff. sind die wichtigsten Darstellungen des Schicksals der jüdischen Kranken, auf denen meine Arbeit basiert. Ein erschütterndes Dokument zur Lage einer jüdischen Familie mit einem kranken Angehörigen sind die Briefe einer Mutter, die ihre über die Sammelanstalt Eglfing „verlegte" Tochter sucht, zuletzt Klee S. 309 f.

Abb.: 8 Altes Zuchthaus Brandenburg, erste Vergasungsanstalt der „Euthanasie“. Wahrscheinlicher Todesort der jüdischen Patienten, die mit den ersten Krankentransporten 1939/40 nach Mittel- und Norddeutschland kamen.

Foto, undatiert

jüdischen Patienten zu verlegen.[28] Es wurden *alle* „verlegt", bei jüdischen Kranken wurde nicht, wie bei „arischen" nach Art und Schwere der Krankheit, nach Arbeitsfähigkeit, differenziert.

In den Tagen vom 8. bis 10. 2. 1941 wurden die jüdischen Kranken der südlichen Rheinprovinz nach Andernach gebracht, es waren 58, am 11. 2. wurden sie dort von der Gemeinnützigen Krankentransport GmbH abgeholt. Am 12.2. stand dann die Transportkapazität wieder zur Verfügung, um die jüdischen Kranken der nördlichen Rheinprovinz in Düsseldorf-Grafenberg zu sammeln. Dort blieben die 78, getrennt von der übrigen Anstalt, bis zu ihrem Abtransport in zwei Bussen am 15.2.[29]

Die Leitungen der evangelischen Anstalten Tannenhof und Hephata vermuteten nichts Gutes. Im Tannenhofer Vorstandsprotokoll vom 13. 2. 1941 heißt es: „[. . .] *die geforderte Überführung der geisteskranken Juden nach Grafenberg und die Weiterleitung nach Warschau wird erwähnt. Die Anstaltsleitung hat geglaubt, gegen die Überführung Bedenken fallen zu lassen.*" Diese gewundene Ausdrucksweise ist, so hoffe ich, ein Zeichen, daß es nicht ganz leicht fiel. In Hephata begnügte man sich nicht mit fallengelassenen Bedenken. Zwei jüdische Pfleglinge waren schon 1940 in Familienpflege entlassen worden, weil man um ihre Sicherheit fürchtete. Als die drei übrigen am 12. 2. 1941 abgeholt werden sollten, tat sich Hephata nicht auf. Die Anstaltsleitung weigerte sich, die drei herauszugeben, sie wurden schließlich mit Hilfe der Polizei aus der Anstalt geholt.[30]

Den Abtransport in Grafenberg beschreibt ein Augenzeuge: *„Eine ganze Menge sind weggekommen, Männer, Frauen und Kinder. Jüdische Professoren, die geisteskrank waren, sind dabei gewesen. Die waren am Weinen. Die Kinder hauptsächlich."*[31]

In Andernach, so gaben die Angeklagten im Prozeß 1948 vor dem Landgericht Koblenz zu verstehen, glaubte man, die Juden kämen in die Israelitische Anstalt, nach Bendorf-Sayn. Das Verfahren, die jüdischen Kranken der südlichen Rheinprovinz erst nach Andernach zu befördern, um sie am nächsten Tag in das 12 km entfernte Sayn zu bringen, muß allerdings ein wenig aufwendig erschienen sein.

28 Gutachten Dr. Lewenstein zum Prozeß „Euthanasie in der Rheinprovinz" (Privatbesitz) und Urteil des Landgerichts Koblenz in: Rüter, C. F., (Hrsg.) Justiz und NS-Verbrechen, Sammlung deutscher Strafurteile wegen NS-Tötungsverbrechen 1945–1966. Amsterdam 1968–1981, Nr. 076/1, S. 19 f.

29 wie 26, s. auch Katalog Kölner Ausstellung, a. a. O. S. 93 f.

30 wie 19 und: 1859–1984. Beschützen, Helfen, Begleiten. Festschrift zum 125jährigen Bestehen der Ev. Bildungs- und Pflegeanstalt Hephata. Mönchengladbach 1984, S. 35. Pastor Helmich, dem Leiter von Hephata, der sich auch 1940 geweigert hatte, die Meldebögen auszufüllen, ist nichts geschehen. Anders ging es Pfarrern, die sich öffentlich für das Lebensrecht der Kranken oder der Juden einsetzten. Von den 333 deutschen Geistlichen, die in Dachau inhaftiert waren, sind bei 247 die Haftgründe bekannt. 4 katholische und 3 evangelische waren wegen Protesten gegen die „Euthanasie" nach Dachau gekommen, 3 wegen Gebets in der Kirche für Juden, einer wegen Versteckens eines (getauften) Juden, einer wegen Hilfe bei der Flucht einer Jüdin in die Schweiz, zusammengestellt nach: Weiler, E. Die Geistlichen in Dauchau, Mödling 1971

31 Interview, Landschaftsverband Rheinland, Abt. Gesundheitspflege, noch unveröffentlicht

Einige der Krankentransporte müssen auf ihrem Weg nach Andernach an Sayn vorbeigefahren sein. Trotz alledem, man will also in Andernach an einen Transport nach Sayn geglaubt haben und 1948 sehr erstaunt gewesen sein zu erfahren, daß die jüdischen Kranken dort nie angekommen waren. Erkundigt hatte sich die Anstaltsleitung vorher noch nicht. Das fand auch das Gericht merkwürdig, weil der Andernacher Direktor Mitglied einer Kontrollkommission für die Privatanstalten der Umgebung war und daher die Anstalt Sayn öfter besucht hatte.[32]

Bereits im Urteil des Landgerichts Koblenz vom 28. 7. 1948 wird die Vermutung geäußert, die jüdischen Kranken der Rheinprovinz seien in Hadamar ermordet worden. Das liegt nahe, in jedem Sinne des Wortes. Ob es jemals nachgewiesen werden kann, werden wir sehen. Ein Indiz ist wohl, daß bisher kein anderer Krankentransport nach Hadamar am 11. oder 15. 2. bekannt ist, so daß die Tötung der jüdischen Patienten an diesen Tagen dort möglich erscheint.

Die Todesnachrichten aus diesen beiden Aktionen, die der schon 1939/40 verlegten und die der 1941 in der Rheinprovinz abtransportierten Juden, kamen, soweit ich das bisher bei einigen mir namentlich bekannten feststellen konnte, unter der Firma der „Irrenanstalt Cholm, Post Lublin". Von dieser Anstalt berichtet Dr. Max Plaut von der Reichsvereinigung der Juden in Deutschland. Er war Vormund einer Hamburger Patientin, und als sie abtransportiert wurde, ging er der Sache nach.

"Während diese Verordnungen sich überstürzten, wurde ein Unternehmen durchgeführt, das besonders hart und schwer war, das Unternehmen 'Columbus'. Durch eine Verfügung aus dem Büro des Judendezernenten beim Reichssicherheitshauptamt in Berlin, Eichmann, wurde angeordnet, dass alle jüdischen Geisteskranken zu sammeln und in einem Staatskrankenhaus in Cholm zu internieren seien. Wir hatten 19 Geisteskranke auf Kosten der Gemeinde, daneben Privatpatienten. Diese wurden eines mittags abtransportiert. Ich erhielt einen Anruf für 2 Mündel. Ich sprach mit dem Inspektor, aber er sagte, er könne es nicht ändern. Lebensmittel durften wir nicht mitgeben. Dann wurde alle mit Krankenautomobilen abgeholt und mit einem ganz modernen Lazarettzug mit Ärzten und Schwestern abgefahren. Der Inspektor sagte mir vertraulich, die Leute seien nicht gefährdet, er glaube, es werde dort gut für sie gesorgt werden. Der Dezernent für jüdische Angelegenheiten bei der Gestapo sagte mir auf meine Frage, es sei dort alles in Ordnung, er wundere sich, dass man während des Krieges ein grosses Krankenhaus frei mache, um Juden aufzunehmen. Ich fragte, ob ich hinschreiben dürfte. Ich schrieb dann an den Ältestenrat in Lublin, bat um Auskunft, und bot Mittel an. Diese Stelle, sowie auch eine andere angefragte Stelle, antworteten mir, es sei ihnen nicht bekannt, dass irgend ein derartiges Institut in Cholm bestehe, und ebensowenig, dass irgend ein derartiger Transport angekommen sei. Ich ging mit dieser Auskunft zur Gestapo und sagte, es liege offenbar ein Irrtum vor, ob denn die Adresse stimme. Der Dezernent antwortete mir: Ihre Leute wollen bloss nicht helfen! Ich sagte, das sei unmöglich. Ich fragte dann beim Reichssicherheitshauptamt in Berlin an und erhielt keine Antwort. Nur eine Rech-

32 Rüter, Justiz, a. a. O., Nr. 076/1, S. 19 f.

nung von der „Staatskrankenanstalt in Cholm" erhielt ich für Verpflegung von 19 Geisteskranken, es seien innerhalb einer Woche og [ug = ungefähr] *30 000 oder 40 000 Mark zu zahlen.*

Ich fuhr sofort zur Reichsvereinigung. Dort lagen auch sonst aus dem Reich Anfragen vor und die Rechnungen zusammen gingen in die hunderttausende. Dr. Epstein setzte sich mit Eichmann in Verbindung, der ihm mit schallendem Gelächter sagte, selbstverständlich müsst Ihr für Eure Kranken zahlen. 3 Monate lang bezahlten wir die Rechnungen, und dann erhielt ich 19 separate Todesurkunden, alle am gleichen Tage in derselben Stunde an Ruhr gestorben. Nun wussten wir Bescheid, und waren davon überzeugt, dass die Beträge umsonst bezahlt worden waren.

Diese Angelegenheit hat auch im Rahmen der nicht-jüdischen Menschen Kreise gezogen. Auch aus den Reihen der deutschen Bürger waren Geisteskranke ohne Mitteilung an die Angehörigen entfernt und getötet worden. – Interessant war, dass wir auch eine Todesurkunde erhielten für eine kranke Frau, die in der Liste stand, aber zufällig einen Tag vorher entlassen worden war, und daher gar nicht mit auf Transport kam. Von der Staatskrankenanstalt in Cholm bestand offenbar nichts weiter als ein Bankkonto."[33]

Die Reichsvereinigung der Juden in Deutschland hat über 350 000 RM für Unterbringung und Pflege jüdischer Patienten in „Cholm" bezahlt. Diese beim damaligen Geldwert ungeheure Summe erklärt sich einfach. Johanna [. . .] aus Köln z. B., schon 1939 aus Bedburg-Hau verlegt, nach aller Wahrscheinlichkeit 1940 ermordet, starb angeblich am 31. 12. 1942 in „Cholm". Bis zu diesem Zeitpunkt wurden Pflegekosten in Rechnung gestellt und bezahlt. „T 4" hatte die Leistungsfähigkeit der jüdischen Wohlfahrtspflege richtig eingeschätzt.[34]

Im Sommer 1941 lebten also in der Rheinprovinz nur noch in der Israelitischen Anstalt Bendorf-Sayn jüdische Kranke, fürchterlich und nicht mehr lange. Bereits seit dem 12. 12. 1940 war die Neuaufnahme jüdischer Kranker allen Anstalten außer Sayn untersagt. Die Zustände dort kann man sich ausmalen, weil in einer für 80–100 Kranke eingerichteten Anstalt über 500 lebten. Es sollen Baracken vom Olympiagelände in Berlin zur Unterbringung der Kranken herbeigeschafft worden sein.

Die ärztliche und die kaufmännische Leitung hatten bis 1940 die Nachkommen des Anstaltsgründers, die Brüder *Jacoby*. Ihnen gelang es noch gerade rechtzeitig, die Anstalt der Reichsvereinigung der Juden zu verpachten, und am 11. Juni 1940 waren sie die letzten rheinischen Juden, denen überhaupt noch eine Auswanderung gelang (über die Sowjetunion). Sie übergaben die Leitung einem Arzt, der in Mischehe lebte und keine Möglichkeit zur Auswanderung hatte.[35] Er hat überlebt.

33 Yad Vashem Jerusalem, 01/54, S. 6f., stenographische Mitschrift des Vortrages von Dr. Max Plaut am 26. Dezember 1946 in Petach Tikva „Die Gemeinde Hamburg in den Jahren 1933–1943"; vgl. dazu auch ebenda 01/1201/54 und 01/53 sowie Adler, H. G., Der verwaltete Mensch, Tübingen 1974, S. 242 ff.

34 dazu Klee, „Euthanasie", a. a. O., S. 329 ff

35 Bericht Dr. Jacoby in: Schabow, Geschichte, a. a. O., und Düwell, K., Die Rheingebiete in der Judenpolitik des Nationalsozialismus vor 1942, Bonn 1968, S. 207.

Die Patienten nicht. Die Deportationslisten haben sich 1947 im Schutt der Stapostelle Koblenz gefunden.[36] Die Transporte gingen jeweils von Koblenz aus, im ganzen fünf, zwischen März und November 1942. 550 Personen aus der Anstalt Sayn sind dabei, Patienten, Ärzte, Pfleger, von den dreien abgesehen, die in Mischehe lebten und daher noch nicht einbezogen wurden. Zusammen mit anderen Juden aus dem Rheinland wurden die Bewohner der Anstalt Sayn ins Generalgouvernement gebracht. Niemand hat sich mehr die Mühe gemacht, eine gefälschte Todesurkunde für sie auszustellen. Dazu war selbst deutsche Gründlichkeit bei den Dimensionen der „Endlösung der Judenfrage" nicht mehr imstande.

Am 8. Dezember 1942 gab dann der Psychiatriedezernent allen rheinischen Anstalten bekannt, daß mit dem Runderlaß des Reichsministers des Innern vom 10. 11. 1942 die Anstalt Sayn geschlossen sei.[37] Das Evangelische Stift St. Martin aus Koblenz zog dort ein. Es gab keine jüdischen Patienten in der Rheinprovinz mehr.

In den Urteilen der wegen Euthanasie in der Rheinprovinz in Düsseldorf und Köln geführten Prozesse sind die Vorgänge, die zum Abtransport der jüdischen Patienten im Februar 1941 führten, nicht erwähnt. Sie müssen dem Gericht bekannt gewesen sein, weil im Gutachten des Sachverständigen Dr. Lewenstein kurz erwähnt wird, daß die Transportanweisungen vorlagen und daß es wahrscheinlich sei, daß die Juden in eine Vernichtungsanstalt gebracht worden seien.[38]

In seinem Urteil gegen Andernacher Ärzte stellt das Landgericht Koblenz fest, sie seien gutgläubig gewesen. *„Hinsichtlich dieser 58 Juden konnten daher die Angeklagten nicht verurteilt werden."*[39] Es ist mir kein Fall bekannt, in dem eine Entschädigung wegen „Schadens am Leben" (so nennt es das Bundesentschädigungsgesetz) für ein jüdisches Opfer der „Euthanasie" in der Rechtsprechung zur Wiedergutmachung behandelt worden wäre. Wie Fälle entschieden wurden, in denen es nicht zu einer gerichtlichen Klärung kam, zeigt die Entschädigungsakte von Dr. J. [. . .] aus Bielefeld. Die Mutter des in „Cholm" verstorbenen Dr. J. [. . .], eines Betheler Patienten, hatte Entschädigung beantragt für die Ermordung ihres Sohnes und für den „Freiheitsentzug", den nach ihrer Ansicht die Zeit zwischen dem Abtransport von Bethel nach Wunstorf und dem Tod ihres Sohnes in „Cholm" darstellte. Die Entschädigungsakte ist nicht vollständig erhalten, doch ist die Ablehnung eindeutig: *„In dieser Entschädigungssache ist nichts zu veranlassen – z*[u] *d*[en] *A*[kten]."[40]

Dieser Ausschluß der „Euthanasie"-Opfer, auch der jüdischen, von der Wieder-

36 Deportationslisten veröffentlicht in einer Gedenkschrift der jüdischen Gemeinde, Koblenz o.J. und bei Schabow, Geschichte, a. a. O.

37 Archiv der RLK Bedburg-Hau, Nr. 10

38 Rüter, Justiz, a. a. O., Nr. 076/1, S. 19 f.

39 Ebenda

40 Stadtarchiv Bielefeld, Amt für Wiedergutmachung, Abt. Rassisch Verfolgte. Minninger/Meynert/Schäffer, Antisemitisch Verfolgte registriert in Bielefeld 1933–1945, hrsg. vom Stadtarchiv Bielefeld 1985, Nr. 458. Ergänzende Mitteilung zu den Abschlußvermerken durch M. Minninger, Stadtarchiv Bielefeld, Schreiben vom 5. Dezember 1985 an die Autorin

gutmachung ist für uns alle beschämend. Den Angehörigen der Opfer mag er manches Schwere erspart haben. Der böse Satz *„Wiedergutmachung ist die Fortsetzung der Verfolgung mit anderen Mitteln"* hat leider viel Wahres.

Ein letztes noch: Es scheint mir wichtig, zu erwähnen, daß in Standardwerken zur Vernichtung der europäischen Juden schon früh die Rolle der Krankenmorde als Vorstufe zur Judenvernichtung regelmäßig behandelt wird. Die Autoren gehen alle auf die ideologischen, sachlichen und personellen Verbindungen ein, so z. B. Poliakov 1951, Reitlinger (engl.) 1953 (deutsch) 1956, Tenenbaum 1956, Hilberg (engl.) 1961 (deutsch) 1983, Levin 1968, Adler 1974, Dawidowicz 1975.[41] Ihnen kann man das langjährige Vergessen nicht anlasten. Wir hätten sie gründlicher lesen müssen.

41 Dawidowicz, L. S. The war against the Jews 1933–1945, New York 1975; Levin, N., The Holocaust. The Destruction of European Jewry 1933–1945, New York 1968; Poliakov, L., Bréviaire de la Haine, Paris 1951; Reitlinger, G., Die Endlösung, Berlin 1956; Tenenbaum, J., Race and Reich. The Story of an Epoch, New York 1956; Hilberg, R., Die Vernichtung der europäischen Juden, Berlin 1982

Ralf Seidel

Von der notwendigen Fragwürdigkeit psychiatrischen Beistands

Gedanken zur medizinischen Ethik nach Hadamar und Auschwitz[1]

Die grauenvolle Entwicklung, die die Medizin im Dienst des nationalsozialistischen Herrschaftssystems genommen hat, ist in ihrem politisch-ökonomischen Zusammenhang von W. Wuttke dargelegt worden. Über die Vernichtungsprogramme der Medizin/Psychiatrie an psychisch Kranken und Behinderten, die Verstrickung, Schuld aber auch das abseitige, oft hilflose Mühen einzelner Verantwortlicher zur Rettung der Kranken wurde u. a. von M. Leipert berichtet. Hier geht es darum, vor dem Hintergrund der politischen Situation im deutschen Faschismus, einige strukturelle Momente der Psychiatrie als medizinisch-sozialer Wissenschaft und ärztlich-pflegerischer Dienstleistung anzudeuten. An drei kurzen Beispielen soll die unterschiedliche Wirklichkeit des alltäglichen Ablaufs der Vernichtungsaktionen in den Anstalten aufgezeigt werden, um schließlich über die Darstellung gefährlicher Utopien im Umgang mit seelisch kranken Menschen die Frage nach der ethischen Grundlegung psychiatrischen Handelns andeutend behandeln zu können.

Psychiatrie und Ethik

Der Gegenstandsbereich Psychiatrie ist vielschichtig, zu vielschichtig, um von einer Theorie umgriffen werden zu können. Überlegungen und Einstellungen zur Psychiatrie bleiben, wollen sie ihrem Wirklichkeitsbereich angemessen begegnen, widersprüchlich und fragwürdig. Sich ständig vermehrende Erkenntnisse über biologische Basisprozesse, psychologischer und soziologischer Sachverhalte fordern jedoch weiter den Versuch einer übergreifenden, Methode gründenden Theorienbildung – wie sie einst Jaspers (1913) versucht hat – heraus.

So widersprüchlich die Problemerfassung des Gegenstandsbereiches Psychiatrie erscheint, so widersprüchlich wurden dessen theoretische Widerspiegelungen, praktischen Folgerungen, strukturellen Verdichtungen und sozialen Verwirklichungen von den Historiographen des Fachs bedacht: sei es als Humanisierungsinventar der Einsamkeit anheim gegebener Abwegiger – später Kranker – sei es als Instrument verwaltender Disziplinierung die staatliche Ordnung störender Abweichler. Zur Entstehungsgeschichte des Faches Psychiatrie, dies schient bisher

1 Überarbeitete Fassung eines auf der 26. Gütersloher Fortbildungswoche erstmals gehaltenen Vortrags, vgl. Dörner, K. (Hrsg.), Fortschritte der Psychiatrie im Umgang mit Menschen. Wert und Verwertung des Menschen im 20. Jahrhundert, Rehburg-Loccum 1985, S. 191ff.

wenig reflektiert, gehört die mit Beginn der Neuzeit erfolgte Trennung von Politik und Ethik als bis dahin ineinander verschränkte Disziplinien praktischer Philosophie. Sie bewirkte, daß im Extremfall einerseits Anstand und Takt zur moralischen Innerlichkeit privaten Tuns, andererseits gesellschaftliches Handeln zu einem von Herrschafts- und Machtinteressen geleiteten Agieren verkümmern konnten. Ethik ist bedachte Praxis. Sie tritt stets geschichtlich zutage, dann wenn die Tatsachen zerronnen sind, etwas der Fall war. Sie entdeckt dem Praktiker die im Tun verborgene Vernunft. An sich läßt sich Ethik nicht aussprechen.[2] Ihr Ziel ist nicht Erkenntnis, sie spricht das *Handeln*[3] an. Und: *„Ethik war kein Wort, das in Auschwitz zu hören war [. . .] Ärzte und andere sprachen nur darüber, wie die Dinge am wirkungsvollsten erledigt werden könnten; darüber, was am wirkungsvollsten war."*[4]

Psychiatrie im Nationalsozialismus[5]

Mitte des 19. Jahrhunderts wird erstmals von H. Spencer die „natürliche Auslese" als Faktor der Weiterentwicklung der menschlichen Gesellschaft hervorgehoben. Ch. Darwin übernahm die Formel vom „Überleben des Tüchtigsten" in die Biologie und E. Haeckel bezog erstmals den Vorgang „der natürlichen Zuchtwahl" im Kampf ums Dasein auf den Menschen, wobei er die Befürwortung von „Euthanasie" aus eugenischen Gründen als vertretbar andeutete. Wichtig ist, daß hier – im Sozialdarwinismus – mit naturwissenschaftlichen Begriffen soziale und politische Zustände festgeschrieben wurden.

1895 vertritt A. Jost den Standpunkt, daß bei langfristig Schwerstkranken auch wegen der unnötig hohen Kosten der Staat und Angehörige „Das Recht auf den Tod" dieser „unnütz leidenden" Menschen fordern könnte. 1920 erscheint dann eine Schrift zweier Ordinarien von hohem Ansehen, des Juristen K. Binding, der seine Gedanken 1913 erstmals dargelegt hatte, und des Psychiaters A. Hoche – unter dem Titel „Die Freigabe der Vernichtung lebensunwerten Lebens. Ihr Maß und ihre Form". Binding billigt dem vernunftbegabten Individuum, noch in naturrechtlicher Tradition, zu, sich als ethisches Subjekt selbst zu bestimmen. Darüber hinausgehend fordert er jedoch, daß „Euthanasie", als erlösender Akt, zu gestatten sei. Er postuliert also, in Analogie zum Recht auf Selbsttötung, ein Recht auf den Erlösungstod für Leben, das der Vernünftigkeit und freien Selbstbestim-

2 Wittgenstein, L., Tractatus logico-philosophicus, Frankfurt/M. 1963, N.R. 6421
3 Aristoteles, Nikomachische Ethik I,1, 1095 a, 5 f.
4 Zit. nach Lifton, R.J., Medicalized Killing in Auschwitz, in: Psychiatry 45, 1982, S. 294
5 Vgl. Aly, G. (Hrsg.), Beiträge zur nationalsozialistischen Gesundheitspolitik, 2 Hefte, Berlin 1985; Dörner, Fortschritte, a. a. O.; Klee, E., „Euthanasie" im NS-Staat, Frankfurt/M. 1983; Meyer, H. und Süße, Th., Die Konfrontation niedersächsischer Heil- und Pflegeanstalten mit den „Euthanasiemaßnahmen" des Nationalsozialismus, Diss. med. Hannover 1984; Nowak, K., „Euthanasie" und Sterilisierung im „Dritten Reich", Göttingen 1978; Seidel, R., Stoffels, H. und Wulff, E. (Hrsg.), Psychiatrie im deutschen Faschismus, in: Sozialpsychiatrische Informationen 13, 1983, Heft 4 sowie Gesundheitstag Berlin, 1980, und Tagungen in Bad Boll 1982 und 1983 u. a.

mung entbehrt oder verlustig ging. Das bedeutet, daß es Menschenleben gäbe, die die Eigenschaft eines Rechtsgutes eingebüßt hätten, *„daß es lebende Menschen gibt, deren Tod für sie eine Erlösung und zugleich für die Gesellschaft und den Staat insbesondere eine Befreiung von einer Last ist.“*.[6] Hoche skizziert auf der Grundlage eines „organischen Staatsganzen“ ein biologistisch begründetes Gemeinschaftsethos und belegt seine Forderung nach der Vernichtung lebensunwerten Lebens mit *„dem ungeheuren Kapital* [. . .], *das dem Nationalvermögen für einen unproduktiven Zweck entzogen wird“*.[7] Die Schrift von Binding und Hoche bildet zweifellos den Wendepunkt einer Diskussion, die mit der Hilfe zu einem humanen Sterben für Schwerstkranke im Kreis des „Monistenbundes“ aufgeworfen wurde und schließlich, nach dem verlorenen Weltkrieg und im Zusammenhang mit dem Wiedererstarken restaurativer Herrschaftsverhältnisse, zur Forderung nach der Vernichtung „lebensunwerten Lebens“ gelangen sollte. Gerade die wissenschaftliche Reputation der Autoren, ihr präziser Argumentationsstil und das ihren Persönlichkeiten zuerkannte moralische Gewicht, ließen viele Zeitgenossen, auch und gerade protestantische Theologen[8] annehmen, daß hier für eine gute Sache gefochten würde. Und es sollte diese ideologische Traditionslinie sein, auf die sich die nationalsozialistischen Verfechter der Tötung chronisch Kranker stets berufen werden. Dennoch blieben unter Ärzten und Juristen massive Bedenken gegen die „Gnadentodsforderung“ bestehen. Mit der Machtergreifung des Nationalsozialismus wurde zwar bereits am 14. 7. 1933 das *„Gesetz zur Verhütung erbkranken Nachwuchses“* (GzVeN) erlassen, in dessen Folge rund 400 000 Menschen im Namen des verbrecherischen Regimes durch Sterilisation physisch und psychisch gedemütigt wurden.[9] Der „Euthanasie“ als Tötung chronisch Kranker wurde trotz entsprechender Entwürfe[10] nicht Gesetzesform verliehen. Selbst bei rassistisch eingestellten nationalsozialistischen Juristen schien die Sorge zu überwiegen, daß eine rechtliche Festschreibung der Tötungserlaubnis eine nicht unerhebliche Unsicherheit auch für dem Regime ergebene „Volksgenossen“ darstellen mußte. So kam es zu der bekannten, auf den 1. Sept. 1939 zurückdatierten Ermächtigung durch Hitler und der getarnten Abwicklung der Mordaktionen gegen psychisch Kranke in speziellen Tötungsanstalten vom Okt. 1939 bis August 1941 (Aktion „T 4“). Die bürokratischen Prozeduren des von Ärzten und Pflegepersonal durchgeführten Geschehens dürfen als bekannt vorausgesetzt werden[11]. Ebenso deren dezentrale Fortführung nach 1942.[12] Trauriger Erwähnung bedarf, daß die Ver-

6 Binding, K. und Hoche, A., Die Freigabe der Vernichtung lebensunwerten Lebens. Ihr Maß und ihre Form, Leipzig 1920, S. 28
7 A. a. O., S. 54
8 Katholische, dem Naturrecht verbundene Moraltheologen schienen dieser Anfechtung seltener ausgesetzt. Ein eindrucksvoller Beleg: Walter, F., Die Euthanasie und die Heiligkeit des Lebens, München 1935
9 Vgl. Bock, G. in: Dörner, Fortschritte, a. a. O.
10 Vgl. Roth, K.H. (Hrsg.), Erfassung zur Vernichtung, Berlin 1984, S. 101 ff.
11 Schmidt, G., Selektion in der Heilanstalt 1939–1945, Frankfurt/M. 1983; Klee, Euthanasie, a. a. O.; Nowak, Euthanasie, a. a. O., u. a.
12 Aly, Beiträge, a. a. O., Heft 1, S. 61 ff.

nichtungsideologie und -technologie der T4-Aktion, samt Personalbestand – über den Zwischenschritt der Aktion „Sonderbehandlung 14 f 13“, durch die bis 20 000 Juden und politische Gegner als „Geisteskranke“ aus den Konzentrationslagern selektiert und dem Tod durch die in den Tötungsanstalten erprobten Gaskammern zugeführt wurden – in die Vernichtungslager im Generalgouvernement überführt wurden.

Hinzugefügt muß werden, daß es einigen der führenden Vertreter der „Euthanasie“-Aktion durchaus auch um „Fortschritte im Umgang mit Menschen“ (K. Dörner), um eine Humanisierung der Lebensbedingungen der ihnen anvertrauten psychisch Kranken ging. P. Nitsche galt als engagierter Psychiatriereformer,[13] V. Faltlhauser als einer der Väter der „offenen Fürsorge“, der in der Kaufbeurer Anstalt bei Patienten und Mitarbeitern hohes Ansehen genoß[14] und C. Schneider als therapeutisch orientierter Befürworter einer wissenschaftlich geleiteten, theoretisch fundierten, umfassend-biologischen Krankenbehandlung[15].

Exkurs in den Alltag der Vernichtung

Expliziten Widerstand gegen die „Euthanasie“-Aktionen hat es unter Ärzten und Pflegepersonal nicht gegeben. Versuche eine „Abwehrfront“ gegen die tödlichen Verlegungen zu bilden, wie sie von W. Creutz im Rheinland[16] oder von G. Ewald[17] versucht wurden, waren gescheitert. Dennoch verdient die Verschiedenartigkeit der Ausführung der durch die Berliner T4-Zentrale gegebenen Anordnungen in den Anstalten gesonderte Beachtung. Der Bereich der damaligen Provinz Hannover sei hier beispielhaft angeführt.[18]

In der Anstalt Lüneburg wurde auf Betreiben des damaligen Direktors M. Bräuner strikt nach Weisung gehandelt. Von der Möglichkeit, Zurückstellungen vorzunehmen, wurde auch bei Bewohnern Hamburger Altenheime kein Gebrauch gemacht. Die Leitung der Kinderfachabteilung übernahm W. Baumert, ein zuverlässiger Nationalsozialist, die Sonderbehandlung/Tötung der Kinder war speziell dafür eingestelltem Pflegepersonal „überlassen“ worden. Im Gegensatz zu einigen Bezeugungen der beteiligten Schwestern wurden von den verantwortlichen Ärzten auch später keine Bedenken zu den Tötungsaktionen geäußert. Baumert machte auch nach 1945 weiter Karriere. – Der Direktor der Oldenburger Anstalt Wehnen, C. Petri, lehnte seinem Gauleiter gegenüber eine Teilnahme an den Euthanasiemaßnahmen ab. Er konnte wohl auch, wie Berichte annehmen lassen, die Einrichtung einer Tötungs- oder Zwischenanstalt in Wehnen verhindern. Im Rahmen der offiziellen „T 4“ – Aktionen war kein Patient aus Wehnen verlegt,

13 A. a. O., Heft 2, S. 9 f.
14 Mitteilung von M. v. Cranach u. a.
15 Vgl. Teller, Chr., in: Dörner, Fortschritte, a. a. O., S. 77 f.
16 Vgl. Leipert, in diesem Band; vgl. auch: Seidel, Stoffels und Wulff, Psychiatrie, a. a. O.
17 Meyer und Süße, Konfrontation, a. a. O., S. 222–228
18 A. a. O., S. 218–270, 271–280, 449–462

kein Oldenburger getötet worden. Erfolglos blieb Petri jedoch im Kampf gegen seinen Widersacher im eigenen Bereich. Wirtschaftsleiter H. Siems hatte nach 1941 eigenmächtig die Lebensmittelrationen der Patienten gekürzt *„im Interesse der Sicherstellung der Ernährung des Deutschen Volkes“*. Dies hatte einen erheblichen Anstieg der Sterberate unter den Anstaltspatienten nach sich gezogen. Direktor Petri beging 1948 Selbstmord. – G. Ewald, Direktor der Göttinger Anstalt, der eine Teilnahme als Gutachter der „T-4“-Aktion als einziger Psychiatrieordinarius schroff abgelehnt und eine Denkschrift gegen die Tötungsmaßnahmen versandt hatte, versuchte in Zusammenarbeit mit einem Teil der Göttinger Ärzte, Schwestern und Pfleger sowie im Gespräch mit betroffenen Patienten und Angehörigen seinen noch verbliebenen Spielraum so weit als möglich im Interesse der Patienten zu nutzen, durch

- Abändern und Abmildern von Diagnose und Prognose
- Anführen ansteckender Krankheiten
- Darlegung des noch engen Verbundes mit den besorgten Angehörigen
- Auffinden von Familienpflegestellen
- Vorübergehende Entlassung
- Aufnahme von Patienten bei Mitarbeitern der Klinik und ihren Verwandten.

Ideologisches: Zur Utopie uneingeschränkter Gemeinschaftlichkeit

Handeln wirkt am stärksten, wenn es sich an unbegrenztes Hoffen bindet. Der deutsche Fachismus hat eine „uneingeschränkte Gemeinschaftlichkeit“ und damit Glück als Solidarpflicht herrschaftlich verfügt[19]. Wer dieses, von den Machthabern verhängten Glückes nicht „würdig“ oder es sich zu schmieden nicht fähig war, durfte kein rechter Volksgenosse sein.

Als Täter und Untertan konnte der nationalsozialistische Arzt daran glauben, daß die Sterilisierungsmaßnahmen – im Geiste der Utopie einer heilen Gemeinschaft – der Gesundung des Volkskörpers dienen[20]. Als Untertan konnte ein SS-Arzt der überlebenden Häftlingsärztin E. Lingens-Reiner, als sie auf die rauchenden Schornsteine von Auschwitz wies und fragte, wie er es als Arzt mit der Achtung des menschlichen Lebens hielte, antworten: *„Aus Respekt vor dem Leben würde ich einen eitrigen Blinddarm aus einem Körper entfernen . . .“*[21].

Medizin wird hier herrschaftlich, Herrschaft medizinisch artikuliert. So konnte auch K. Brandt, der herausragende ärztliche Täter-Untertan des „Euthanasie“-Programms an psychisch Kranken und Behinderten behaupten, diese Maßnahmen

19 Haug, W.F., in: Seidel, Stoffels und Wulff, Psychiatrie, a. a. O. Haugs Arbeit scheint der zur Zeit hervorragenste Versuch einer ideologiekritischen Behandlung der in der NS-Medizin/Psychiatrie wirksamen subjektiven Mächte. Eine ausführliche Darstellung erscheint demnächst im Argument-Verlag.

20 Vgl. Hitler, A., Mein Kampf, München[159] 1935, S. 447 f.

21 Lingens-Reiner, E., Prisoner of Fear, London 1948, S. 11

seien von rein humanitären Betrachtungen diktiert gewesen.[22] Die Psychiatrie war für die „Reparatur" der gemeinschaftsunfähigen Kranken zuständig, hier sollten alle fortschrittlichen Möglichkeiten aufgewandt werden; wenn nichts mehr half, war sie zuständig für die Vernichtung der „Irreparablen", um dem Volkskörper als Ganzem zur Heilung zu verhelfen.[23] Ähnlich begründete Brandt das Recht auf Menschenversuche, auch bei vorhersehbar tödlichem Ausgang: Der Arzt, wie der Soldat, handelt, indem er sich unterstellt. Die Verantwortung für sein Handeln ist in der Gemeinschaft *„aufgehoben"*.

Utopische Entwürfe dieser Ausschließlichkeit zwingen radikale Lösungen herbei: *Endlösungen.* Tod wird nicht „nur" als Vernichtung der für die Idee des Volksganzen „Wertlosen" besorgt, sondern ist Heil, Er-Lösung.

Auf medizinisches Handeln gewandt heißt das: *Alles Machbare ist erlaubt.* – Ethik hat somit im Leben keinen Platz.[24] Staatlich verordnete Macht heilt soziale Wunden oder reißt sie mit der Wurzel, dem Leben aus. Auch das hat K. Brandt in seiner Entgegnung auf den Psychiater W. Leibbrand, der als Gutachter für Fragen medizinischer Ethik im Nürnberger Prozeß aussagte und sich auf Hippokrates berief, verdeutlicht.[25]

Zur Fragwürdigkeit psychiatrischen Handelns

Kant hat *dem* Menschen Personsein und Würde zugesprochen, der sein Leben durch Vernunft in Freiheit selbst zu bestimmen befähigt ist.[26] Vor diesem Hintergrund konnte wiederum K. Brandt darlegen, daß dem psychisch Kranken persönliche Würde nicht zukomme.

Gerade diese erschreckende Deutungsmöglichkeit Kantscher Gedanken scheint ein Ausgangspunkt für Th. Szacz's Forderung nach einer radikalen Neubestimmung psychiatrischer Praxis zu sein.[27] Ziel ist ihm die Zuerkennung menschlicher Würde, aller Menschenrechte, gerade auch für den „psychisch Kranken". Für Szacz ist jedes Individuum als uneingeschränkt autonom anzusehen und damit voll verantwortlich für all sein Tun. Kein Mensch darf, seien seine Handlungen noch so eigenartig, anstößig, ja gefährlich, als psychisch krank gekennzeichnet und gar gegen seinen Willen daraufhin behandelt werden. Schuldausschließungsgründe wegen verminderter Verantwortungsfähigkeit entfallen. Sogenannte „psychische

22 Bayle, F., Croix gamée contre caducé, Neustadt/Pfalz 1950, S. 800, 845 f.

23 Vgl. Seidel, R., Euthanasie zwischen Mord und künstlichem Leben, in: Wege zum Menschen 36, 1984, S. 287–297, S. 294 f.

24 Speck, v. d., I., Het gekke Lijden. Psychiaters tijdens en nar het nationaal-Socialisme. Doktoralskriptie algemene Moraaltheologie (unveröffentlicht) Nijmwegen 1984, S. 91

25 Bayle, Croix, a. a. O., S. 425 ff.; siehe auch Seidel, R., Versäumte Vergangenheit. Ethische Orientierungsversuche im Anschluß an die Nürnberger Ärzteprozesse. Internationales Symposion „Krieg, Okkupation und Medizin". Medizinische Akademie Krakau 1985 (noch unveröffentlicht)

26 Grundlegung der Metaphysik der Sitten, in: Kant, I., Werke, hrsg. von W. Weischedel, 6 Bände, Frankfurt/M. 1956 ff., Band 6, S. 61

27 Szacz, Th. S., The Theology of Medicine, New York 1977

Krankheit" ist selbstgewählter wenn auch häufig bizarr anmutender Lebensstil. – Szacz's Position scheint eindeutig, fortschrittlich und hoffnungsvoll und doch sei die Frage gestellt, ob wir, unter Annahme dieses widerspruchsfreien Königreichs absoluter Freiheit, nicht wieder einer utopischen Aporie verfallen.[28] Der Psychiater, der Szacz's Position konsequent bezieht, kann, darf nicht mehr behandeln. Und er darf gerade nicht für die schwerst- und langfristig Leidenden professionell helfend tätig werden. Er zwingt sich auf eine Art „Dauerflucht vom Gewissen-haben ins *Gewissen-sein*".[29] Und Gewissen-sein enthält unausweichlich auch den Anspruch des Gewissenseins- für - Andere, die in eine neue gefährliche Gemeinschaftlichkeit zu münden droht. Und die bedeutet auch die Flucht aus der permanenten, stets mühsamen Rechtfertigungszumutung des Alltags psychiatrischen Handelns.

Während jedoch zuvor alles Machbare gestattet war, ist jetzt *nichts Machbares* mehr erlaubt. Hilfe ist ausschließlich auf Selbsthilfe als endgültige und einzige Lösung psychosozialer Not zurückgeworfen.

Psychiatrie muß sich bescheiden. Ihr Handeln, ja alles Be-handeln von Menschen, bleibt immer frag-würdig. Der psychiatrisch Tätige bildet seine Urteilskraft in durchdachter Erfahrung. Und jeglicher notwendige Fortschritt im Umgang mit Menschen bedarf der durch Wissen zähmenden Furcht.[30] Psychiatrie verlangt, was Wittgenstein[31] für die Philosophie gefordert hat, sie darf *„keine Denkarbeit abschneiden. Sie muß ihren natürlichen Lauf gehen. Und die langsame Heilung ist das Wichtigste."* – Und sie darf enthusiastisch den bedächtigen Umweg der Bescheidung[32] gehen: er ist der Weg des Denkens (Hegel). Und der führt zurück zur grundlegendsten Position menschlicher, medizinischer Ethik – der Pflicht zur beistehenden Bewahrung des Lebens.[33]

28 Laor, N., Common Sense Ethics, in: Psychiatry 47, 1984, S. 135–150

29 Marquard, O., Abschied vom Prinzipiellen. Philosophische Studien, Stuttgart 1983, S. 57

30 Jonas, H., Das Prinzip Verantwortung. Versuch einer Ethik für die technologische Zivilisation, Frankfurt/M.[3]1982, S. 391

31 Wittgenstein, L., Bemerkungen über die Philosophie der Psychologie, Frankfurt/M. 1982, Nr. 641

32 Eindrucksvoll dargelegt in dem Roman von Nadolny, S., Die Entdeckung der Langsamkeit, München 1983

33 Körner, U., Seidel, K. und Thom, A. (Hrsg.), Grenzsituationen ärztlichen Handelns, Jena 1983, S. 15–41

Winfried Schwarzer

„da es einer Mutter doch peinlich ist, nicht zu wissen, wo sich sein Kind befindet“.

Ein Wort des Gedächtnisses

„Solingen-Wald den 10. Mai 1941

P[raemissis] P[raemittendis][a] [ ][b]
Unterzeichnete wollte am Sonntag
den 3ten Mai ihre Tochter Emmy
besuchen, muste aber bedauerlicher-
weise erfahren, das meine Tochter
Emmy [. . .]nicht mehr
in Ihrer Anstallt war! Möchte
Sie nun hiermit bitten, mir doch
umgehend mitzuteilen, wo sich
meine Tochter, sich augenblicklich
befindet, da es einer Mutter doch
peinlich ist, nicht zu wissen, wo
sich sein Kind befindet. Eine Antwort
baldigst von Ihnen erwartent, verbleibt
mit Heil Hitler
Rückporto Frau W[it]w[e] Julius [. . .]
liegt bei [Anschrift][1]“

Die Worte, die ich anläßlich dieser Ausstellung sprechen darf, gelten den Menschen, die von Galkhausen aus in den Jahren 1940/45 in die „Wohnungen des Todes“ (Nelly Sachs) „verlegt“ (damaliges Amtsdeutsch) worden sind. Ihre Namen kennt oft niemand mehr außer Gott (wie ich als Pfarrer zu sagen gewohnt bin). Diese Namen, die wenigen, die wir kennen, und all jene, welche wir nicht mehr wissen, haben sich für uns fast ausnahmslos aufgelöst in bürokratische Anweisungen, schematische Gutachten und seelenlose Statistiken. Das ist die Asche, die übrig geblieben ist von der programmierten Vernichtung dieser Namen im Feuer und Rauch der Verbrennungsöfen, unter der planen Oberfläche der

a) lat.: Das Vorherzuschickende vorhergeschickt, Andredeersatz, darüber Eingangsstempel
b) Bearbeiterzuweisung
1 Als Faksimile abgedruckt als Dokument Nr. 65

Massengräber. Für diese Namen ist diese Dokumentation ein Epitaph. Und sie ist zugleich eine sehr späte Antwort auf die besorgte Frage einer Mutter nach dem Verbleib ihrer Tochter.

Wenn wir jetzt nach mehr als 40 Jahren endlich jener Mutter und uns diese ungeheuerliche Antwort geben müssen, und zwar so, wie die Dokumentation sie formuliert, dann hebt dieser monströse Briefwechsel einiges ins Licht: Die Opfer und ihre Angehörigen rufen in uns die Erinnerung an das grauenvolle Geschehen wach; sie geben uns den Anstoß zu dieser mühe- und notvollen Erinnerungsarbeit; sie beanspruchen unsere Teilnahme, denn wie sollten wir sonst in unsere bloße und amorphe Wahrnehmung und Erschütterung menschenwürdige Perspektiven einzeichnen, die den Opfern ihre Würde, den Tätern ihre Schuld, uns aber die Möglichkeit zur Scham belassen. In dieser besonderen Beanspruchung durch die Vergangenheit an diesem Ort, die unsere Parteinahme einfordert, sehen wir diese Ausstellung gerechtfertigt. Das wird uns hoffentlich von der Fixierung auf die Täter befreien. Nicht noch einmal dürfen – allein durch die Verteilung unserer historischen Aufmerksamkeit und die Sprachlosigkeit der Gemordeten – die Mörder über ihre Opfer triumphieren.

Unsere Antwort auf den Brief einer besorgten Mutter ist nach unserem augenblicklichen Wissen so und nicht anders ausgefallen, wie es eben die Ausstellung dokumentiert. Doch wie antworten wir, wenn diese Mutter uns jetzt fragen könnte: Hat denn niemand erkannt, daß meine Tochter ein Mensch ist, den man nicht einfach morden darf?

Unsere Einlassung auf die Vergangenheit nötigt uns, die gegebene Antwort fortzuschreiben; sie provoziert uns zur Stellungnahme, nicht nur gegenüber jenen, die diese Vernichtungsaktionen ideologisch vorbereiteten und organisatorisch durchführten, sondern auch gegenüber jenen, die mehr oder weniger blind zum Werkzeug wurden. Wir kommen nicht umhin, uns als Anwälte der Opfer bis auf den heutigen Tag zu verstehen.

In einem analogen Kontext – es handelt sich um das sog. Jüngste Gericht – prägt Augustinus über solche, die unwissend Schuld auf sich gezogen haben, den schlichten Satz: „Si amavissent, cognovissent." Hätten sie geliebt, dann hätten sie erkannt – und ich fahre fort: dann hätten sie erkannt, daß es Menschen waren, die unter der Hand zu minderwertigen Sachen wurden, die man einfach ausmustern und beseitigen konnte.

Geben wir ihnen ihre Namen und ihre Leidensgeschichte zurück! Tun wir es mit Engagement! Das wird unserem Erkennen zugute kommen, nicht nur der historischen Wahrheitsfindung, sondern auch der Wahrnehmung und Unterscheidung all dessen, was heutzutage sich so umtut. Amen.

Editionsgrundsätze

Die vorliegende Quellenedition ist aus einer Ausstellung der Rheinischen Landesklinik Langenfeld (früher: Provinzial - Heil- und Pflegeanstalt Galkhausen) entstanden.

Sie ist eine Fondsedition auf der Grundlage der Akten- und Amtsbuchbestände des Archivs der RLK Langenfeld, ergänzt um einige wenige Stücke anderer Herkunft. Die Edition folgt der zeitlichen und parallel dazu auch der sachthematischen Entwicklung der Entrechtung, Zwangssterilisierung und schließlich der Vernichtung körperlich, seelisch und geistig Behinderter. Die Vernichtung, die in zwei großen Abschnitten 1941 und dann wieder ab 1943 stattfand, ist in ihrem Ablauf und in der Gegenüberstellung mit der Reaktion der Angehörigen dokumentiert.

Die vorliegende Edition will ihre Herkunft aus der Ausstellung in der RLK Langenfeld nicht verleugnen. Sie will, soweit dies von den Vorlagen her überhaupt möglich ist, dem Aspekt sinnlicher Erfahrbarkeit von Geschichte über archivalische Quellen Rechnung tragen und ihn nicht ganz zugunsten zwangsläufig distanzierender Editionsverfahren aufgeben. Deshalb erscheinen in diesem Band mehr Faksimiles als in Editionen allgemein üblich. Nicht in allen Fällen wäre es jedoch sinnvoll gewesen, einen fotomechanischen Vollabdruck der Dokumente durchzuführen. Viele der einschlägigen Erlasse und Verfügungen wurden den Anstalten abschriftlich noch vor Erscheinen in den Amtsblättern mitgeteilt. Diese Durchschriften sind nahezu unleserlich erhalten. Hier wurde statt dessen die publizierte Version wiedergegeben. In den Fällen, in denen sich die entscheidenden Informationen in nur wenigen Absätzen befanden, sind nur diese Absätze auszugsweise abgedruckt worden. Handgeschriebene Dokumente, die entweder von der Schreibweise oder vom Schrifttyp her heute nicht mehr allgemein zugänglich sind, wurden transkribiert und dann gesetzt. Rechtschreibung und Zeichensetzung der Vorlage wurden strikt übernommen, weil sich in ihnen der krasse Widerspruch zwischen (Aus-) Bildung und Gewissen schlaglichtartig dokumentiert.

Ergänzungen und Auslassungen im Text durch den Bearbeiter sind mit [ ] bezeichnet. Textkritische oder inhaltliche Anmerkungen finden sich bei den einzelnen Dokumenten. Für das Verständnis unwesentliche Bearbeitervermerke, etwa auf den Schreiben der besorgten Verwandten (z. B. Hervorhebung der Namen durch rote Unterstreichung), sind nicht im einzelnen aufgeführt. Abkürzungen, die im Abkürzungsverzeichnis auftauchen, sind in den einzelnen Dokumenten nicht mehr gesondert aufgelöst.

Der raschen Orientierung dient im Dokumentenkopf die Überschrift, die sich bemüht, den Vorgang im Dokument möglichst pointiert zu charakterisieren. Es folgen Absender und Empfänger sowie die aktenkundliche Bestimmung: Informationen, die dann nicht gesondert ausgeworfen werden, wenn sie z. B. dem Faksimile mühelos zu entnehmen sind. Die Fundorte der Dokumente sind in einem separaten Nachweis am Ende zusammengefaßt. Die angefügten Indices erlauben den gezielten Zugriff nach personalen und geographischen Fragestellungen; die Zusammenstellung grundlegender und weiterführender Literatur ermöglicht den Zugriff auf Informationen, die im Aufsatzteil – wie in der Edition – nicht zureichend untergebracht werden konnten.

Die Schritte zum „Euthanasie"-Programm der Nationalsozialisten gegen psychisch Kranke

– seit 1860

Unter dem Einfluß der Evolutionslehre Charles Darwins werden in ständig zunehmendem Maße die sozialen Unterschiede zwischen den Menschen als erblich bedingt erklärt („Sozialdarwinismus"); das Entstehen psychischer Krankheiten und Behinderungen wird von einer steigenden Zahl von Medizinern als Folge erblicher Degeneration angesehen; vereinzelt wird die Forderung nach Maßnahmen zur Reinhaltung des Erbgutes erhoben.

– 1920

Der Psychiater Alfred Hoche und der Rechtsgelehrte Karl Binding veröffentlichen gemeinsam das Buch: „Die Freigabe der Vernichtung lebensunwerten Lebens"; sie propagieren darin die Tötung von „Ballastexistenzen" und „geistig Toten" um Kosten zu sparen; Durchbruch des Euthanasiegedankens. In Reaktion auf diese Schrift werden in den folgenden Jahren von Medizinern, Juristen und Theologen Vorschläge zur „Ausmerzung" von Landstreichern, Alkoholikern, Verbrechern, Geisteskranken und Krüppeln gemacht, wobei mindestens die Sterilisierung und Asylierung der „Minderwertigen" gefordert werden.

– 30. Januar 1933

Adolf Hitler wird Reichskanzler

In der Folgezeit zunehmende Verfolgung von politischen Gegnern. Razzien und KZ-Einweisung für Bettler, „Arbeitsscheue".

– 1933

Beginn der systematischen Senkung der Pflegesätze in den Heimen und Anstalten mit dem Ziel, die Kranken auszuhungern. Teilweise liegen die Pflegesätze bei Kriegsbeginn pro Patient und Tag unter 0,40 RM.

– 14. Juli 1933

„Gesetz zur Verhütung erbkranken Nachwuchses"; ermöglicht ab Januar 1934 die Zwangssterilisation psychisch Kranker und geistig Behinderter.

In mehreren psychiatrischen Anstalten kommt es vereinzelt zu Tötungen Geisteskranker, die durch die örtlichen Behörden veranlaßt werden.

– 1934

Mit großem propagandistischem Aufwand beginnen die Zwangssterilisierungen, denen 200 000–350 000 Menschen zum Opfer fallen.

Verstärkte Razzien auf Alkoholkranke und „Asoziale", die in KZ's verbracht werden.

– 1936
In Vorbereitung der "Euthanasie-"Aktion kommt es zu ersten Verlegungen von Patienten aus kirchlichen in staatliche Anstalten.

– 1938
In den Anstalten werden die Kranken als „Abschaum der Menschheit" Besuchergruppen vorgeführt. Der katholische Moraltheologe Joseph Mayer erstellt für die Kanzlei des Führers ein Gutachten zur „Euthanasie" und kommt zu dem Ergebnis, daß diese unter Umständen zu billigen sei.

– Februar 1939
In der Kanzlei des Führers wird der „Reichsausschuß zur wissenschaftlichen Erfassung von erb- und anlagebedingten schweren Leiden" zur Organisation der „Kinder-Euthanasie" gegründet.

– Juli 1939
Hitler beauftragt den Staatssekretär für Gesundheitswesen im Reichsinnenministerium und Reichsärzteführer Leonardo Conti mit der Durchführung der Euthanasie; nach internen Querelen wird diese Aufgabe an Philipp Bouhler, Chef der Kanzlei des Führers, und Karl Brandt, Begleitarzt Hitlers, delegiert.

– 18. August 1939
Erlaß über die Meldepflicht geistig bzw. körperlich behinderter Neugeborener. Ziel: Tötung dieser Kinder.
Die „Kinder-Aktion" lief als „Geheime Reichssache" bis zum Ende des Krieges, wurde ab August 1941 auf alle Kinder und Jugendliche bis zum 16. Lebensjahr ausgedehnt und ermöglichte nach einem Erlaß des Reichsministers des Innern vom 20. September 1941 bei Weigerung der Eltern, ihre Kinder herauszugeben, die zwangsweise Entziehung des Sorgerechtes.
Die Zahl der im Rahmen dieser Aktion ermordeten Kinder wird auf über 5000 geschätzt.

– Juli/August 1939
Vorbereitung der Aktion „T4" zur „Vernichtung lebensunwerten Lebens" (genannt nach dem Standort der Dienststellen in Berlin, Tiergartenstraße 4).
Unter Führung von Bouhler und Brandt wird eine Kommission gebildet, der unter anderem folgende Personen angehören: Ministerialrat Herbert Linden, Professor Max de Crinis (Berlin), Professor Carl Schneider (Heidelberg), Professor Berthold Kihn (Jena), Professor Werner Heyde (Würzburg), später noch Professor Hermann P. Nitsche (Sonnenstein) sowie mehrere Anstaltsdirektoren.
Beim Kriminaltechnischen Institut im Reichssicherheitshauptamt wird eine Untersuchung über das am besten geeignete Tötungsmittel in Auftrag gegeben. Im Ergebnis einigt man sich auf die Vergasung der zu Tötenden mit Kohlenmonoxyd-

gas (CO). Das Gas wird in Flaschen abgefüllt beim Ludwigshafener Werk der IG Farben bestellt. Die Bestellung und Abrechnung erfolgt aus Tarngründen über das Kriminaltechnische Institut.
Folgende Stellen und Organisationen sind an der Aktion "T4" beteiligt:
- Die Kanzlei des Führers
- Die Gesundheitsabteilung des Reichsinnenministeriums (Dr. Conti)
- Der Reichskommissar für das Anstaltswesen des Reichsinnenministeriums (Dr. Linden)
- Tarnorganisationen:
  „Gemeinnützige Stiftung für Anstaltspflege" als Arbeitgeber für das Personal der Aktion
- „Reichsarbeitsgemeinschaft Heil- und Pflegeanstalten" zur Erfassung und Begutachtung der Kranken
- „Gemeinnützige Krankentransport GmbH" (Gekrat) zum Transport der Kranken
- „Zentralverrechnungsstelle Heil- und Pflegeanstalten" ab Ende 1941/ Anfang 1942 für die Abrechnung mit den Kostenträgern

Durchführung der Aktion:
- Erfassung der Kranken in Heil- und Pflegeanstalten durch Meldebögen
- Beurteilung der Patienten auf Grund der Meldebögen durch drei „Gutachter" (Organisation: „Reichsarbeitsgemeinschaft")
- Aussonderung der Kranken auf Grund der Stellungnahme von „Obergutachtern"
- Verlegung der Ausgesonderten in Zwischenanstalten
- Transport in die Tötungsanstalten und Vergasung
- Todesmitteilung an die Angehörigen mit gefälschten Todesursachen
- Kassentechnische Abwicklung

– 1. September 1939
Beginn des 2. Weltkriegs
Inkrafttreten einer Verordnung, nach der Sterilisationen nur noch bei „besonders großer Fortpflanzungsgefahr" durchgeführt werden sollen („Sterilisierungs-Stopp").

– 29. September 1939
Erste Krankentötungen im besetzten Polen: in der Anstalt Kocborow bei Bromberg 2342 Kranke, danach die Tötung von ca. 1350 Kranken in Schwetz.

– Oktober 1939
SS-Sturmbannführer Eimann beginnt mit der Tötung von mehreren Tausend Kranken aus pommerschen Anstalten, die er im Wald von Piasznics (Westpreußen) in einer mehrere Wochen dauernden Aktion erschießen läßt.
Hitler unterzeichnet seine geheime Ermächtigung zur Tötung erwachsener psy-

chisch und geistig kranker Menschen, die auf den 1. September 1939 zurückdatiert wird.

– 9. Oktober 1939
Verschickung der ersten Meldebögen.

– 15. Oktober 1939
Beginn der Tötung von 1100 Patienten in Owinska bei Posen.

– Dezember 1939
Erste Vergasung von Patienten in Meseritz-Obrawalde und Tiegenhof (Polen) mit Gaswagen.

– Januar 1940
Fortsetzung der Tötung in polnischen Anstalten; Probevergasung in Anwesenheit der Spitzen von „T4" in der Anstalt Brandenburg.
Die Tötungsanstalt Grafeneck (Württemberg) nimmt den Betrieb auf.

– Februar 1940
Die Tötungsanstalt Brandenburg nimmt den Betrieb auf.

– 26. Februar 1940
Besuch einer Ärztekommission unter Leitung von Professor Heyde in Bedburg-Hau; 350–400 Kranke werden nach dem 4. März in einem Sonderzug zur Vergasung nach Grafeneck abtransportiert. Der Grafenecker Anstaltsleiter, Dr. Schumann, beschwert sich später wegen der Überlastung seiner Einrichtung.

– Mai 1940
Die Tötungsanstalt Hartheim (Niederösterreich) nimmt den Betrieb auf.

– Juni 1940
Die Tötungsanstalt Sonnenstein (Sachsen) nimmt den Betrieb auf.

– Juli 1940
„Sonderaktion" im Rahmen der Aktion „T4": Aussonderung und Tötung jüdischer Anstaltsinsassen ohne Begutachtungsverfahren.
Geschätzte Zahl der bei dieser Aktion getöteten ca. 1000.

– 12. Juli 1940
Die Pastoren Bodelschwingh und Braune sowie der Chirurg Sauerbruch protestieren bei Reichsjustizminister Gürtner.

– 19. Juli 1940
Der württembergische Landesbischof Wurm schreibt an das Reichsinnenministerium einen Protestbrief.

– 1. August 1940
Der Freiburger Erzbischof Gröber und der Rottenburger Generalvikar Kottmann protestieren bei der Reichskanzlei.

– 11. August 1940
Der Vorsitzende der Deutschen Bischofskonferenz, Kardinal Bertram, protestiert bei der Reichskanzlei.

– Herbst 1940
Vertreter beider Kirchen verhandeln konzessionsbereit, auf welchen Personenkreis die „Euthanasie" begrenzt werden soll.

– 9. Dezember 1940
Die Tötungsanstalt Grafeneck stellt den Betrieb ein.

– Januar 1941
Die Tötungsanstalt Hadamar (Hessen) löst Grafeneck ab.

– Frühjahr 1941
Auf Verlangen aus Berlin stimmt der Landeshauptmann der Rheinprovinz, Haake, der Einrichtung von zwei „Zwischenanstalten" im Rheinland zu. Wegen der verkehrsgünstigen Lage werden hierfür die Anstalten Andernach und Galkhausen (heute: Langenfeld) ausgewählt.

– 29. März 1941
Eine Ärztekommission aus Berlin besucht die Anstalten Andernach und Galkhausen, um die Verlegung von „Ursprungskranken" zur Vergasung in die Anstalt Hadamar zu besprechen, damit Platz für die zu erwartenden Verlegungen aus anderen Anstalten geschaffen werde.

– 28. April 1941
Abtransport von 90 Männern und 90 Frauen aus der Anstalt Galkhausen in die Vernichtungsanstalt Hadamar durch Busse der Gekrat. Insgesamt waren 255 Männer und 154 Frauen aus Galkhausen für den Abtransport nach Hadamar vorgesehen. Davon sind 232 Männer und 141 Frauen in Hadamar getötet worden.

– 6. Mai 1941
Erster Patiententransport aus Grafenberg (Düsseldorf) trifft in der „Zwischenanstalt" Galkhausen ein. Insgesamt sind 997 Patienten aus rheinischen Anstalten

nach Galkhausen zwecks Weiterverlegung nach Hadamar transportiert worden. Die Anzahl der bis zum 20. August 1941 nach Hadamar abtransportierten Patienten beträgt 870.

– 3. August 1941
Predigt Kardinal Galens in Münster.

– 24. August 1941
Befehl Hitlers zur Einstellung der Aktion „T4" („Euthanasie-Stopp"). Lediglich in Hadamar werden die Vergasungen eingestellt. Fortsetzung der Tötungen mit Medikamenten. Die Zahl der bisher durch „T4" getöteten Menschen wird auf 80 000 bis 100 000 geschätzt.

– 25. Oktober 1941
„T4" bietet der „Aktion Reinhard" Vergasungs-Technologie für die Judenvernichtung an.

– Ende November 1941
Treffen der Ärzte und des Technischen Personals aller Tötungsanstalten in Pirna (Sachsen). Unterrichtung durch Bouhlers Nachfolger Brack, daß mit dem „Stopp" die Euthanasie nicht beendet ist. Beginn der „wilden Euthanasie".

– 10. Januar 1942
„T4"-Personal in den Osten abkommandiert.

– 20. Januar 1942
Wannsee-Konferenz über die „Endlösung der Judenfrage".
Mehrere polnische Anstalten werden „freigemacht", um Kranke aus dem „Altreich" töten zu können.
Die Anstalten Tiegenhof und Meseritz-Obrawalde (16 000 Tote) werden Massenvernichtungsanstalten (Tötung durch Verhungern und Medikamente).

– Frühjahr 1942
Mitarbeiter von „T4" machen Karriere in den Vernichtungslagern Treblinka, Sobibor und Belzec.

– August 1942
Hadamar nimmt Massentötungen (mit Medikamenten) wieder auf.

– 1943
Massenverlegung von Kranken und Alten in die Ostgebiete und nach Österreich, um sie zu töten. Allein aus der Anstalt Galkhausen werden 1500 Kranke nach Meseritz-Obrawalde, Tiegenhof und in andere Anstalten im Osten verlegt.

– 8. August 1943
Kriegsbedingte Dezentralisierung von „T4". Hartheim bleibt einzige Vergasungsanstalt.

– 17. August 1943
Einzelermächtigungen an Ärzte, in ihren Anstalten Kranke zu töten.

– November 1944
In der Anstalt Kaufbeuren wird noch ein Krematorium gebaut.

– 8. Mai 1945
Kapitulation des Großdeutschen Reiches.

– 29. Mai 1945
Obgleich die Stadt seit 33 Tagen von amerikanischen Truppen besetzt ist, wird in Kaufbeuren noch ein Kind getötet.

– 2. Juli 1945
Nach Hinweisen aus der Bevölkerung dringen amerikanische Offiziere in die Anstalt Kaufbeuren ein. Sie finden die ausgemergelten Leichen von Patienten, die erst wenige Stunden zuvor gestorben sind. In den folgenden Monaten sterben noch unzählige Patienten an den Folgen systematischer Unterernährung.

Abb.: 9 Provinzial-, Heil- und Pflegeanstalt Galkhausen: Offene Landhäuser
Photo, undatiert

Abb.: 10 Provinzial-, Heil- und Pflegeanstalt Galkhausen: Verwaltungsgebäude
Photo, undatiert

Der hippokratische Eid

Bem.: Mit diesem Eid, der auf den griechischen Arzt Hippokrates (ca. 460–370 v. Chr.) zurückgehen soll, verpflichten sich bis heute die Ärzte, nicht zu töten oder Sterbehilfe zu leisten.

Ich schwöre bei Appolon, dem Arzt, und Asklepios und Hygieia und Panakeia und allen Göttern und Göttinnen, die ich zu Zeugen anrufe, daß ich diesen Eid und diese Niederschrift nach bestem Wissen und Können erfüllen werde.

Ich werde den, der mich diese Kunst gelehrt hat, gleich meinen Eltern ehren und ihm Anteil an meinem Leben geben, und wenn er in Schulden geraten sollte, ihn unterstützen und seine Söhne meinen Brüdern gleichhalten und sie diese Kunst lehren, falls sie den Wunsch haben sollten, sie zu erlernen, und zwar ohne jede Vergütung und schriftliche Verschreibung, und an Vorschriften, am Vortrag und aller sonstigen Belehrung werde ich meine Söhne und die meines Lehrers teilnehmen lassen, wie auch die mit mir eingeschriebenen Jünger der Kunst, die durch den ärztlichen Eid gebunden sind, aber niemanden sonst.

Und ich werde die Grundsätze der Lebensweise nach bestem Wissen und Können zum Heil der Kranken anwenden, dagegen nie zu ihrem Verderben und Schaden.

Ich werde auch niemandem eine Arznei geben, die den Tod herbeiführt, auch nicht, wenn ich darum gebeten werde, auch nie einen Rat in dieser Richtung erteilen. Ich werden auch keiner Frau ein Mittel zur Vernichtung keimenden Lebens geben.

Ich werde mein Leben und meine Kunst stets lauter und rein bewahren.

Ich werde auch nicht Steinleidende operieren und Männern, die solche Praktiken ausüben, aus dem Wege gehen.

In welche Häuser ich auch gehe, die werde ich nur zum Heil der Kranken betreten, unter Meidung jedes wissentlichen Unrechts und Verderbens und insbesondere jeder geschlechtlichen Handlung gegenüber weiblichen Personen wie auch gegenüber Männern, Freien und Sklaven.

Was ich in meiner Praxis sehe oder höre oder außerhalb dieser im Verkehr mit Menschen erfahre, was niemals anderen Menschen mitgeteilt werden darf, darüber werde ich schweigen in der Überzeugung, daß man solche Dinge streng geheim halten muß.

Wenn ich nun diesen Eid treu halte und nicht entweihe, dann möge ich von meinem Leben und meiner Kunst Segen haben, bei allen Menschen hochgeachtet; wenn ich ihn aber verletze und eidbrüchig werde, dann möge mich das Gegenteil hiervon treffen.

Zwangssterilisation: Ein Erbkranker ist wie eine Granate

„Ein Erbkranker [. . .] gleicht bei seiner Fortpflanzung mit Hinblick auf eine größere Reihe von Geschlechterfolgen in seiner verheerenden Wirkung einer Granate, die beim Platzen ihre Splitter ausstreut und auf diese Weise viele Menschen treffen kann."

Dr. Heinrich Wichern, Chefarzt des Städtischen Krankenhauses Bielefeld in seinem Buch: Erbkrankheit und Weltanschauung, Göttingen 1934, S. 9, gewidmet seinem Großvater Johann Heinrich Wichern, dem Begründer des „Rauhen Hauses" für gefährdete Jugendliche und der „Inneren Mission".

„Nach den Berechnungen des Statistischen Reichsamtes ist das deutsche Volk bei seiner heutigen Geburtsziffer nicht mehr imstande, sich aus eigener Kraft zu erhalten, sondern bei 15 Geburten auf tausend der Bevölkerung fehlten uns schon etwa 30% an Gebärleistungen der deutschen Frauen, um den Volksbestand in der Zukunft zu sichern. [. . .] *Doch es ist nicht nur die Zahl, die zu Bedenken Anlaß gibt, sondern in gleichem Maße die Güte und Beschaffenheit unserer deutschen Bevölkerung.* [. . .] *Es gibt Autoren, die bereits 20% der deutschen Bevölkerung als erbbiologisch geschädigt ansehen, von denen dann also Nachwuchs nicht mehr erwünscht sei.* [. . .] *Zur Erhöhung der Zahl erbgesunder Nachkommen haben wir zunächst die Pflicht, die Ausgaben für Asoziale, Minderwertige und hoffnungslos Erbkranke herabzusetzen und die Fortpflanzung der schwer erblich belasteten Personen zu verhindern.* [. . .] *Infolgedessen habe ich mich entschlossen, einen Entwurf eines Gesetzes zur Verhütung erbkranken Nachwuchses vorzulegen, den ich im Anschluß an Ihre heutige Sitzung zu prüfen bitte."*[1]

Reichsinnenminister Frick am 28. Juni 1933 vor dem Sachverständigenbeirat für Bevölkerungs- und Rassenpolitik.

Sechzehn Tage später, auf der Kabinettsitzung vom 14. Juli 1933 verabschiedet die Reichsregierung das **„Gesetz zur Verhütung erbkranken Nachwuchses".** Um das in der gleichen Sitzung verabschiedete Konkordat mit dem Vatikan nicht zu gefährden, wurde das Sterilisierungsgesetz erst zwei Wochen später verkündet; es trat zum 1. Januar 1934 in Kraft.

Das Sterilisierungsgesetz war der erste zentrale Baustein im Rahmen der NS-Rassenpolitik.

Es fand breite Zustimmung unter Medizinern, bei Sozialbehörden und Fürsorgeverbänden. Lediglich die Katholische Kirche nahm eine ablehnende Haltung ein. Im Rahmen dieses Gesetzes wurden schätzungsweise 350 000 Menschen sterilisiert; ca. 1000 starben an den Folgen der Operation.

[1] Paul Meier-Benneckenstein (Hrsg.), Dokumente deutscher Politik, Band 1: Die Nationalsozialistische Revolution, bearb. von Axel Friedrichs, Berlin[5] 1939, S. 196–204, S. 197f., 200.

Abb.: 11 Propagandistische Vorbereitung und Begleitung der Zwangssterilisation: „Das furchtbare Erbe einer Trinkerin“
Plakat, undatiert

Abb.: 12 Die propagandistische Vorbereitung und Begleitung der Zwangssterilisation: „Die Kosten der erblich Belasteten“
Plakat, Deutsches Hygiene-Museum, Dresden, undatiert

Dok.: 1 Als erbkrank eingestufte Patienten sind zu melden

DER LANDESHAUPTMANN DER RHEINPROVINZ

Fernsprecher Sammelnummer 10219

DÜSSELDORF / Postfach

An die Direktion
der Prov. Heil-u. Pflegeanstalt
in Galkhausen.

PROV. HEIL-u. PFLEGEANSTALT GALKHAUSEN
EINGEG. - 4. AUG. 1933
Tageb: Nr 1501

Ihre Zeichen	Ihr Schreiben vom	Bei Antworten anzugeben Tagebuch-Nr.	Tag
		VII A 2665.	1.8.1933.

Betrifft

Nachdem das Gesetz zur Verhütung erbkranken Nachwuchses vom 14.7.1933 verkündet ist, muss festgestellt werden, welche Auswirkungen dieses Gesetz für die Anstalten mit sich bringt. Als Erbkranke sind im Sinne dieses Gesetzes die Menschen bezeichnet, die an einer der folgenden Krankheiten leiden:

1. angeborenem Schwachsinn,
2. Schizophrenie,
3. zirkulärem Irresein,
4. erblicher Fallsucht,
5. erblichem Veitstanz,
6. erblicher Blindheit,
7. erblicher Taubheit,
8. schwerer erblicher körperlicher Missbildung,

ferner an schwerem Alkoholismus.

Ich ersuche, mir nach dem angeschlossenen Schema bis zum 15. ds. Mts. zu melden, wieviele Kranke getrennt nach den einzelnen Krankheiten am 1. ds. Mts. in der Anstalt untergebracht waren, wieviele davon für die Unfruchtbarmachung in Frage kommen und bei wievielen durch die Unfruchtbarmachung wahrscheinlich die Gründe für die Anstaltsunterbringung wegfallen, sie also dadurch entlassungsfähig werden.

Eine eingehende Erläuterung, nach welchen Grundsätzen die Unfruchtbarzumachenden ausgewählt wurden, und wodurch die Ent-

lassungsfähigkeit

Verfügung des Landeshauptmanns der Rheinprovinz an die Direktion der PHP Galkhausen vom 1. August 1933, behänd. Ausfertigung
Bem.: Das ‚Gesetz zur Verhütung erbkranken Nachwuchses‘ war erst am 14. Juli 1933 verabschiedet worden.

lassungsfähigkeit durch die Unfruchtbarmachung möglich gemacht wird, bitte ich den statistischen Zahlen beizufügen.

Im Auftrage:

[redacted]

Dok.: 2 Propagandistische Vorbereitungen und Begleitung der Zwangssterilisation: „Merkblatt"

Merkblatt

„Wer körperlich nicht gesund und würdig ist, darf sein Leid nicht im Körper seines Kindes verewigen! Der Staat muß Sorge tragen, daß nur, wer gesund ist, Kinder zeugen darf. Umgekehrt aber muß es als verwerflich gelten, gesunde Kinder dem Staat vorzuenthalten. Die Forderung, daß defekten Menschen die Zeugung anderer, ebenso defekter Nachkommen unmöglich gemacht wird, ist eine Forderung klarster Vernunft und bedeutet in ihrer planmäßigen Durchführung die humanste Tat der Menschheit. Sie wird Millionen von Unglücklichen unverdiente Leiden ersparen, in der Folge aber zu einer steigenden Gesundung überhaupt führen."

Adolf Hitler: Mein Kampf.

Nur gesunde Völker können sich im Daseinskampf behaupten, Ein Volk ist gefährdet, wenn sich die Erbkranken stärker fortpflanzen als die Erbgesunden. Diese Gefahr kann nur gebannt werden, wenn die Ursachen mit wirksamen Mitteln bekämpft werden.

1. Es ist notwendig, den Nachwuchs der Erbgesunden zu verstärken.
2. Es muß verhütet werden, daß der erbkranke Nachwuchs weiter ansteigt; das Endziel muß sein, die Erbkrankheiten im deutschen Volk auszurotten.

Diese beiden Aufgaben hat der nationalsozialistische Staat in Angriff genommen, da sie sich notwendigerweise ergänzen. Der zuletzt genannten Aufgabe dient das „Gesetz zur Verhütung erbkranken Nachwuchses" vom 14. Juli 1933.

„Unfruchtbarmachung" und „Kastration".

In weiten Kreisen der Bevölkerung herrscht über das Wesen der Unfruchtbarmachung noch Unklarheit; Unfruchtbarmachung wird oft mit Kastration verwechselt. Deshalb sei hervorgehoben, daß Unfruchtbarmachung nichts mit Kastration zu tun hat. Bei der Kastration werden bestimmte wesentliche Teile der Geschlechtsorgane entfernt und dadurch die Persönlichkeit des Kastrierten verändert, insbesondere auch das Geschlechtsempfinden beseitigt. Das ist bei der Unfruchtbarmachung nicht der Fall. Der Unfruchtbargemachte bleibt im Vollbesitz seiner körperlichen, geistigen und seelischen Kräfte, kann auch weiterhin Geschlechtsverkehr ausüben. Die Unfruchtbarmachung unterscheidet sich also wesentlich von der Kastration.

Nach dem Gesetz zur Verhütung erbkranken Nachwuchses können Menschen, die an bestimmten, im Gesetz genannten Erbkrankheiten leiden, unfruchtbar gemacht werden. Der Erbkranke wird dadurch in seiner Persönlichkeit nicht verändert. Sein Gefühlsleben, auch sein Geschlechtsempfinden wird nicht beeinträchtigt. Es

Bem.: Der Zwangssterilisation der ‚Erbkranken' entspricht die Zwangsfortpflanzung der ‚Erbgesunden': nur bei entsprechendem ärztlichem Zeugnis darf sterilisiert werden, denn dadurch wird „verhindert, daß sich jemand absichtlich zu Unrecht unfruchtbar machen läßt."

wird ihm nur unmöglich gemacht, seine kranken Erbanlagen weiter fortzupflanzen. Dadurch ist es möglich, den Anteil der Erbkranken an der Gesamtbevölkerung zurückzudrängen, ohne daß die lebenden Erbkranken geschädigt werden.

„Erbkranke" und „Geisteskranke".

Es muß streng unterschieden werden zwischen Erbkranken und Geisteskranken. Geisteskrank ist nur ein Teil der Erbkranken. Es gibt unter den Erbkranken eine große Zahl von Volksgenossen, die geistig und sittlich als vollwertige Menschen angesehen werden müssen, aber an einer Erbkrankheit leiden, deren Weitergabe an kommende Generationen ein Verbrechen am Volk und am Einzelnen bedeutet. Hierzu müssen die Volksgenossen gerechnet werden, die trotz bedrohlicher, die geistige Gesundheit gefährdender Erbanlagen im Besitze ihrer geistigen Kraft sind, deren Kinder aber mit größter Wahrscheinlichkeit geistesschwach oder sogar geisteskrank werden müssen. Nichts wäre falscher, als wenn diese Gruppe erkranker Volksgenossen als „minderwertig" im gebräuchlichen Sinne des Wortes angesehen würde. Dasselbe gilt für die erblich Blinden und Tauben und die Volksgenossen, die an schwerer erblicher körperlicher Mißbildung leiden.

Sehr viele Erbkranke sind sittlich vollwertige Volksgenossen.

Ein Zeichen für die sittliche Vollwertigkeit mancher Erbkranken ist die Tatsache, daß der Blindenverband seinen Mitgliedern, die e r b l i c h blind sind, zur Pflicht gemacht hat, sich freiwillig der Unfruchtbarmachung zu unterziehen, um damit namenloses Unglück für kommende Generationen auszuschalten. Die Angehörigen des Verbandes sind dieser Aufforderung gefolgt. Vor einer solchen Haltung muß jeder Volksgenosse die größte Hochachtung empfinden. Hier bringen Menschen aus Rücksicht auf das Wohl des Ganzen ein Opfer, das mit zu den schwersten Opfern gehört, das ein Mensch überhaupt bringen kann: den Verzicht auf das Weiterleben in Kindern und Kindeskindern. Es muß also grundsätzlich betont werden: freiwillige Meldung zur Unfruchtbarmachung ist oft ein Zeichen von sittlicher Hochwertigkeit.

Sittliche und religiöse Lebensauffassung verlangen die Verhütung erbkranken Nachwuchses.

Religiöse und andere Bedenken können gegen das Gesetz zur Verhütung erbkranken Nachwuchses nicht durchdringen. Es kann nicht gegen den Willen Gottes sein, dafür zu sorgen, daß die Gesunden und Lebenskräftigen sich vermehren können, und zu verhindern, daß Menschen geboren werden, denen das Leben von vornherein eine Last sein muß.

Gott kann nicht wollen, daß Kranke und Sieche sich weiter in Kranken und Siechen fortpflanzen!

Die von Gott geschaffene Natur scheidet alle Kranken nach ihren ehernen Gesetzen von selbst aus. Das galt noch vor wenigen Jahrzehnten auch für den Menschen. Kranke und Sieche kamen infolge eines natürlichen und gesunden Volksempfindens nicht zur Ehe und damit auch nicht zur Fortpflanzung. Erst das naturfremde Leben der modernen Zivilisation verhalf ihnen zur Fortpflanzung und stellte die Fortschritte ärztlicher Kunst in den Dienst der Kranken, um sie auf Kosten der Gesunden am Leben zu erhalten und sich fortpflanzen zu lassen. Der nationalsozialistische Staat sichert dem einmal geborenen Erbkranken den notwendigen Unterhalt und, falls erforderlich, auch die notwendige Pflege. Er muß aber eine Weiterverbreitung der kranken Anlage verhindern. Jeder Geisteskranke nimmt zwei gesunden Menschen die Lebensmöglichkeit.

Die Verhütung erbkranken Nachwuchses dient nur der Wiederherstellung gesunder und gottgewollter Verhältnisse und entspricht damit dem in den Naturgesetzen enthaltenen göttlichen Willen.

Welche Krankheiten sind Erbkrankheiten nach dem Gesetz?

Das Gesetz bestimmt, daß Menschen, die an folgenden Erbkrankheiten leiden, unfruchtbar gemacht werden können:

1. angeborener Schwachsinn,
2. Schizophrenie,
3. zirkuläres (manisch-depressives) Irresein,
4. erbliche Fallsucht,
5. erblicher Veitstanz,
6. erbliche Blindheit,
7. erbliche Taubheit,
8. schwere erbliche körperliche Mißbildung.

Ferner kann unfruchtbar gemacht werden, wer an schwerem Alkoholismus leidet.

Diese Krankheiten sind wissenschaftlich genau erforscht und bekannt. Es ist also die Sicherheit gegeben, daß vom Gesetz nur wirklich schwere und stark vererbbare Krankheiten erfaßt werden.

Wie kommt ein Verfahren in Gang?

Wer an einer der im Gesetz aufgeführten Erbkrankheiten zu leiden glaubt, kann an das Erbgesundheitsgericht einen Antrag auf Unfruchtbarmachung stellen. Das geschieht schriftlich oder zur Niederschrift auf der Geschäftsstelle. Dem Antrag muß das Zeugnis eines Arztes beigefügt werden, daß der Antragsteller an einer solchen Krankheit leidet. Dadurch wird verhindert, daß sich jemand absichtlich zu Unrecht unfruchtbar machen läßt. Daß die meisten Anträge freiwillig gestellt werden, ist der schönste Erfolg der erbgesundheitlichen Volkserziehung.

Manche Kranke sind nicht mehr einsichtsfähig genug, um ihre Krankheit erkennen zu können; dann kann der Amtsarzt den Antrag stellen.

Das Verfahren vor dem Gericht.

Das Verfahren findet vor dem Erbgesundheitsgericht statt. Dieses ist besetzt mit einem Amtsrichter als Vorsitzendem und zwei Ärzten, von denen einer ein beamteter Arzt, der andere ein mit der Erbkunde besonders vertrauter Arzt sein muß. Das Gericht entscheidet nach sorgfältiger Prüfung aller Umstände. Das in aller Welt anerkannte hohe Verantwortungsgefühl des deutschen Richters verbürgt eine gerechte Anwendung des Gesetzes.

Wie wird der Kranke im Verfahren vertreten?

Dem Erbkranken wird Gelegenheit geboten, seine Auffassung vorzutragen. Wer noch nicht 18 Jahre alt oder wegen Geisteskrankheit oder Geistesschwäche entmündigt ist, wird durch seinen gesetzlichen Vertreter (Vater, Vormund) vertreten. Ein Pfleger muß in den übrigen Fällen bestellt werden, wenn der Erbkrankverdächtige sich nicht selbst vertreten kann. Dieser Pfleger hat alle Rechte des Kranken im Verfahren wahrzunehmen.

Die Beschwerde.

Ein weiterer Rechtsschutz wird dem Erbkranken dadurch zuteil, daß er binnen 14 Tagen gegen den Beschluß des Erbgesundheitsgerichts beim Erbgesundheitsobergericht, das sich beim Oberlandesgericht befindet, Beschwerde einlegen kann. Das Verfahren beim Erbgesundheitsobergericht entspricht dem des Erbgesundheitsgerichts.

Die Unfruchtbarmachung.

Ist die Unfruchtbarmachung beschlossen, so muß der Erbkranke sich binnen 14 Tagen in einer der ihm vom Amtsarzt benannten Anstalten zur Unfruchtbarmachung einfinden. Der Eingriff kann sonst auch notfalls gegen den Willen des Erbkranken vorgenommen werden. Er erfolgt im allgemeinen im Wege des chirurgischen Verfahrens. Die Anstalten, die zur Vornahme derartiger Eingriffe berechtgt sind, sind besonders ausgesuchte, mit allen modernen Hilfsmitteln ausgestattete Krankenhäuser. Der Eingriff ist verhältnismäßig leicht. Gesundheitliche Störungen sind weder beim Mann noch bei der Frau zu befürchten.

Stellt der ausführende Arzt fest, daß der Eingriff für den Erbkranken mit Lebensgefahr verbunden ist oder aus einem anderen wichtigen gesundheitlichen Grunde nicht vorgenommen werden kann, so kann auf seinen Antrag der Amtsarzt den Eingriff so lange aussetzen, bis die Gefahr behoben ist. Die Unfruchtbarmachung kann bei über 38 Jahre alten Frauen in hierfür besonders ermächtigten Anstalten auch im Wege der Strahlenbehandlung vorgenommen werden, wenn die Erbkranken dies wünschen. Bei jüngeren Frauen ist die Strahlenbehandlung gleichfalls mit deren Einwilligung und Zustimmung des Amtsarztes möglich, wenn ärztliche Gründe vorliegen, die gegen die Vornahme eines chirurgischen Eingriffs sprechen.

Aufnahme in eine geschlossene Anstalt.

Der Erbkranke kann die Unfruchtbarmachung dadurch vermeiden, daß er sich auf seine Kosten in eine geschlossene Anstalt aufnehmen läßt, die volle Gewähr dafür bietet, daß die Fortpflanzung unterbleibt. Das Gericht setzt dann die Unfruchtbarmachung so lange aus, wie sich der Erbkranke in einer solchen Anstalt befindet.

Die Schwangerschaftsunterbrechung.

Folgerichtig ist weiter bestimmt, daß bei erbkranken Schwangeren, deren Unfruchtbarmachung beschlossen ist, bei denen also die Wahrscheinlichkeit besteht, daß das zu erwartende Kind erbkrank sein wird, diese Schwangerschaft unterbrochen werden kann. Die Unterbrechung darf nur mit Einwilligung der Erbkranken und innerhalb der ersten sechs Monate der bestehenden Schwangerschaft vorgenommen werden.

Die Kosten.

Die Kosten der Unfruchtbarmachung trägt nicht der Erbkranke oder seine Familie. Soweit der Erbkranke in einer Krankenkasse oder öffentlichen Versicherung ist, trägt diese die Kosten, andernfalls die Staatskasse.

Der Familie des Erbkranken ist für die Dauer des Anstaltsaufenthalts ihres Ernährers der notwendige Lebensbedarf gesichert.

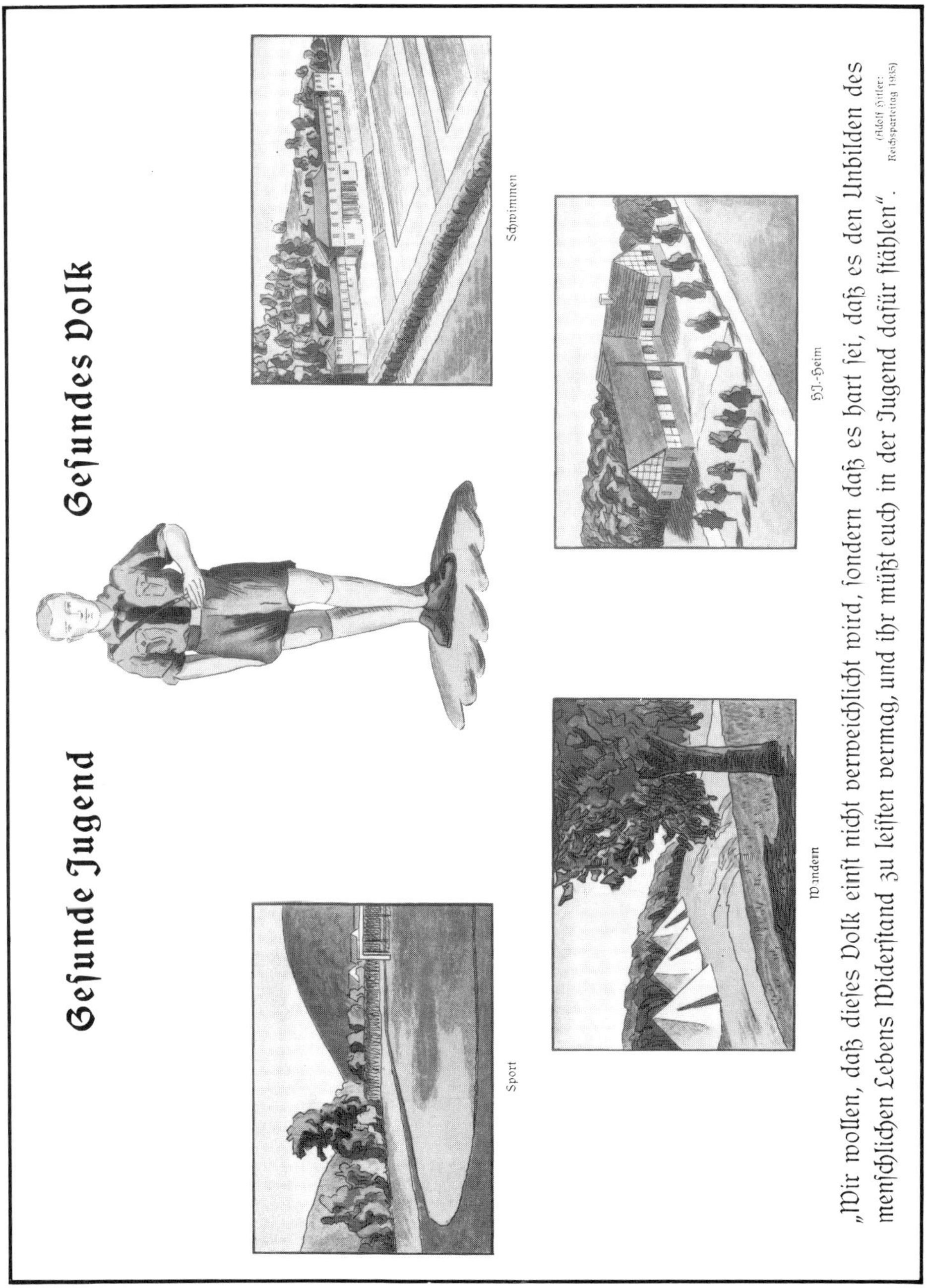

Abb.: 13 Die propagandistische Vorbereitung und Begleitung der Zwangssterilisation: „Gesunde Jugend – Gesundes Volk"
Schautafel, [nach 1935]

Abb.: 14 Propagandistische Vorbereitung und Begleitung der Zwangs-Sterilisation: „Ausgaben für Erbkranke – Soziale Auswirkungen“
Schautafel, undatiert

Dok.: 3 Die Ärzte der PHP Galkhausen zur Anwendung der Zwangssterilisation

Bericht der Direktion der PHP Galkhausen an den Landeshauptmann der Rheinprovinz vom 10. August 1933, S. 1 und 8, genehmigtes Konzept.
Bem.: Antwort auf Dok.: 1

[. . .] Es wurde von den 6 beteiligten Ärzten übereinstimmend für richtig gehalten, zunächst das Gesetz dahin zu verstehen, dass die darin bezeichneten Erbkrankheiten grundsätzlich die Sterilisierung rechtfertigen. Erst auf dieser Voraussetzung ergibt sich die Beantwortung der Frage: Wer braucht nicht sterilisiert zu werden? – Wir haben als solche angesehn die nicht mehr Fortpflanzungsfähigen, sei es weil sie zu alt sind, oder wenn bei Frauen die Wechseljahre überschritten sind, oder die Eierstöcke nach Operationen oder aus andern gynäkologischen Ursachen (Gonorrhoe, endokrine Störungen usw) ausgeschaltet sind. – Wir haben ferner vorläufig nur diejenigen dauernd anstaltspflegebedürftigen ausgeschlossen, bei denen wegen Hilflosigkeit oder Verblödung eine Entweichung, Beurlaubung, freie Bewegung nach menschlichem Ermessen auf unabsehbare Zeit ausgeschlossen erscheint. Bei allen Fällen wo eine auch nur geringe Möglichkeit gelegentlicher sexueller Betätigung bestand, haben wir zunächst einmal die Sterilisierung vorgeschlagen. [. . .]

Zusammenfassung

Am 1. 8. 1933 waren in der Anstalt Galkhausen 677 Erbkranke (bei einer Gesamtbelegung von 502 Männern + 481 Frauen = 983). Von diesen brauchen 218, also etwa ⅓ nicht sterilisiert zu werden, da sie nicht mehr fortpflanzungsfähig sind oder nahezu sicher an der Fortpflanzung verhindert sind. Bei den 459 übrigen besteht teilweise die absolute, dringliche Indikation zum Sterilisieren, teilweise jedoch nur eine relative, je nach dem übernommenen Risiko, also dem Umfang und dem Wirkungsgrad der geplanten Erbverhütung. Diesen dürften nicht zahllose Ärzte willkürlich bestimmen, vielmehr wird geeignete Anleitung erwartet, schon im Interesse des einheitlichen psychiatrischen Wirkens am Erbgesundheitsgericht. Erst wenn die Richtlinien bekannt sind, kann in längerer Vorbereitungszeit die heute angegebene Zahl der zu Sterilisierenden herabgesetzt werden. Die jetzt vorgelegten Zahlen haben also nur vorbereitenden, unverbindlichen Charakter und werden bei der nächsten Festsetzung erniedrigt, wofür auch finanzielle Rücksichten so wie das Erbgesundheitsgericht vermutlich sorgen werden. [. . .]

Dok.: 4 Die zum Stichtag 1. August 1933 unter das Sterilisationsgesetz fallenden Kranken in der PHP Galkhausen

Bem.: Anlage zu Dok.: 3

Erbkranke durch:	**Am 1. 8. 1933 in der Anstalt untergebracht**	**Davon kommen für die Sterilisierung in Frage:**	**Durch die Sterilisierung werden wahrscheinlich entlassungsfähig**	**Zu alt**	**Dauerfälle**
1. Angeborenen Schwachsinn	87	66	3	14	7
2. Schizophrenie	491	333	–	104	54
3. Zirkul. Irresein	11	4	–	6	1
4. Erbliche Fallsucht	74	48	1	13	13
5. Erblicher Veitstanz	2	1	–	–	1
6. Alkoholismus	12	7	1	5	–
Summe	677	459	5	218	

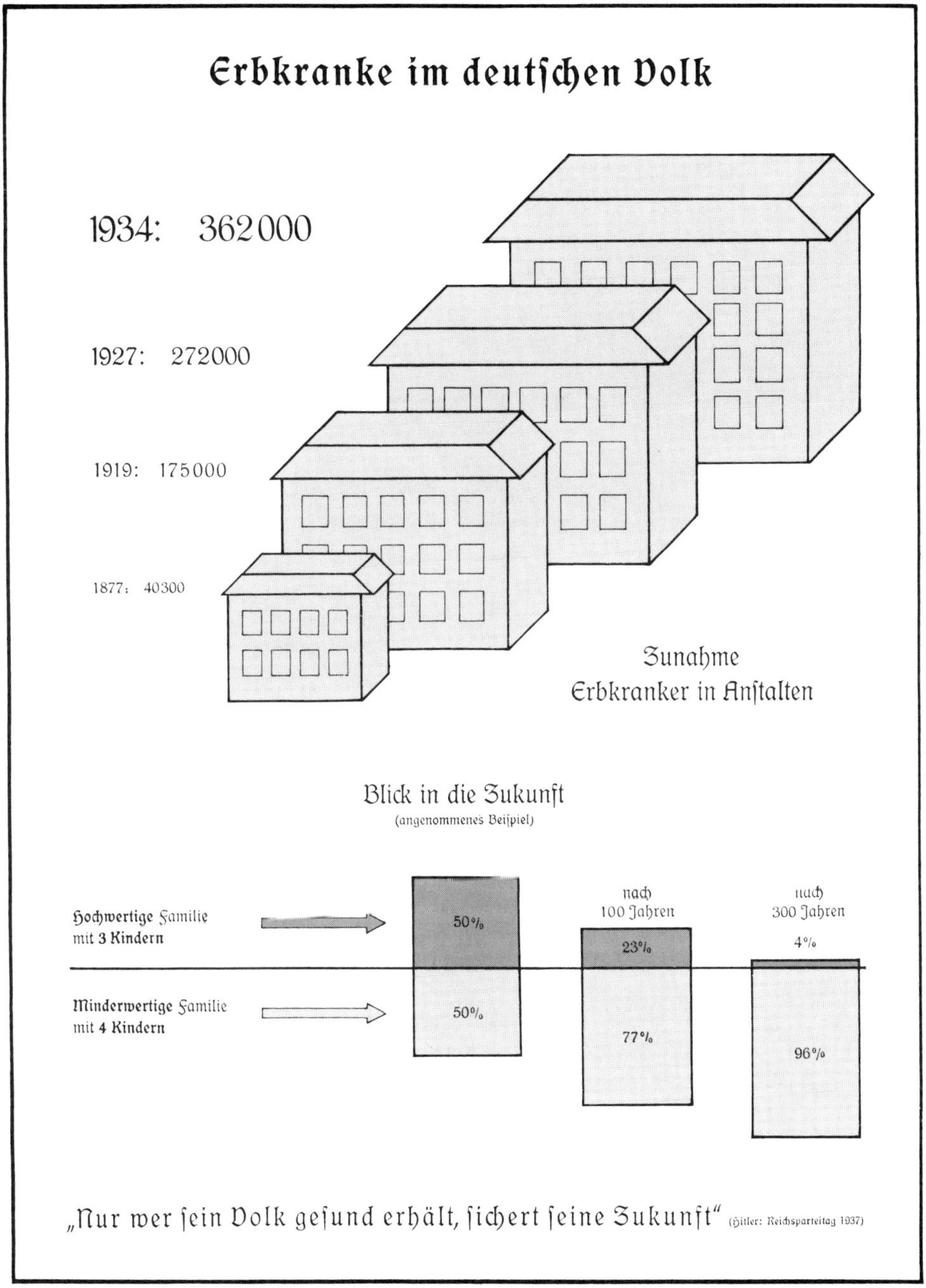

Abb.: 15 Propagandistische Vorbereitung und Begleitung der Zwangssterilisation: „Erbkranke im deutschen Volke“
Schautafel, [nach 1937]

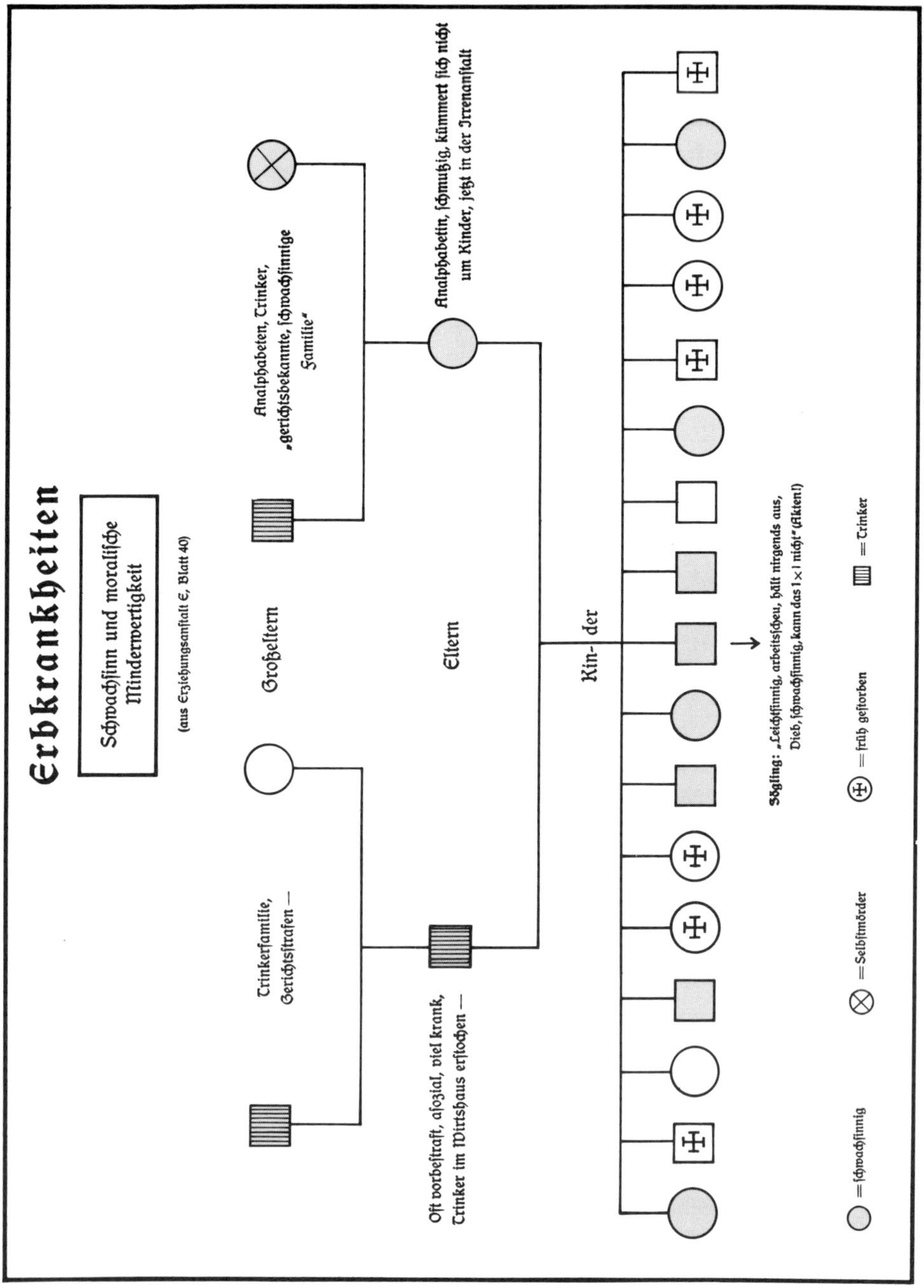

Abb.: 16 Propagandistische Vorbereitung und Begleitung der Zwangssterilisation: „Erbkrankheiten. Schwachsinn und moralische Minderwertigkeit"
Schautafel, undatiert

Dok.: 5 Unsicherheiten über Verfahrensfragen bei der Einleitung der Zwangssterilisation

DER KREISARZT
des Rhein-Wupper-Kreises.

Tgb.-Nr. 78.

Opladen, den 9. Januar 1934.

PROVINZIAL ... ANSTALT GALKHAUSEN
EINGEG. 10. JAN. 1934
Tagebuch Nr. 3468

An den Herrn stellvertret. Direktor
der Heil- und Pflegeanstalt
Galkhausen.

Sehr geehrter Herr Kollege!

Wegen der Ausführung des „Reichsgesetzes zur Verhütung erbkranken Nachwuchses" gibt es noch sehr viel zu klären. Es wird sich empfehlen, in Ruhe erst noch weitere Ausführungsbestimmungen abzuwarten. Im Verlag Lehmann München soll ein ausführlicher Kommentar zu dem Gesetz erscheinen; ich nehme an, daß ich diesen bald bekomme.

Dem Sinne des Gesetzes nach könnten [redacted] wohl, wie Sie [redacted] annehmen, a l l e erblich Geisteskranken anzuzeigen sein, nicht nur diejenigen, bei denen Ihnen die Sterilisierung angezeigt erscheint. In der Ausführungsverordnung vom 5. Dez. 1934 heißt es: „Ein fortpflanzungsfähiger Erbkranker der in einer geschlossenen Anstalt verwahrt wird, darf nicht entlassen oder beurlaubt werden, bevor der Antrag (auf Sterilisierung) gestellt und über ihn entschieden worden ist." Wenn Pflicht zur Anzeige beim Kreisarzt besteht, [redacted] wird es richtig sein, daß Sie die Anzeige an den für den Heimatort des Kranken zuständigen Kreisarzt richten, denn es sind ja nach dem Gesetz ausgedehnte Ermittlungen in der Verwandschaft des Kranken anzustellen, die nur der Heimat-Kreisarzt machen kann.

Den Antrag auf Unfruchtbarmachung kann stellen 1) der Kranke selbst, 2) sein gesetzlicher Vertreter, 3) der Kreisarzt oder Gerichtsarzt und 4) für die Insassen einer Heil- und Pflegeanstalt der Anstaltsleiter. Der Antrag ist bei der Geschäftsstelle des Erbgesundheitsgerichtes zu stellen.

Schreiben des Kreisarztes des Rhein-Wupper-Kreises an den stellv. Direktor der PHP Galkhausen vom 9. Januar 1934, behänd. Ausfertigung

Bem.: Bei den Erbgesundheitsgerichten entschieden jeweils ein Amtsrichter, ein beamteter und ein nichtbeamteter approbierter, mit der Erbgesundheitslehre vertrauter Arzt über die Sterilisation

Das zuständige Erbgesundheitsgericht befindet sich beim Amtsgericht des Ortes, wo das zuständige Landgericht ist, für Opladen also beim Amtsgericht in Düsseldorf, für Remscheid beim Amtsgericht in Elberfeld u.s.w. Wenn ich das Gesetz richtig auslege, werden also die Leiter der Heil- und Pflegeanstalten die Sterilisierungsanträge für die Insassen ihrer Anstalten nicht erst an die beamteten Ärzte, sondern direkt an die Erbgesundheitsgerichte zu richten haben.

Zu einer Besprechung der etwa noch auftauchenden Fragen bin ich natürlich sehr gerne bereit.

Hinsichtlich der Geschlechtskrankenzählung ist Ihre Annahme richtig. Nur frische, unbehandelte Infektionen sind zu zählen.

Mit kolleg. Gruß und Heil Hitler!

Der Kreisarzt

[redacted]

Dok.: 6 Bereitwillige, „unqualifizierte" Mitarbeit von Ärzten

Erlaß des Badischen Ministers des Innern vom 19. November 1934, Druck, Abschrift

Entnommen aus der Zeitschrift für Medizinalbeamte vom Januar 1935 Nr. 1.

Baden. Durchführung des Gesetzes zur Verhütung erbkranken Nachwuchses. Verordnung des Ministers des Innern vom 19. XI. 1934. – Reichsgesundheitsblatt Nr. 51/1934.

In den beim Erbgesundheitsobergericht anhängigen Beschwerdeverfahren zeigt sich immer wieder, dass von einer grossen Anzahl der antragsberechtigten beamteten Ärzte bei der Auswahl der für die Antragstellung in Betracht kommenden Personen ziemlich planlos verfahren wird.

Nachdem das Gesetz zur Verhütung erbkranken Nachwuchses nun schon nahezu ein Jahr in Baden durchgeführt wird, muss von den beamteten Ärzten erwartet werden, dass sie von jetzt an in der Stellung der Anträge streng planmässig vorgehen. Es ist ohne jeden Sinn, die Erbgesundheitsgerichte mit Anträgen auf Unfruchtbarmachung 45jähriger und älterer Frauen, 60jähriger Trinker, 10jähriger Schwachsinniger, vertierter Idioten, alter Katatoniker zu belasten, solange nicht die im Fortpflanzungsalter befindlichen triebstarken Erbkranken unfruchtbar gemacht sind.

Auch die Entscheidungen, ob die Hasenscharte oder die angeborene Hüftgelenkluxation oder die Sechsfingrigkeit ein Erbleiden im Sinne des Gesetzes ist, kann man einer späteren Zeit überlassen, wenn alle gefährlichen Erbkranken unfruchtbar gemacht sind.

Es sind daher alle Anzeigen immer wieder nach der Dringlichkeit zu ordnen und die Anträge nach dem Grade der Dringlichkeit zu stellen. Dringliche Fälle sind: Schwachsinnige aller Formen, insbesondere auch leichte Fälle, körperlich gesunde, lebhafte weibliche und männliche Personen zwischen 16 und etwa 40 Jahren, jugendliche Schizophrene und Manisch-Depressive in der Remission, Epileptiker, fortpflanzungsfähige Alkoholiker unter dem 50. Lebensjahr, jugendliche erblich Blinde, Taube usw.

In jedem Falle ist zu prüfen, ob Fortpflanzungsfähigkeit besteht. Es darf nicht mehr vorkommen, dass nach monatelangem Verfahren, das viel Geld kostet, vom Erbgesundheitsobergericht festgestellt wird, dass der Antrag überhaupt nicht hätte gestellt werden dürfen.

Dok.: 7 Aus Furcht vor der Weltöffentlichkeit soll die Zwangssterilisation von Ausländern möglichst vermieden werden

Erlaß des Reichs- und Preußischen Ministers des Innern vom 9. bzw. 22. Mai 1934 (II. 1079/29.3 bzw. IIIa II 1877/34), Ausfertigung, Abschrift

[. . .] In jedem Falle sind die in Betracht kommenden Personen fremder Staatsangehörigkeit darauf hinzuweisen, dass sie die Unfruchtbarmachung durch alsbaldiges freiwilliges Verlassen des Reichsgebiet abwenden können. Für die Verwirklichung dieser Möglichkeit wird eine angemessene Frist zu setzen und die Ausführung der Absicht zum Verlassen des Reichsgebietes zu überwachen sein.

Bei einem Ausländer, der ungeachtet der hiernach gebotenen Möglichkeit, die Vornahme des Eingriffs durch Rückkehr in die Heimat abzuwenden, sich der Durchführung des Sterilisierungsverfahrens widersetzt, wird schliesslich die Versagung beantragten oder die Zurücknahme einer etwa erteilten Aufenthaltserlaubnis wegen Gefährdung der öffentlichen Gesundheit zu erwägen sein. Verbleibt der Ausländer nach der Versagung oder Zurücknahme der Aufenthaltserlaubnis unbefugt im Inland, so ist vom 1. Juni 1934 ab auf Grund des § 2 Nr. 7 des Gesetzes über Reichsverweisungen vom 23. März 1934 –R.G.Bl. I. S. 213 – die Möglichkeit der Reichsverweisung gegeben. Daneben käme die Reichsverweisung auf Grund des § 2 Nr. 9 a.a.O. (Reichsverweisung wegen Gefährdung der Öffentlichen Gesundheit) in Frage.

Von welcher Möglichkeit (Versagung oder Zurücknahme der Aufenthaltserlaubnis, Reichsverweisung auf Grund des § 2 Nr. 7 oder Nr. 9 a.a.O. oder Unfruchtbarmachung) zur Erreichung des Zweckes des Gesetzes zur Verhütung erbkranken Nachwuchses letzten Endes Gebrauch zu machen ist, muss der Entscheidung nach Lage des Einzelfalles vorbehalten bleiben. Zur Vermeidung unerwünschter Rückwirkungen gegenüber dem Ausland sollte die Reichsverweisung jedoch nur ausnahmsweise unmittelbar auf § 2 Nr. 9 a.a.O. gestützt werden.

Ich ersuche ergebenst, in jedem Falle vor der Durchführung des Beschlusses eines Erbgesundheitsgerichts, durch den die Unfruchtbarmachung eines Ausländers angeordnet wird, mir Gelegenheit zu geben, mich im Einvernehmen mit dem Auswärtigen Amt zu äussern.

Von einer Öffentlichen Bekanntgabe dieser Richtlinien ersuche ich abzusehen.

gez. Frick

[. . .]

Dok.: 8 Wachsende Ablehnung der Zwangssterilisation in der Bevölkerung

Erlaß des Reichs- und Preußischen Ministers des Innern vom 8. Juli 1935 (IV f 3859/1079 d.), Ausfertigung, Abschrift

[. . .] Betrifft: Propaganda gegen das Gesetz zur Verhütung erbkranken Nachwuchses.

In letzter Zeit war wiederholt festzustellen, dass der Widerstand, den die dem Nationalsozialismus ablehnend gegenüberstehenden Kreise den auf nationalsozialistischer Anschauung beruhenden Gesetzen und Einrichtungen entgegensetzen, an Schärfe zugenommen hat und zum Teil systematisch organisiert wird. So sind namentlich Fälle bekannt geworden, in denen offen zum Widerstand gegen das wichtige Reichsgesetz „zur Verhütung erbkranken Nachwuchses aufgerufen worden ist. Diese Auflehnung und Aufwiegelung gegen die von dem nationalsozialistischen Staat erlassenen Gesetze und die von ihm geschaffenen Einrichtungen kann nicht weiter geduldet werden. Auch die kirchliche Lehrfreiheit geht keinesfalls so weit, dass aus ihr eine Berechtigung hergeleitet werden könnte, zum Ungehorsam gegen Staatsgesetze aufzufordern. Insbesondere ist auch im Reichskonkordat das Recht der Katholischen Kirche „ihre Angelegenheiten selbständig zu ordnen und zu verwalten und im Rahmen ihrer Zuständigkeit für ihre Mitglieder bindende Gesetze und Anordnungen zu erlassen“, nur mit der Massgabe anerkannt worden, dass „die Grenzen des für Alle geltenden Gesetzes“ gewahrt werden. Das Gesetz zur Verhütung erbkranken Nachwuchses richtet demnach auch nach Konkordatsrecht Schranken auf, die für jeden deutschen Katholiken Geltung beanspruchen.

Werden Fälle einer Hetze gegen das Gesetz zur Verhütung erbkranken Nachwuchses festgestellt, so kommt in erster Linie eine Bestrafung aus § 11o des RSTGB. in Betracht, der nicht die Aufforderung zur Begehung bestimmter strafrechtlicher Handlungen unter Strafe stellt, sondern gerade die Aufforderung zur grundsätzlichen Ablehnung gegen die urpersönlichen Grundlagen der Rechtsordnung und zum Ungehorsam gegen ein bestimmtes Gesetz schlechthin treffen will.

Soweit ein strafwürdiger Fall der Hetze gegen das Gesetz zur Verhütung erbkranken Nachwuchses nicht durch § 11c des RSTGB. erfasst werden kann, würde eine strafrechtliche Verfolgung auf Grund des § 2 des Gesetzes gegen heimtückische Angriffe auf Staat und Partei und zum Schutze der Parteiuniform vom 20. Dezember 1934 (RGBl. I S. 1269) in Frage kommen. Insbesondere trägt § 2 Absatz dieses Gesetzes dem Bedürfnis, in gewissen Fällen auch gegen eine nicht öffentliche Hetze einschreiten zu können, Rechnung, indem eine Bestrafung auch dann zu erfolgen hat, wenn der Täter seine hetzerischen Äusserungen zwar nicht öffentlich macht, jedoch damit rechnet, oder damit rechnen muss, dass seine Äusserungen in die Öffentlichkeit dringen werden.

Ich ersuche in allen bekannt werdenden Fällen einer Hetze gegen das Gesetz auf Grund der vorstehend angezogenen Bestimmungen Strafanzeige zu erstatten, wobei ich bemerke, dass es regelmässig als eine unzulässige Hetze gegen das

Gesetz anzusehen sein wird, wenn an die von dem Gesetz betroffenen Personen in einer den Tatbestand der genannten Gesetzesbestimmungen erfüllenden Form die Aufforderung gerichtet wird, den behördlichen Anordnungen in dem gegen sie gerichteten Verfahren zur Unfruchtbarmachung nicht freiwillig nachzukommen, sondern nur dem polizeilichen Zwange zu weichen. Unter Umständen kann auch die Aufforderung, alle Rechtsmittel auszuschöpfen, bevor den staatlichen Anordnungen Folge geleistet wird, von strafrechtlicher Bedeutung sein.

Zum 2. Januar 1936 ersuche ich, im Benehmen mit den örtlich zuständigen Stellen des Rassepolitischen Amtes der N.S.D.A.P. zu berichten, was zur Abwehr der gegen das Gesetz zur Verhütung erbkranken Nachwuchses betriebenen Hetze geschehen ist, und welchen Erfolg die getroffenen Massnahmen gehabt haben. Hierbei ist auch anzugeben, in wieviel Fällen und mit welchem Ergebnis Strafanzeige erstattet worden ist.

gez. Frick

[. . .]

Dok.: 9 Keuschheitspflicht schützt nicht vor Zwangssterilisation

Erlaß des Reichs- und Preußischen Ministers des Innern vom 6. Februar 1935 (IV f 218/1079.), Ausfertigung, Abschrift

[. . .] Betrifft: Gesetz zur Verhütung erbkranken Nachwuchses; Regelung für Mutterhausschwestern, katholische Priester und Ordenspersonen.

Der Centralausschuss für die Innere Mission der Deutschen Evangelischen Kirche hat darum gebeten, dass in den Fällen, in denen ein Verfahren auf Unfruchtbarmachung gegen Mutterhausschwestern anhängig wird, von den beamteten Ärzten zunächst der Mutterhausvorstand hiervon in Kenntnis gesetzt wird. Der Mutterhausvorstand werde alsdann entweder die Unterbringung in einer geschlossenen Anstalt veranlassen oder für die freiwillige Asylierung etwa in der Form sorgen, dass die Schwestern in einer geschlossenen Anstalt beschäftigt werden. Vom Präsidenten des Deutschen Caritasverbandes ist für Priester und Ordenspersonen, die ein Keuschheitsgelübde abgelegt haben, ein ähnliches Verfahren gewünscht worden. Es solle in diesen Fällen der Bischof bezw. Ordensobere von dem beamteten Arzt benachrichtigt werden. Auf Grund des besonderen engen Verhältnisses, in welchem die genannten Personen zu dem Mutterhausvorstand bezw. dem Bischof und ihrem Ordensoberen stehen, halte ich durch eine solche Mitteilung eine unbefugte Verletzung der ärztlichen Schweigepflicht nicht für gegeben. Ich ersuche daher, in solchen Fällen entsprechend zu verfahren. Die beamteten Ärzte werden die Mutterhausvorstände, Bischöfe und Ordensoberen um Mitteilung zu ersuchen haben, in welche geschlossene Anstalt der Erbkranke aufgenommen worden ist. Der für die Anstalt zuständige Amtsarzt ist alsdann von der Aufnahme in Kenntnis zu setzen. Er hat sich davon zu überzeugen, dass die Anstalt für ein Unterbleiben der Fortpflanzung volle Gewähr bietet, und hat, wenn in dieser Beziehung keine Bedenken bestehen, dem Vorstand der Anstalt die Innehaltung der im Artikel 1 Abs. 2 der Verordnung vom 5. Dezember 1933 gegebenen Vorschriften zur besonderen Pflicht zu machen. Die vorschriftsmässige Unterbringung ist von dem zuständigen Amtsarzt im Benehmen mit der Ortspolizeibehörde laufend zu überwachen. Über jede derartige Unterbringung ist ausser der zuständigen Ortspolizeibehörde auf dem Verwaltungswege auch mir zu berichten. Amtsarzt und Ortspolizeibehörde haben über diese Unterbringungsfälle besondere Listen zu führen.

Im Auftrag:
gez. Dr. Gütt.
[. . .]

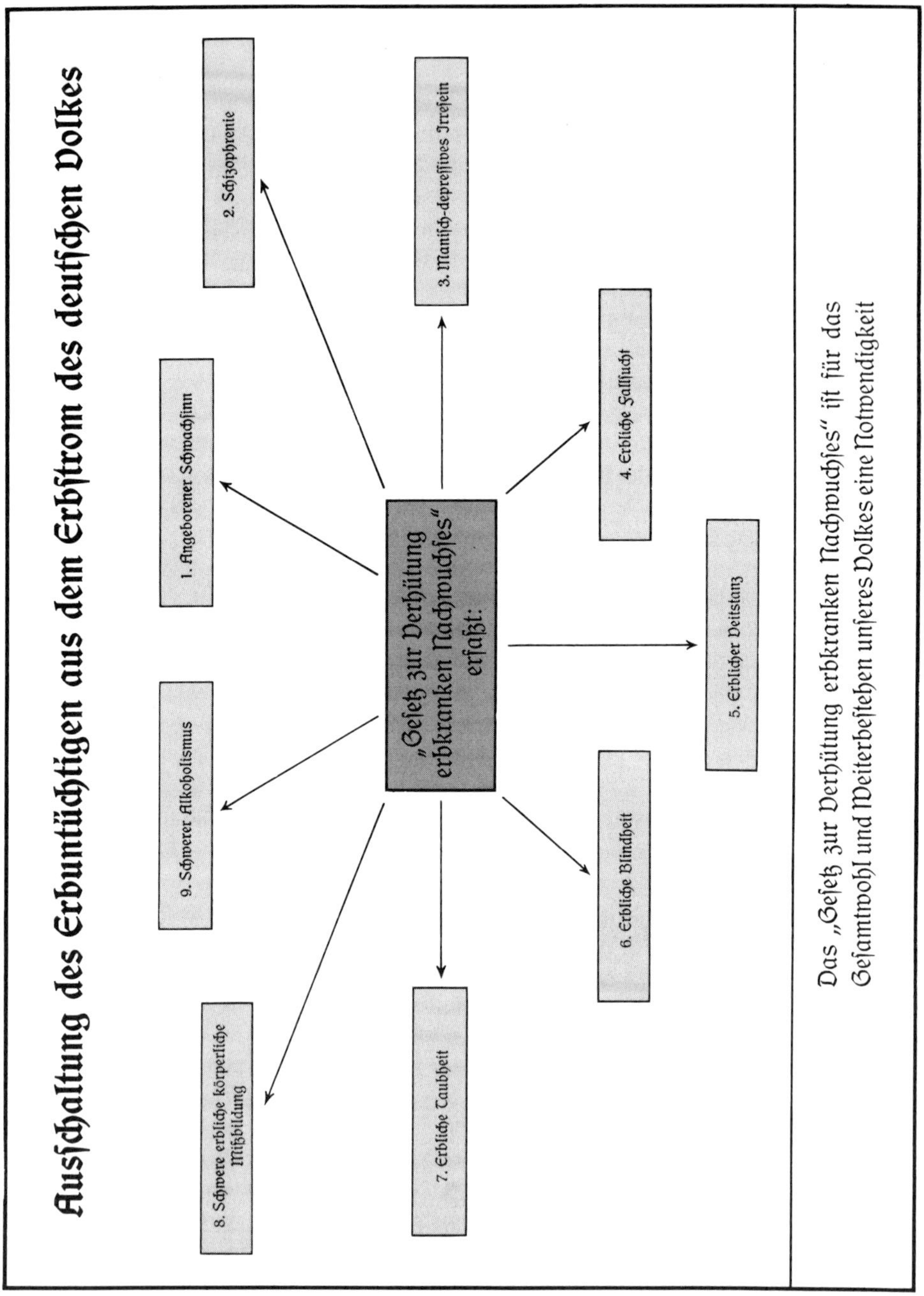

Abb.: 17 Propagandistische Vorbereitung und Begleitung der Zwangssterilisation: „Ausschalten der Erbuntüchtigen aus dem Erbstrom des deutschen Volkes“
Schautafel, undatiert

Dok.: 10 Rüge für die schleppende Erstattung von Sterilisationsgutachten durch die Anstaltsärzte

Verfügung des Oberpräsidenten der Rheinprovinz (VdP) vom 14. April 1934 (V D a 807), behänd. Ausfertigung

[. . .] Die Berichte über die bis 1. April cr. erstatteten Gutachten zu Anträgen zur Unfruchtbarmachung auf Grund des Gesetzes zur Verhütung erbkranken Nachwuchses haben hier teilweise sehr enttäuscht. Obgleich zur Erstattung der Gutachten 2 Monate zur Verfügung standen, hat die mit 3000 Kranken belegte Anstalt Bedburg-Hau nur 67 Gutachten – da davon 1 Arzt rd. 40 Gutachten gemacht hat, fallen auf die übrigen Ärzte nur 2–3 Gutachten –, die Anstalt Andernach nur 32, die Anstalt Düren gar nur 26 und die Anstalt Bonn nur 43 abgegeben. Voll befriedigt haben nur die Anstalt Johannistal mit 109 und die Anstalt Galkhausen mit 81 Gutachten.

Aus der geringen Zahl der von einigen Anstalten erstatteten Gutachten muss ich annehmen, dass sie nicht das ausreichende Verständnis dafür haben, in welchem Umfange sie die Allgemeinheit durch ihre lässige Erstattung der Gutachten geldlich belasten und wie sie dadurch sich mitschuldig machen an der zurzeit bestehenden Überfüllung der Anstalten.

Um für die Zukunft diese unangenehmen Auswirkungen der verzögerten Antragstellung zur Unfruchtbarmachung zu vermeiden, ersuche ich, nicht nur für die dringendsten Fälle sofort den Antrag zu stellen, sondern für alle die Kranken, die versuchsweise beurlaubt oder entlassen oder freier behandelt werden können, so dass kein Kranker länger, als sein Gesundheitszustand es unbedingt verlangt, durch Verschulden der Anstalt selbst in der Anstalt oder in einer geschlossenen Abteilung zurückbehalten werden muss.

Um einen Überblick über die Zahl der von den einzelnen Ärzten erstatteten Gutachten zu bekommen, ist mir auf jeden 1. ds. Mts. ein Verzeichnis der von den einzelnen Ärzten erstatteten Gutachten vorzulegen.

Im Auftrage:
[. . .]

Dok.: 11 Zahl der Sterilisationsgutachten in der PHP Galkhausen in den Monaten April und Mai 1934

Bericht des Direktors der PHP Galkhausen an den Oberpräsidenten der Rheinprovinz (VdP) vom 9. Juni 1934, Konzept

Bem.: Der Oberpräsident hatte monatliche Berichterstattung angeordnet (vgl. Dok.: 10) und diese dann nach Ausbleiben für die Monate April und Mai am 6. Juni in scharfer Form angefordert.

9. 6. 1934.

An
den Herrn Oberpräsidenten des Rheinprovinz
(Verwaltung des Provinzialverbandes)
in Düsseldorf.

Betrifft Verfügung V D a Tgb. Nr. 807 vom 6. 6. 34.
Gutachten zu Anträgen auf Unfruchtbarmachung wurden erstattet von:

	Bis 30. 4. 34:	Im Mai 34:
Dr. [. . .]	35 Frauen.	5 Frauen.
Dr. [. . .]	18 Männer.	(Krankheitsurlaub)
Dr. [. . .]	30 Männer 1 Frau	–
Dr. [. . .]	15 Frauen	1 Frau.
Dr. [. . .]	20 Männer.	–
Dr. [. . .]	27 Frauen.	3 Frauen.

Insgesamt bis 31. Mai 1934: 68 Männer
87 Frauen.

Auf der Frauenseite sind alle Kranken, die entlassen oder freier behandelt werden können, erfasst.

Auf der Männerseite sind infolge der Erkrankung von Dr. [. . .] noch einige Fälle rückständig.

Dok.: 12 Anberaumung eines Beschlußfassungstermins über Zwangssterilisation bei acht Patienten

Der Vorsitzende
des Erbgesundheitsgerichts.

Köln, den 22. 6. 1934.

PROV. HEIL- U. PFLEGEANSTALT
GALKHAUSEN
EINGEG. 24 JUN. 1934
Tageb.Nr. 938

An

den Herrn Direktor der Heil-und Pflegeanstalt

in Galkhausen

Das Erbgesundheitsgericht Köln hat für den

3. Juli 1934, vorm. ab 11 Uhr

in nachbezeichneten Sachen Termin in dortiger Anstalt zur

Beschlußfassung über die Unfruchtbarmachung bestimmt.

1) [redacted], Margarete Fr. [redacted]
2) [redacted], Käthe "
3) [redacted], Else "
4) [redacted], Johanna "
5) [redacted], Karoline Fr. [redacted]
6) [redacted], Heinrich Fr. [redacted]
7) [redacted], Paul Fr. [redacted]
8) [redacted], Helene Fr. [redacted].
9)
10)
11)
12)

Es wird gebeten einen entsprechenden Raum zur Verfügung zu stellen und die Kranken, soweit keine besonderen Schwierigkeiten entstehen, zum Termin bereit zu halten.

[redacted]

Amtsgerichtsrat.

Schreiben des Erbgesundheitsgerichts Köln an den Direktor der PHP Galkhausen vom 22. Juni 1934, behänd. Ausfertigung

Dok.: 13 Zahl der Sterilisationsgutachten nach Sterilisationsgründen in der PHP Galkhausen vom 14. Juli 1933 bis 30. September 1934

	Angeborener Schwachsinn			Schizophrenie	
	Männer	Frauen	Summe	Männer	Frauen
1. Anzeige erstattet bei (Anzahl der Fälle)	52	78	130	273	423
2. von 1) beantragt	20	41	61	107	94
3. von 1) nicht beantragt (Art. 1 Abs. 2)	32	37	69	166	329
wegen a) Alter	–	22	22	3	124
b) dauernder Anstaltspflege	29	13	42	144	198
c) Lebensgefahr		–			1
d) anderen Gründen	3	2	5	19	6
4. Von den Beantragten ist durch Beschluß des Erbgesundheitsgerichts a) Unfruchtbarmachung beschlossen	15	35	50	75	65
b) Unfruchtbarmachung abgelehnt	–	2	2	–	–
5. Davon ist der Beschluß ohne Beschwerde rechtskräftig geworden a) als Unfruchtbarmachung beschlossen	12	29	41	54	51
b) als Unfruchtbarmachung abgelehnt		2	2		
6. Es ist Beschwerde eingelegt a) gegen die beschlossene Unfruchtbarmachung	–	–	–	2	1
b) gegen die abgelehnte Unfruchtbarmachung	–	1	1	–	–
7. Es ist Erbgesundheitsobergerichtsbeschluß erfolgt: A als Ablehnung der Beschwerde a) zu 6 a	–			2	1
b) zu 6 b	–	–	–	–	–
B als Stattgabe der Beschwerde a) zu 6 a	–	–	–	–	–
b) zu 6 b	–	1	1	–	–
8. Unfruchtbarmachung ist durchgeführt	12	28	40	54	40
9. Der Eingriff ist ausgesetzt a) aus Art. 6 Abs. 3	–	1	1		7
b) aus Art. 1 Abs. 3 (vor vollendetem 10. Lebensjahr)	–	–	–	–	–
10. Nach Operation sind aus der Anstalt entlassen	3	12	15	19	34

Bericht der PHP Galkhausen an den Oberpräsidenten der Rheinprovinz (VdP) vom 7. Oktober 1934, genehm. Konzept (Anlage)

sch-depressive in			Erbliche Fallsucht			Erblicher Veitstanz			Schwerer Alkoholismus			Erbl. Blindheit erbl. Taubheit schwere erbliche körperliche Mißbildung		
er	Frauen	Summe	Männer	Frauen	Summe	Männer	Frauen	Summe	Männer	Frauen	Summe	Männer	Frauen	Summe
	26	30	43	54	97	2	3	5	9	1	10			–
	4	4	19	24	43	–	1	1	4	–	4			–
	22	26	24	30	54	2	2	4	5	1	6			–
	12	14	2	13	15	–	–	–	1	1	2			–
	6	8	18	12	30	2	2	4	3	–	3			–
	1	1		–			–			–				–
	3	3	4	5	9		–		1	–	1			–
	3	3	13	17	30		–		2	–	2			–
	–		–	2	2		–		–	–				–
	1	1	10	15	25	–	–		2	–	2			–
				2	2									
	–	–	–	–	–	–	–	–	–	–	–	–	–	–
	–			–			–			–				–
	–	–	–	–	–	–	–	–	–	–	–	–	–	–
	–	–	–	–	–	–	–	–	–	–	–	–	–	–
	–	–	–	–	–	–	–	–	–	–	–	–	–	–
	–	–	–	–	–	–	–	–	–	–	–	–	–	–
	1	1	10	15	25		–		1	–	1			–
	–			–			–			–			–	
	–	–	–	–	–	–	–	–	–	–	–	–	–	–
	–	–	4	10	14		–		1	–	1			–

Dok.: 14 Entwicklung der Zwangssterilisationen von Patienten der PHP Galkhausen vom 1. April 1934 bis 28. Februar 1937

Der Oberpräsident der Rheinprovinz
(Verwaltung des Provinzialverbandes)

V D b Tagebuch Nr. Statistik
Fernsprecher:
Sammel-Nr. 102 19.

Es wird gebeten, bei allen Eingaben u. Antworten die vorstehende Tagebuch-Nr. anzugeben.

Düsseldorf, den 20. März 1937
Landeshaus.
Postfach

6024

Die mit meinem Schreiben vom 2.3.37 – V D a Nr. 880 – geforderten Zahlenangaben der durchgeführten Unfruchtbarmachungen stimmen mit den mir früher von den Anstalten mitgeteilten Zahlen zum Teil nicht überein.

Ich bitte daher nochmals um genaue Nachprüfung und umgehende Mitteilung der Zahlena nach nachstehendem Muster.

In der Zeit:	Unfruchtbarmachungen wurden durchgeführt: Anzahl der Fälle: männlich	weiblich	Zusammen	Nach Ziffer 8 des Erhebungsbogens wurden gemeldet (letztes Rundschr. v. 27.5. 1936 V D b Prov. Anstalten) männl.	weibl.
vor dem 1.4.1934	—	—	—		
vom 1. 4.34– 30.9.34	25	87	112		
" 1.10.34– 31.3.35	93	81	174	6	7
" 1. 4.35– 30.9.35	47	38	85	6	10
" 1.10.35– 31.3.36	26	24	50	22	17
" 1. 4.36– 30.9.36	42	23	65		
" 1.10.36– 28.2.37	25	11	36		
Gesamtsumme:	308	264	572		

An die Direktion der
Prov. Heil-u.Pflegeanstalt

in Galkhausen.

Im Auftrage:
gez. Dr. [redacted]
Beglaubigt
[redacted]
Landesinspektor.

Bericht der PHP Galkhausen, undatiert, Konzept
Bem.: Der Oberpräsident der Rheinprovinz (VdP) hatte mit Verfügung vom 20. März 1937 (V D b) die Übermittlung der exakten Zahlen in einem Formular verlangt, das der Bearbeiter in Galkhausen dann für sein Konzept benutzte.

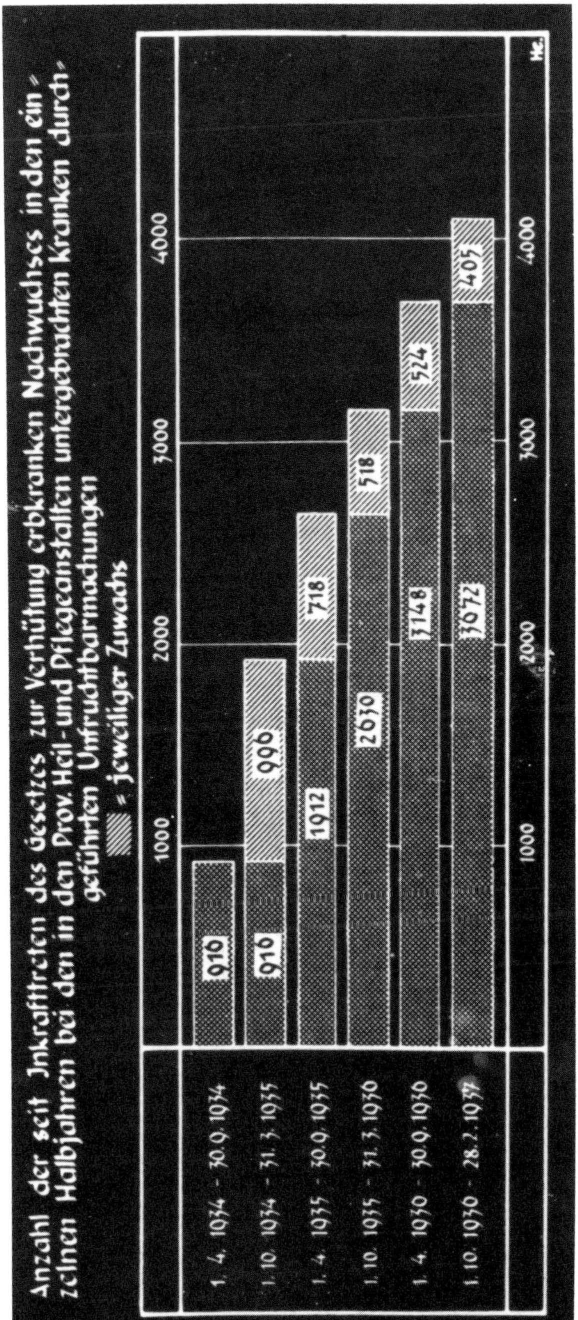

Abb.: 18 Entwicklung der Zwangssterilisationen von Patienten aller rheinischen PHP vom 1. April 1934 bis 28. Februar 1937

Dok.: 15 Kostenregelung der Zwangssterilisation: Krankenkassen oder Fürsorgeverband sollen möglichst zahlen

(2) In der Gebührenordnung für den Kraftfahrzeugverkehr v. 29. 9. 1934, Art. I A Nr. 13 (RGBl. I S. 909) ist für Erteilung der Genehmigung für eine Veranstaltung gemäß § 33 der RStrVO.[1]) und der dazu erlassenen Ausf.-Anw. eine Gebühr von 1 bis 100 RM festgesetzt. Ein Erlaß der Gebühr ist nicht vorgesehen.

(3) Der RuPrMdJ. hält für die Genehmigung von kraftfahrsportlichen Veranstaltungen des DDAC. die folgenden Sätze für ausreichend:

1. Für Straßenrennen

a) Kraftwagenrennen . . . . 30 RM
b) Rennen für Kraftwagen und Motorräder . . 30 RM
c) Motorradrennen . . . . 20 RM

2. Für Zuverlässigkeitsfahrten

a) sofern sie innerhalb des Bezirkes einer Kreispolizeibehörde stattfinden . . . . 5 RM
b) sofern sie innerhalb des Bezirkes einer Landespolizeibehörde stattfinden . . . . 10 RM
c) sofern sie sich über mehrere Landespolizeibezirke erstrecken . . . . 15 RM

(4) Ich empfehle, diese Sätze, von denen je nach Umfang der Veranstaltung und Grad der polizeilichen Inanspruchnahme nach oben oder unten abgewichen werden kann, als Richtsätze für die Genehmigung der genannten Veranstaltungen zu betrachten, wobei die Gebühr für Rennen, die sich auf mehrere Länder erstrecken, nur einmal, und zwar nur in dem Lande zu erheben wäre, in dem die Veranstaltung beginnt.

---

[1]) Vgl. RGBl. 1934 I S. 455, 869, 912.

Medizinalangelegenheiten.

Allgemeines.

Kostenübernahme für Unfruchtbarmachung.

RdErl. d. RuPrMdJ. v. 9. 12. 1934 — IV f 722/1079 f.

(1) § 13 Abs. 2 des Ges. zur Verhütung erbkranken Nachwuchses v. 14. 7. 1933 (RGBl. I S. 529) und Art. 7 der VO. zur Ausf. des Ges. zur Verhütung erbkranken Nachwuchses v. 5. 12. 1933 (RGBl. I S. 1021) regeln die Kostendeckung für die Ausführung des in Vollzug des Ges. notwendig werdenden chirurgischen Eingriffes.

(2) Durch RdErl. v. 27. 2. 1934 — III a II 713/34 (MBliV. S. 435) Abs. 3 war vorgeschrieben worden, wie in den Fällen zu verfahren ist, in denen nach § 13 Abs. 2 des Ges. die Kosten von der Staatskasse zu übernehmen sind. Bei den hier vorgelegten Anträgen ist die Übernahme der Kosten auf die Staatskasse wiederholt mit einer Bescheinigung der mit dem Eingriff betrauten Krankenanstalt begründet worden, daß der Behandelte Selbstzahler sei. Ich weise nochmals darauf hin, daß in jedem Einzelfalle vor Beantragung der Kostendeckung durch die Staatskasse genau zu prüfen ist, ob nicht eine Krankenkasse oder der Fürsorgeverband zahlungspflichtig ist. Ich erkläre mich aber damit einverstanden, daß, wenn der Behandelte schon vor dem Eingriff in einer Heil- und Pflegeanstalt als Selbstzahler untergebracht war, und dadurch die Zahlungspflicht anderer Stellen einwandfrei ausgeschlossen werden kann, dieser Nachweis als ausreichend anzusehen ist. Wurde der Behandelte dagegen eigens zur Ausführung des Eingriffes in eine Krankenanstalt übernommen, so kann die Erklärung dieser Anstalt, daß der Betreffende Selbstzahler sei, nicht genügen. In diesen Fällen ist stets durch die Heimatbehörde festzustellen, daß andere Kostenträger nicht in Frage kommen. Die gem. RdErl. v. 27. 2. 1934 geforderten Bescheinigungen wie auch die Vermerke über die nach vorstehenden Ausführungen vorgenommenen Prüfungen sind **auf die mir vorzulegenden Rechnungen zu setzen.**

Zusatz für Reg.-Präs. Minden: Auf den Bericht v. 9. 10. 1934 — I M Nr. 625.

An die Ober- u. Reg.-Präs., den Staatskommissar der Hauptstadt Berlin, Pol.-Präs. in Berlin.

— MBliV. S. 1539.

Lehrapotheken; Apotheker-Prüfungsordnung.

RdErl. d. RuPrMdJ. v. 14. 12. 1934 — IV d 3544/34.

(1) Durch den RdErl. v. 7. 4. 1934 — III a V 23/34 (nicht veröffentl.) habe ich Vorschläge eingefordert, welche Apotheken für die Zulassung als Lehrapotheken in Frage kommen. Die daraufhin eingereichten Vorschläge ersuche ich, soweit notwendig, nach Anhörung der örtlich zuständigen Stellen der Standesvertretung nochmals nachzuprüfen, insbesondere nach der Richtung, ob etwa in den Verhältnissen der mir benannten Apotheken Änderungen eingetreten sind, die sie für eine Zulassung als Lehrapotheke nicht mehr geeignet erscheinen lassen, und mir hierüber **bis spätestens 25. 1. 1935** zu berichten. Zu dem gleichen Tage habe ich auch Vorschläge der übrigen Landesregierungen eingefordert, um hiernach das Verzeichnis der als Lehrapotheken zugelassenen Apotheken gemäß § 6 Abs. 1 Buchst. b Satz 4 der neuen Apotheker-Prüfungsordnung v. 8. 12. 1934, die in der am 14. 12. 1934 erscheinenden Nummer 48 des Reichsministerialblatts zur Veröffentlichung gelangt, zu veröffentlichen. Auf die **genaue Einhaltung der Frist** lege ich **besonderen Wert**, um die Veröffentlichung des Verzeichnisses der Lehrapotheken in der ersten Hälfte des Monats Februar vornehmen zu können, damit den am 1. 4. 1935 in den Beruf eintretenden Pharmaziebeflissenen ein genügender Zeitraum bleibt, währenddessen sie die Aufnahme als Praktikanten nachsuchen können.

(2) Soweit in einer der mir benannten Apotheken zur Zeit ein Praktikant ausgebildet wird, dessen Ausbildungszeit über den 1. 7. 1935 hinaus dauern wird, ersuche ich an deren Stelle eine andere Apotheke zu benennen und die bereits in Vorschlag gebrachte Apotheke für das folgende Jahr vorzumerken. Zahlenmäßig ist der Vorschlag auf die im RdErl. v. 7. 4. 1934 genannte Zahl zu beschränken; soweit mehr Lehrapotheken benannt worden sind, stelle ich anheim, die über die angeforderte Zahl hinaus vorgeschlagenen Apotheken für eine Benennung im nächstfolgenden Jahr in Aussicht zu nehmen.

(3) In § 46 Abs. 1 der Prüfungsordnung ist ferner vorgesehen, daß der Kandidat der Pharmazie

Erlaß des Reichs- und Preußischen Ministers des Innern vom 9. Dezember 1934 (IV f 722/1079 f.), Druck, der PHP abschriftlich übermittelt unter dem 18. Januar 1935

Dok.: 16 Kostenregelung der Zwangssterilisation: Zahlungsunwillige Unterhaltspflichtige sollen nicht zur Zahlung gezwungen werden

Erlaß des Reichs- und Preußischen Ministers des Innern vom 3. Januar 1935 (IV f 585/1079 f), Ausfertigung, Abschrift
Bem.: Die heftig propagierte Zwangssterilisation sollte offenbar nicht durch Zwangszahlungen unpopulär gemacht werden.

[. . .]

(2) Wenn der Unfruchtbarzumachende die Kosten des ärztlichen Eingriffs nicht selbst aufbringen kann, sie auch nicht von einer Krankenkasse erhält, aber unterhaltspflichtige Angehörige hat, die fähig sind, diese Kosten zu tragen, so ist er nicht hilfsbedürftig. Dies gilt auch dann, wenn sich die Unterhaltspflichtigen weigern, die Kosten zu tragen. Ein Vorgehen gegen die Unterhaltspflichtigen ist nicht möglich, weil in solchen Fällen, in denen weder der Fürsorgeverband noch eine Krankenkasse Zahlungspflichtig ist, die Staatskasse die Kosten zu tragen hat. Die Weigerung der Unterhaltspflichtigen ist somit berechtigt.

(3) Sind dagegen die Unterhaltspflichtigen nicht fähig, die Kosten zu tragen, so ist der Unfruchtbarzumachende hilfsbedürftig und der Fürsorgeverband hat die Kosten des ärztlichen Eingriffs zu tragen.

[. . .]

Dok.: 17 Kostenregelung der Zwangssterilisation: Senkung der Transportkosten

Städt. Wohlfahrtsamt
Abt. Jugend- u. Gesundheitsfürsorge
Nr. 70/78

Wuppertal, den 31. Mai 1934
~~Rathaus Barmen,~~ Zimmer Nr. 13 . Fernspr. Stadtzentrale 61211/2521
Gr.Flurstr.

An
den Direktor der
Prov.Heil- und Pflegeanstalt
Galkhausen.

PROV. HEIL- U. PFLEGEANSTALT GALKHAUSEN
EINGEG. - 2. JUNI 1934
Tageb.Nr. 559

4.6.34.

Betr.: Durchführung der Unfruchtbarmachung bei dortigen Anstaltsinsassen.

In der Absicht, bei der Durchführung der Unfruchtbarmachung von dortigen Anstaltsinsassen unnötige Transportkosten zu vermeiden, haben wir bisher den Einweisungsschein für die Galkhausen am nächsten gelegene Krankenanstalt ausgestellt. Nach Mitteilung der Städt. Krankenanstalten Wuppertal-Barmen sind jedoch laufend Krankentransporte zwischen Barmen und Galkhausen notwendig, sodaß es möglich ist, die Unfruchtbarzumachenden ohne besondere Kosten in die Städt.Krankenanstalten und nach erfolgter Sterilisation wieder nach dort zurückzubefördern.

Wir werden daher in Zukunft den Einweisungsschein stets für die Städt. Krankenanstalten in Wuppertal-Barmen ausstellen und bitten auch in den bereits dort vorliegenden Fällen die Unfruchtbarzumachenden hierher zu überweisen.

[redacted]

325. 32. 3000. +

Schreiben des Städtischen Wohlfahrtsamtes Wuppertal an den Direktor der PHP Galkhausen vom 31. Mai 1934, behänd. Ausfertigung

Dok.: 18 Kostenregelung der Zwangssterilisation: Günstige Operationspreise der Provinzial-Hebammen-Lehranstalt und Frauenklinik Wuppertal-Elberfeld

Der Oberpräsident der Rheinprovinz
(Verwaltung des Provinzialverbandes)

V D b Tagebuch Nr. Ausf.des Gesetzes
Fernsprecher:
Sammel-Nr. 102 19.

Es wird gebeten, bei allen Eingaben u. Antworten die vorstehende Tagebuch-Nr. anzugeben.

Düsseldorf, den 5. August 193
Landeshaus.
Postfach

Prov. Heil- u. Pflegeanstalt
Galkhausen
Eingeg. 9. AUG. 1936
Tageb. Nr. 1831.

K.H. mit 1 Anlage

der Direktion der Prov.Heil-u. Pflegeanstalt
in Galkhausen

zur Kenntnis. Die Prov.Hebammenlehranstalt und Frauenklinik in Wuppertal-Elberfeld gehört zu denjenigen Krankenanstalten, die zur Durchführung des Gesetzes zur Verhütung erbkranken Nach - wuchses ermächtigt sind.

Sofern die Gesamtkosten bei Durchführung der gesetzlichen Maßnahmen sich in der vorgenannten Krankenanstalt (Tages - satz von 4,50 RM, ohne weitere Operationsunkosten) niedriger als in anderen Krankenanstalten gestalten, was meines Wissens im allgemeinen der Fall sein wird, ersuche ich, in möglichst zahlreichen geeigneten Fällen, unter Zustimmung des zuständigen Amtsarztes, von der Prov.Hebammenlehranstalt und Frauenklinik in Wuppertal-Elberfeld Gebrauch zu machen.

Zum 15.IX.36 sehe ich einem Bericht darüber entgegen, in wieviel Fällen die vorgenannte Anstalt in Anspruch genommen worden ist.

Im Auftrage:
[redacted]

16 = 22

Ki

12 - Elberfeld
14 - Barmen

Verfügung des Oberpräsidenten der Rheinprovinz (VdP) an die Direktion der PHP Galkhausen vom 5. August 1936 (V D b), behänd. Ausfertigung

Dok.: 19 Der Direktor der Provinzial-Hebammen-Lehranstalt und Landesfrauenklinik bestätigt die günstigen Operationskosten

Vermerk eines Arztes der PHP Galkhausen vom 13. August 1936

13. 8. 36. Direktor d[er] Hebammenlehranstalt war mit Dr. [. . .] hier u[nd] erklärte, daß er hinreichende Sicherung und vor allem reichlich Personal für Geisteskranke habe. Er bittet nur um Bericht im Einzelfall, worauf besonders zu achten sei.
Beschluß: Weibliche Kranke (ausgenommen Köln, Remscheid u[nd] einzelne Solinger) im allgemeinen in die Hebammenlehranstalt. – Auto: [. . .]. Begleitung stellt die Oberin. Möglichst einige Kranke (2–3) zusammen kommen lassen.
a) b)

a) Wiederholungszeichen für Paraphe unten
b) Bekanntgabe an und Kenntnisnahme durch die Ärzte

Dok.: 20 Verhinderung der Fortpflanzung und Prioritätensetzung bei den Zwangssterilisationen

Verfügung des Oberpräsidenten der Rheinprovinz (VdP) vom 1. April 1935 (V I a 1.29), behänd. Ausfertigung
Bem.: Der zitierte Runderlaß ist abgedruckt in: Ministerialblatt für die Preußische Innere Verwaltung 1935, S. 365

[. . .] Anliegenden Ministerial-Runderlass des Reichs- und preussischen Ministers des Innern vom 12. 3. 1935 –IV f 107/1079/34 übersende ich zur Kenntnis und sorgfältigen Beachtung.

Auf folgende Punkte weise ich besonders hin:

1.) Die unter das Gesetz zur Verhütung erbkranken Nachwuchses fallenden Kranken sind bis zur Durchführung des unfruchtbarmachenden Eingriffs in den Anstalten so unterzubringen, dass, wie der Ministerialerlass es vorschreibt, eine Fortpflanzung als ausgeschlossen gelten kann.

2.) Nach Erledigung der vordringlichen Fälle ist allmählich die Antragstellung immer mehr auch auf diejenigen Fälle auszudehnen, in denen vorläufig noch die Behandlung und Pflege in einer geschlossenen Anstalt notwendig ist, in denen aber für einen späteren Zeitpunkt eine Entlassung oder eine Unterbringung in Familien- oder Heimpflege oder eine Verpflegung auf einer offenen Abteilung der Anstalt in Betracht kommen kann. Es muss insbesondere unbedingt vermieden werden, dass sich infolge Unterlassung einer rechtzeitigen Antragstellung die Entlassung, Beurlaubung oder billigere Unterbringung eines Kranken, soweit sie im übrigen möglich wird, verzögert. Sehr beachtlich ist der Hinweis des Ministerialerlasses, dass gerade bei der Schizophrenie die Notwendigkeit einer dauernden Anstaltspflegebedürftigkeit nur in einem Teil der Fälle und sicher nicht bei frischen Fällen mit akutem Krankheitsbeginn mit der Sicherheit feststeht, die eine Unterlassung des Antrages wegen dauernder Anstaltspflegebedürftigkeit rechtfertigen könnte. Auf der anderen Seite darf selbstverständlich nicht ausser Acht gelassen werden, dass gerade in frischen Krankheitsfällen die Diagnose Schizophrenie mit besonderer Sorgfalt und Gründlichkeit zu prüfen ist, um Verwechslungen mit nicht unter das Gesetz fallenden exogenen (symptomatischen) oder sonstigen Psychosen schizophrenen Gepräges zu vermeiden. Ich erwähne bei dieser Gelegenheit, dass Veranlassung besteht, darauf hinzuweisen, dass die Bearbeitung der Anträge überhaupt und erst recht in schwierig liegenden Fällen nicht jüngeren Ärzten mit nicht abgeschlossener Ausbildung und unzureichender Erfahrung allein überlassen werden darf, und ersuche, besondere Vorsorge zu treffen, dass gerade schwieriger zu entscheidende Fälle unter besonderer Mitarbeit und unter Verantwortung eines voll ausgebildeten und genügend erfahrenen Arztes erledigt werden.

3.) Von der vorzeitigen Entlassung fortpflanzungsfähiger Erbkranker vor Durchführung der Unfruchtbarmachung mit Genehmigung des Amtsarztes aus besonderen Gründen ist nach dem anliegenden Ministerialerlass nur „mit grösster Zurückhaltung“ Gebrauch zu machen. Zur Vermeidung von unnötigen Härten für die Kranken bezw. deren Familien und zur Vermeidung unnötiger Anstaltspflege ist es jedoch erforderlich, darauf hinzuwirken, dass die zu beachtende grösste Zurückhaltung nicht etwa zu einer grundsätzlichen und auf jeden Fall ausgedehnten Ablehnung der Entlassung wird, sondern begründete Ausnahmen, wie der Ministerialerlass sie vorsieht, tatsächlich ermöglicht werden. Es ist von den örtlichen Verhältnissen abhängig zu machen, inwieweit eine sachgemässe Klärung und Regelung dieser Fragen mit den zuständigen Kreisärzten in unmittelbarer bezw. persönlicher Fühlungnahme seitens der Anstaltsdirektoren in Angriff zu nehmen ist.

4.) Hinsichtlich der im Abschnitt II des Ministerialerlasses gegebenen Gesichtspunkte ersuche ich, sich mit den von der Anstalt belegten zugelassenen Krankenhäusern unmittelbar ins Benehmen zu setzen, damit die getrennte Unterbringung der Kranken in der vorgeschriebenen Weise ermöglicht, andererseits aber auch die Überwachung und Pflege der Kranken in dem erforderlichen Masse sichergestellt wird.

Über die hinsichtlich Punkt 3 und 4 dieses Schreibens gemachten Erfahrungen ersuche ich, mir zum 1. Juli 1935 zu berichten.

Im Auftrage:
[. . .]

An die Direktion
der Prov. Heil- und Pflegeanstalt
in Galkhausen.

Abb.: 19 Propagandistische Vorbereitung und Begleitung der Zwangssterilisation: „Hier trägst Du mit“
Plakat, undatiert

Dok.: 21 Propagandistische und medizinische Tätigkeit der Anstaltsärzte im Rahmen der Eugenik sowie Leistungen der Anstalt für Bedürftige

2. März 1936.

An

den Herrn Oberpräsidenten der Rheinprovinz
(Verwaltung des Provinzialverbandes)
D ü s s e l d o r f.

Betr. Verfügung V D a Tgb.-Nr. 818 v.21.2.1936.

Am 26.5. und 5.7. 1935 wurde die Anstalt von je einer Arbeitsgemeinschaft der Referendare beim Landgericht Köln besücht. Im Anschluss an die Besichtigungen hielt der Direktor einen Vortrag über das Anstaltswesen, über das Auftreten und die Verbreitung der wichtigsten Geisteskrankheiten, insbesondere der unter das Gesetz zur Verhütung erbkranken Nachwuchses fallenden, und über die grosse Bedeutung dieses Gesetzes für unser Volk. Von den Ärzten wurden einzelne Kranken vorgestellt, um die für die verschiedenen Krankheitsformen charakteristischen Symptome zu zeigen.

Am 14.8. wurden 10 Beamte und Angestellte des Kreiswohlfahrtsamtes Opladen und am 13.1.1936 20 Abiturienten des Gymnasiums zu Opladen durch die Anstalt geführt. Auch in diesen beiden Fällen wurde ein Vortrag über den Zweck der Anstalten, über Geisteskrankheiten, ihre Ursache und Entstehung sowie über den Wert des Gesetzes zur Verhütung erbkranken Nachwuchses gehalten.

An Geld- und Sachleistungen sind an das Winterhilfswerk 1935/36 90,30 RM. für das Eintopfgericht der Gefolgschaft an den Eintopfsonntagen Oktober 1935 bis März 1936, und 22,2 Zentner Speisekartoffeln abgeführt worden.

Am Erbgesundheitsobergericht Düsseldorf ist Direktor Dr. [redacted] als Beisitzer tätig gewesen.

Von Anstaltsinsassen sind bisher 241 Männer und 237 Frauen unfruchtbar gemacht worden, davon im Etatsjahr 1935 (- 1.3.1936) 75 Männer und 60 Frauen.

An den Untersuchungen des Jungvolks auf Lagertauglichkeit haben sich der Direktor und die Anstaltsärzte Dr. [redacted] Dr. [redacted] und Dr. [redacted] beteiligt.

Bericht der PHP Galkhausen an den Oberpräsidenten der Rheinprovinz (VdP) vom 2. März 1936, (VDa Tgb.-Nr. 818), Konzept

Dok.: 22 Zwangssterilisation weiblicher Patienten durch radioaktive Bestrahlung wird gestattet

b

VD 2

Abteilung Volksfürsorge

Fünfte Verordnung zur Ausführung des Gesetzes zur Verhütung erbkranken Nachwuchses

Fünfte Verordnung zur Ausführung des Gesetzes zur Verhütung erbkranken Nachwuchses

vom 25. Februar 1936 (RGBl. I S. 122).

Artikel 1

(1) Die Unfruchtbarmachung einer Frau zum Zwecke der Verhütung erbkranken Nachwuchses kann durch Strahlenbehandlung (Röntgenbestrahlung, Radiumbestrahlung) vorgenommen werden,

1. wenn die Frau über 38 Jahre alt ist, oder
2. wenn die Vornahme eines chirurgischen Eingriffs wegen besonderer Umstände mit Gefahr für Leben oder Gesundheit der Frau verbunden oder aus gesundheitlichen Gründen ohnedies eine Strahlenbehandlung der Geschlechtsorgane erforderlich ist und wenn der Leiter des Gesundheitsamts der Strahlenbehandlung zustimmt.

(2) Zur Strahlenbehandlung ist die Einwilligung der Frau erforderlich. Kann ihr wegen ihres krankhaften Geisteszustandes die Bedeutung der Maßnahme nicht verständlich gemacht werden, so bedarf es der Einwilligung des gesetzlichen Vertreters oder Pflegers.

Artikel 2

(1) Die durch Bestrahlung behandelten Personen sind verpflichtet, sich drei Nachuntersuchungen und notfalls einer Nachbehandlung zu unterziehen und dem untersuchenden Arzt alle für die Beurteilung des Erfolges der Strahlenbehandlung notwendigen Angaben zu machen. § 12 Abs. 1 des Gesetzes zur Verhütung erbkranken Nachwuchses findet Anwendung.

(2) Die Ergebnisse der Nachuntersuchungen und einer etwaigen Nachbehandlung sind dem Leiter des Gesundheitsamts mitzuteilen.

Artikel 3

Der Reichsminister des Innern bestimmt die Anstalten und Ärzte, denen die Unfruchtbarmachung durch Röntgen- oder Radiumbestrahlung überlassen werden darf. Er bestimmt auch die hierfür zu berechnenden Gebühren.

Artikel 4

Als Kosten des ärztlichen Eingriffs gelten auch die Kosten der Nachuntersuchung und Nachbehandlung gemäß Artikel 2 Abs. 1 einschließlich der etwa entstehenden Nebenkosten im Sinne des Artikels 9 Abs. 1 Nrn. 1, 2 und 4 der Dritten Verordnung zur Ausführung des Gesetzes zur Verhütung erbkranken Nachwuchses vom 25. Februar 1935 (RGBl. I S. 289).

Artikel 5

(1) Soll aus gesundheitlichen Gründen eine Unfruchtbarmachung durch Strahlenbehandlung vorgenommen werden, so ist nach den Vorschriften der Artikel 3 bis 14 der Vierten Verordnung zur Ausführung des Gesetzes zur Verhütung erbkranken Nachwuchses vom 18. Juli 1935 (RGBl. I S. 1035) zu verfahren.

(2) Ist zu erwarten, daß eine Frau infolge einer Strahlenbehandlung, die nicht zum Zwecke der Unfruchtbarmachung stattfindet, unfruchtbar wird oder daß hierdurch sonstige Funktionen ihrer Geschlechtsorgane beeinflußt werden, so kann der Leiter der Gutachterstelle ohne Beiziehung von Gutachtern entscheiden.

Fünfte Verordnung zur Ausführung des Gesetzes zur Verhütung erbkranken Nachwuchses vom 25. Februar 1936, Ausfertigung, Druck.
Der PHP abschriftlich übermittelt unter dem 17. März 1936

(3) In den Fällen der Absätze 1 und 2 kann der Leiter der Gutachterstelle zulassen, daß die Strahlenbehandlung auch außerhalb einer Krankenanstalt und in Anstalten und von Ärzten vorgenommen wird, die zur Strahlenbehandlung aus erbpflegerischen Gründen (Artikel 1 bis 4) nicht zugelassen sind.

(4) Die Vorschriften dieses Artikels finden bei über 45 Jahre alten Frauen keine Anwendung.

Artikel 6

Der Reichsminister des Innern regelt die Einzelheiten durch Erlaß. Er kann seine Befugnisse ganz oder teilweise auf nachgeordnete Behörden übertragen.

Artikel 7

Die Verordnung tritt am 1. Mai 1936 in Kraft.

Dok.: 23 Kosten- und Honorarfestlegung für Zwangssterilisationen mittels Radioaktivität

---

Kosten für Unfruchtbarmachung durch Strahlenbehandlung.

36, 576
109
36, 703
geändert

RdErl. d. RuPrMdJ. v. 24. 4. 1936 — IV A 5293/1079 f.

(1) Auf Grund der Ermächtigung im Art. 3 Satz 2 der 5. VO. zur Ausf. des Ges. zur Verhütung erbkranken Nachwuchses v. 25. 2. 1936 (RGBl. I S. 122) setze ich hiermit als Gebühr für die Unfruchtbarmachung der auf Grund eines Beschlusses eines Erbgesundheitsgerichts unfruchtbar zu machenden Frauen fest:

a) Für die Unfruchtbarmachung durch Bestrahlung mit Röntgenstrahlen einschl. des Honorars für die ärztl. Verrichtungen und Ausfüllung des Vordrucks . . . 50 *RM*

b) Für die Unfruchtbarmachung durch Bestrahlung mit radioaktiver Substanz einschl. der ersten Untersuchung, der zur Einlegung des Präparats erforderlichen ärztl. Maßnahmen und der Ausfüllung des Untersuchungsvordruckes . . . . 40 *RM*

(2) Die Begleichung der hierneben sonst noch entstehenden Gebühren (wie z. B. Reisekosten, Verpflegungskosten in der Anstalt usw.) regelt sich nach den hierfür erlassenen Bestimmungen (Art. 7 Abs. 2 der 1.[1]), Art. 9 Abs. 1 und 2 der 3.[2]) und Art. 4 der 5. VO.[3]) zur Ausführung des Ges. zur Verhütung erbkranken Nachwuchses.

c) Für jede Nachuntersuchung gem. Art. 2 der 5. VO. zur Ausführung des Ges. zur Verhütung erbkranken Nachwuchses (RGBl. 1936 I S. 122) . . . . . 3 *RM*

An die Landesregierungen, den Reichskommissar für die Rückgliederung des Saarlandes. — Für Preußen: An die Reg.-Präs., den Pol.-Präs. in Berlin, den Staatskommissar der Hauptstadt Berlin. — RMBliV. S. 576.

---

[1]) Vgl. RGBl. 1933 I S. 1021.
[2]) Vgl. RGBl. 1935 I S. 289.
[3]) Vgl. RGBl. 1836 I S. 122.

Erlaß des Reichs- und Preußischen Minister des Innern vom 28. April 1936 (IV 5293/1079 f.), Druck. Der PHP abschriftlich übermittelt unter dem 3. Juli 1936

Dok.: 24 Ehevermittlung für Zwangssterilisierte

Schreiben des Deutschen Gemeindetages vom 24. Juni 1936, Ausfertigung, Abschrift

[. . .] Betr.: Vermittlung von Ehen zwischen erbkranken Sterilisierten.

Im § 1 Abs. 2 des Ehegesundheitsgesetzes ist vorgesehen, dass erbkranke Sterilisierte sich heiraten können. Nach mir gewordenen Mitteilungen treten frühere Insassen der Heil- und Pflegeanstalten wiederholt mit der Bitte um Vermittlung derartiger Ehen an die Anstalten heran. In manchen Fällen wird durch eine richtige Vermittlung derartiger Ehen sich zweifellos das Zurückgleiten in Anstaltspflegebedürftigkeit mit ihren finanziellen Nachteilen usw. verhindern lassen. Da die im Erbgesundheitsgesetz festgelegte Schweigepflicht es den Standesämtern nicht ermöglicht, sich an die Gesundheitsämter zu wenden, so ist beim Deutschen Gemeindetag angeregt worden, darauf hinzuwirken, dass in Anlehnung zunächst an ein grösseres Gesundheitsamt eine Vermittlungsstelle eingerichtet und diese nur den Anstalten und Gesundheitsämtern bekannt gegeben wird.

Bevor ich diese Anregung weiter verfolge, bitte ich auf Grund der dort gemachten Erfahrungen zu ihr Stellung zu nehmen.

Der Geschäftsführende Präsident
Im Auftrag
[. . .] Beigeordneter. [. . .]

Dok.: 25 Ehewünsche Zwangssterilisierter in der PHP Galkhausen

Bericht der PHP Galkhausen an den Oberpräsidenten der Rheinprovinz (VdP) vom 9. Juli 1936 (VDA 2631), genehmigtes Konzept

Bisher ist die Absicht zu heiraten und der Wunsch, ihnen eine Ehe zu vermitteln, nur von 3 Sterilisierten (1 Frau und 2 Männern) geäußert worden, die sich unseres Erachtens nicht zur Ehe eignen und daher auch nicht für eine Vermittlung in Betracht kommen.

Um einen klaren Überblick zu gewinnen, haben wir die Liste sämtlicher bisher sterilisierter Frauen durchgeprüft und sind zu dem uns selbst überraschenden Ergebnis gekommen, dass keine Frau zur Eingehung einer Ehe empfohlen werden kann. Sowohl medizinische, als auch juristische und soziale Gründe sprechen dagegen. Bei den von den Anstalten aus zur Sterilisation in Vorschlag gebrachten Erbkranken sind meistens schon derartig schwere Schwachsinnszustände, psychische Abwegigkeiten, Krankheitssymptome und Charakterveränderungen vorhanden, dass sie als Ehepartner nur empfohlen werden können, wenn der andere Partner volles Verständnis für die Schwächen besitzt, auf die Sonderheiten eingeht und in der Lage ist, die Leitung zu übernehmen. Dies wird in den seltensten Fällen oder überhaupt nicht von dem ebenfalls erbkranken Partner zu erwarten sein. Vom juristischen Standpunkt aus betrachtet bin ich der Ansicht, dass ein Psychiater die Verantwortung für eine solche vermittelte Ehe nicht übernehmen kann. Könnte er nicht sogar bei dem ziemlich sicheren Scheitern solcher Ehen haftbar gemacht werden? – Ich glaube aber auch nicht, dass durch die Vermittlung und Schließung von Ehen zwischen aus Anstalten entlassenen, sterilisierten Erbkranken diesen selbst und unserm Volke in sozialer Beziehung geholfen wird. Die Pflichten, Lasten und Verantwortung sind für die Kranken viel größer als wenn sie allein leben; sie werden daher auch eher zusammenbrechen und dann erhöhte Aufwendungen aus öffentlichen Mitteln erfordern. Ferner wird durch derartige Eheschließungen der z.Zt. bestehende Mangel an Kleinwohnungen weiter erhöht. 2 Frauen haben nach vorgenommener Sterilisierung geheiratet. Beide Ehen gestalteten sich unglücklich, beide Frauen sind wieder in der Anstalt.

Ich erachte daher, dass die Notwendigkeit einer Vermittlung von Ehen zwischen sterilisierten früheren Anstaltsinsassen kaum besteht. Dagegen halte ich eine Vermittlung für die noch nicht in Anstalten gewesenen, zahlreichen Sterilisierten unbedingt notwendig. Bei diesen sind die Erscheinungen oftmals derartig gering, dass eine Ehe nicht abzulehnen, sondern häufig wünschenswert ist, um ein Entgleisen in sexueller Beziehung mit allen derartigen Folgen zu verhindern. Aber auch bei Vermittlung dieser Ehen muss ein hochgradiges Verantwortungsgefühl und sorgfältigste Auswahl verlangt werden. [. . .]

Dok.: 26 Die Zwangssterilisation von Alfred [. . .] wird angeordnet

1 a XIII 145/36

Prov.-Heil- u. Pflegeanstalt
Johannistal, Süchteln
Eing.: 25. AUG. 1936
T. Nr.

Beschluss.

Auf den Antrag des Direktors der Prov. Heil- und Pflegeanstalt in Johannistal bei Süchteln hat das Erbgesundheitsgericht bei dem Amtsgericht in Krefeld in seiner Sitzung vom 19. August 1936, an welcher teilgenommen haben:

1. Amtsgerichtsrat [redacted] als Vorsitzender,
2. Amtsarzt Dr. [redacted] aus Moers
3. Dr. med. [redacted] aus Krefeld als ärztliche Richter,

beschlossen:

Der am 13. November 1901 zu Krefeld geborene, zuletzt daselbst wohnhaft gewesene und zur Zeit in der Prov. Heil- und Pflegeanstalt Johannistal b/Süchteln befindliche Alfred [redacted], Sohn des verstorbenen Wilhelm [redacted] aus der Ehe mit Betty geb. [redacted], ist unfruchtbar zu machen.

Die Kosten des Verfahrens trägt die Reichskasse.

Gründe:

Alfred [redacted] hat nur mit mässigem Erfolge die Volksschule besucht; jedenfalls ist er mehrmals sitzen geblieben. Nach der Schulentlassung hat er das Kürschnerhandwerk erlernt. Er hat, nachdem er häufiger seinen Arbeitsplatz gewechselt hatte, sich später als selbständiger Kürschnermeister in Krefeld niedergelassen. Er ist wiederholt straffällig geworden. Aus dem beigezogenen Strafregisterauszug ergibt sich, dass er 13 Mal, darunter wiederholt wegen Diebstahls, und zwar auch wegen schweren Diebstahls, wegen Unterschlagung, Betrugs, Untreue und wegen Amtsanmassung bestraft ist. Am 16.11.1931 ist seine erste Einlieferung in die Heil- und Pflegeanstalt Johannistal auf Veranlassung der Polizeiverwaltung zum Zwecke der Beobachtung des [redacted] erfolgt. Bei der Aufnahme und auch späterhin erwies sich [redacted], der von der Polizeiverwaltung als gemeingefährlich bezeichnet worden war, zwar als orientiert; jedoch äusserte er schon damals paranoide Ideen, als wenn er von irgendeiner Seite beobachtet und abfällig ~~über ihn~~ beurteilt würde etc.. Auch brachte er alle möglichen unhaltbaren Anschuldigungen gegen seine Umgebung

Beschluß des Erbgesundheitsgerichts Krefeld, undatiert [19. August 1936], für die PHP Johannistal, Süchteln, behänd. Ausfertigung

77

vor. Er stellte auf der Station wiederholt alle möglichen, gegen ihn gerichteten Machenschaften fest und er meinte, die verschiedensten Komplotte, Verschwörungen und dergl. aufgedeckt zu haben. Auch war er der Meinung, dass hinter seiner Einweisung ihm feindlich gesinnte Personen ständen, dass insbesondere seine Konkurrenz auf seine Unterbringung hingewirkt habe, um ihn unschädlich zu machen. In seiner Einstellung zum Pflegepersonal, zu den Anstaltsärzten und Mitpatienten war [redacted] ausgesprochen querulatorisch, indem er hinter jeder Anordnung eine gegen ihn persönlich gerichtete Spitze erblickte. Am 22. Dezember 1931 ist er mit Genehmigung der Polizeiverwaltung als ungeheilt, aber nicht als geisteskrank im Sinne des § 51 St.G.B. mit der Diagnose Psychopathie entlassen worden. Am 11. Juli 1933 ist er erneut in die Anstalt Johannistal eingewiesen worden, nachdem er einige Tage zuvor aus der Strafanstalt in Anrath, woselbst er eine längere Freiheitsstrafe verbüsst hatte, entlassen war. Während der letzten Haftzeit in der Strafanstalt zu Anrath glaubte er, und zwar vielleicht deshalb, weil ihm ein Gefängniswachtmeister daselbst gesagt hatte, dass Leute wie er im dritten Reiche umgebracht würden, dass ihm giftige Pulver, und zwar hauptsächlich in den ihm gereichten Nahrungsmitteln verabfolgt würden. Bei der erneuten Aufnahme war er sehr erregt und er lief nur mit dem Nachthemd bekleidet in seinem Zimmer umher. Im allgemeinen bot er das gleiche Bild, wie bei seinem ersten Anstaltsaufenthalt. In seiner Haltung war er reichlich uneinsichtig, deutlich läppisch und zeitweise ausgesprochen verschroben. Verschiedentlich steckte er auch voller Wahnideen. Wiederholt äusserte er, dass sich gegen ihn etwas, das er allerdings noch nicht genau bezeichnen könne, abspiele. Er deutete auch an, dass alle möglichen schmutzigen Handlungen, die er aber nicht näher bezeichnete, vorgenommen würden. Mehrfach äusserte er auch Vergiftungsideen. In seinen Arbeitsleistungen erweist er sich als ganz unregelmässig und unzuverlässig. In seinem Verhalten ist er ausgesprochen intrigant. Er glaubt, in seiner querulatorischen Art alle möglichen Berichte erstatten und seine vermeintlichen Beobachtungen melden zu müssen. Er ist auch heute noch in seiner Haltung eigenartig läppisch und in seinem affektiven Verhalten ausgesprochen leer, sodass ein Kontakt mit ihm garnicht herzustellen ist.

78

Seine zahllosen, mit religösen Betrachtungen vermengten Briefe stellen sich inhaltlich nur als ganz leeres und nicht verwertbares Gerede dar.

Nach alledem erscheint die auf Schizophrenie (hebephrenes Zustandsbild mit Neigung zu paranoider Verarbeitung und zeitweiligen Wahnbildungen) lautende Diagnose gesichert. Zur Verhütung erbkranken Nachwuchses war daher die Unfruchtbarmachung des fortpflanzungsfähigen Alfred Benzing, der im übrigen erklärt hat, dass er gegen seine Unfruchtbarmachung nichts einzuwenden habe, gemäss § 1 Abs. 2 Ziffer 2 des Gesetzes vom 14.7.1933 anzuordnen.

Gegen diesen Beschluss kann binnen der Notfrist von 14 Tagen nach der Zustellung schriftlich oder zur Niederschrift der Geschäftsstelle des hiesigen Erbgesundheitsgerichts oder des Erbgesundheitsobergerichtes in Düsseldorf Beschwerde eingelegt werden.

gez. [redacted] Dr. [redacted] Dr. [redacted]

Ausgefertigt:
[redacted]
Justizangestellter
als Urkundsbeamter der Geschäftsstelle
des Erbgesundheitsgerichts.

27/8.36 Verzichterklärung ab
H.

Dok.: 27 Die Revision gegen das Sterilisationsurteil scheitert

Beschluß des Erbgesundheitsobergerichts Düsseldorf vom 26. Oktober 1936, behänd. Ausfertigung

12 Wg 516/36
la XIII 145/36

Beschluß Abschrift

In Sachen betreffend die Unfruchtbarmachung des Alfred [. . .] aus Krefeld, geboren am 13. 11. 1901 zu Krefeld, z. Zt. in der Prov. Heil- und Pflegeanstalt Johannistal bei Süchteln,
vertreten durch Rechtsanwalt Dr. [. . .] in Krefeld, als Pfleger
hat das Erbgesundheitsobergericht bei dem Oberlandesgericht in Düsseldorf unter Mitwirkung des Oberlandesgerichtsrats [. . .] als Vorsitzenden,
des beamteten Arztes Medizinalrat Dr. [. . .] und des nichtbeamteten Arztes Dr. med. [. . .] als Beisitzer, auf die Beschwerde des Pflegers gegen den Beschluss des Erbgesundheitsgerichts in Krefeld v. 19. August 1936 in der Sitzung vom 26. Oktober 1936 beschlossen:

Die Beschwerde wird zurückgewiesen.
Die Kosten des gerichtlichen Verfahrens
trägt die Reichskasse.

Dieser Beschluss unterliegt keinem weiteren Rechtsmittel und ist daher rechtskräftig.

Gründe:

Die Beschwerde ist formell zulässig, sachlich aber unbegründet.

Das Erbgesundheitsgericht hat die Unfruchtbarmachung des Alfred [. . .] wegen Schizophrenie angeordnet. Die Ausführungen in dem angefochtenen Beschluss sind eingehend und überzeugend. Aus dem ausführlichen und umfangreichen Krankenblatt der Prov. Heil und Pflegeanstalt Johannistal ist ersichtlich, dass es sich nicht um eine einfache psychopathische Querulanz handelt, dass Alfred [. . .] vielmehr an einer echten Paranoia leidet mit

Neigung zu zeitweisen echten Wahnbildungen. Auch diese Erscheinung gehört zum schizophrenen Formenkreis. Die Diagnose ist danach bedenkenfrei sichergestellt, sodass die Einweisung des Unfruchtbarzumachenden in eine andere Anstalt nicht erforderlich ist. Die Beschwerde war daher zurückzuweisen.

gez: [. . .] Dr. [. . .] Dr. [. . .]

Ausgefertigt:
gez: [. . .]
Justizsekretär,
als Urkundsbeamter der Geschäftsstelle.

Dok.: 28 Eine Eingabe beim ‚Stellvertreter des Führers' soll die Zwangssterilisation von Alfred [. . .] abwenden

Der Oberbürgermeister
Der Stadt Krefeld-Uerdingen a. Rh.
Geschäftszeichen Nr. 82
(Gesundheitsamt)

Krefeld, den 19. Februar 1937.

7.23.55/18

An den

Herrn Direktor der Heil - und Pflegeanstalt

G a l k h a u s e n

Betrifft : Entlassung des Alfred [redacted], geb. 13. 11. 1901.

Dortiges Schreiben vom 8. 2. 1937. Dr. [redacted]

Gegen die Entlassung des Alfred [redacted] vor der Ausführung der Unfruchtbarmachung habe ich doch Bedenken und kann vorläufig meine Erlaubnis nicht dazu geben .

Wie mir der Bruder des [redacted] in einem Briefe vom 13. 1. mitgeteilt hat, ist bereits Anfang Januar eine Eingabe an den Stellvertreter des Führers eingereicht worden. M. E. kann die Antwort auf diese Eingabe nicht mehr lange auf sich warten lassen, da in dem Ministerial Erlass über den vorläufigen Aufschub in solchen Fällen, ausdrücklich erwähnt ist ,dass die Entscheidung des Stellvertreters des Führers möglichst kurzfristig erfolgen soll.

Ich muss daher den [redacted] bitten sich noch zu gedulden, da in kurzer Zeit die Entscheidung über die Sterilisation zu erwarten ist.

i. A.

[redacted]

Leitender Amtsrzt.

Kenntnis genommen
Dr. [redacted]
22/II 37.

Schreiben des Oberbürgermeisters von Krefeld-Uerdingen (Gesundheitsamt) an die PHP Galkhausen vom 19. Februar 1937, behänd. Ausfertigung

Dok.: 29 Der ‚Stellvertreter des Führers' unternimmt nichts gegen die Zwangssterilisation von Alfred [. . .]

Der Oberbürgermeister
der Stadt Krefeld-Uerdingen a. Rh.
Geschäftszeichen Nr. 82
(Gesundheitsamt)

Krefeld, den 12. Juli 1937.

An die

Leitung der Heil- und Pflegeanstalt
G a l k h a u s e n

L a n g e n f e l d

Heil- u. Pflegeanstalt
Galkhausen
Eing. 14. JULI 1937
Tageb. Nr. . . .

Der Stellvertreter des Führers hat dem Erbgesundheitsgericht Krefeld Mitteilung gemacht , dass er in seiner Angelegenheit nichts mehr unternehmen könne. Alfred [redacted] muss sich also jetzt der Sterilisierung unterziehen. Ich lege zu diesem Zwecke eine Aufforderung an ihn bei und bitte seine Überführung in das nächste Krankenhaus , das die Berechtigung zur Vornahme von Sterilisierungen hat, veranlassen zu wollen. Von der Überführung bitte ich mir Mitteilung zu machen. Dem vorläufigen Vormund Herrn [redacted] ist eine Abschrift der Einweisungsverfügung übergeben worden, er behauptet die Vormundschaft bereits niedergelegt zu haben.

i. A.

[redacted]

Leitender Amtsarzt.

- 1- Anlage

[illegible].
Dr. [redacted]
14. VII. 37.

Schreiben des Oberbürgermeisters von Krefeld-Uerdingen (Gesundheitsamt) an die PHP Galkhausen vom 12. Juli 1937, behänd. Ausfertigung

Dok.: 30 Alfred [. . .] soll sich zur Sterilisation im Krankenhaus melden

100

Gesundheitsamt
Gesch.-Z.: 82
Abt. Erb- u. Rassenpflege.

Krefeld, den 16. 11. 1936

An Herrn/~~Frau/Fräulein~~ Alfred [redacted]
d.d. Leitung der Heil- und Pflegeanstalt Johannistal
in Süchteln

Wohnung:

Prov.-Heil- u. Pfl.-Anst.
Johannistal
Eing.: 17. NOV. 1936
T. Nr. 1

ma

Da der Beschluß des Erbgesundheitsgerichtes, bezw. Erbgesundheitsobergerichtes Düsseldorf vom 26. 10. 36 betr. Ihre Unfruchtbarmachung rechtskräftig geworden ist, ersuche ich Sie, unter Hinweis auf das Gesetz zur Verhütung erbkranken Nachwuchses, sich binnen ~~14 Tagen~~, 3 Tagen in ~~das~~ / die städtischen Krankenanstalten in Krefeld zu begeben und die Operation vornehmen zu lassen.

2

Dieses Schreiben und der Beschluß des Erbgesundheitsgerichtes, bezw. Erbgesundheitsobergerichtes sind dort vorzulegen.

[redacted]
Leitender Amtsarzt.

300(X.36)

Schreiben des Oberbürgermeisters von Krefeld-Uerdingen (Gesundheitsamt) an die PHP Johannistal, Süchteln vom 16. November 1936, behänd. Ausfertigung

Dok.: 31 Die Zwangssterilisation von Alfred [. . .] ist durchgeführt

nach
Meldeschein für Sterilisation:

Name und Vorname: [redacted],Alfred,

Alter: 36 J.

Wohnung: z.Zt.Anstalt Galkhausen

Beruf: /

Diagnose: Schizophrenie

Aufnahme: 19.7.37.

Entlassung: 23.7.37.

Aktenzeichen:

Städt.Krankenanstalten
Wuppertal-Barmen

[redacted]

Meldung der Städtischen Krankenanstalten Wuppertal-Barmen vom 23. Juli 1937

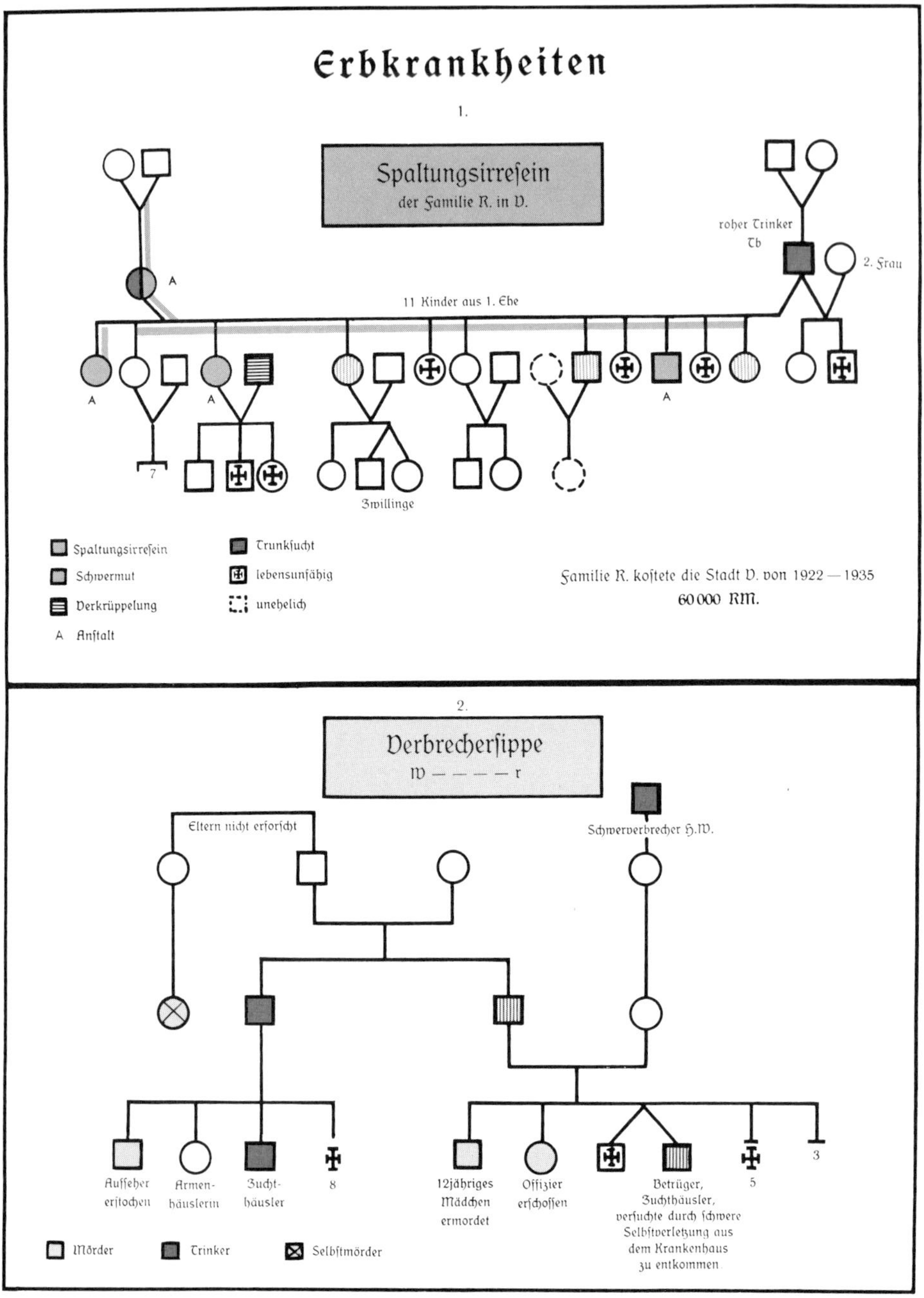

Abb.: 20 Propagandistische Vorbereitung und Begleitung der Zwangssterilisation: „Erbkrankheiten"
Schautafel, undatiert

Dok.: 32 Wegen Komplikationen und Todesfällen bei Zwangssterilisationen werden die Ärzte zu höherer Sorgfalt angehalten. Zwangssterilisation von Ausländern nur mit ministerieller Zustimmung

Abschrift!

Der Preußische Minister des Jnnern. Berlin, den 21. August 1934

III a II 2720/34

Nach einem Rundschreiben des Herrn Reichsministers des Jnnern vom 18. Juli 1934 sind im Anschluß an Unfruchtbarmachungen, die auf Grund des Gesetzes zur Verhütung erbkranken Nachwuchses vorgenommen wurden, bei den operierten Personen wiederholt Störungen im Heilverlauf aufgetreten und auch einige Todesfälle vorgekommen. Es ist unzweifelhaft, daß ein vermehrtes Auftreten solcher Zwischenfälle die weitere Durchführung des Gesetzes sehr erschweren muß. Wie aus den dem Herrn Reichsminister des Jnnern zugegangenen Berichten zu entnehmen ist, sind die erwähnten Vorkommnisse in den meisten Fällen darauf zurückzuführen, daß der Eingriff vorgenommen wurde, obwohl sich an den Geschlechtsorganen oder auch an anderen Körperteilen der Betroffenen entzündliche Vorgänge abspielten. Jch ersuche, die mit der Vornahme des Eingriffs betrauten Ärzte darauf hinzuweisen, daß der Beschluß des Erbgesundheitsgerichts bezw. Erbgesundheitsobergerichts auf Unfruchtbarmachung sie von der Verantwortung für die Vornahme des Eingriffs unter den gegebenen Bedingungen nicht entlastet. Die Unfruchtbarzumachenden sind daher vor der Vornahme des Eingriffs eingehend darauf zu untersuchen, ob nicht gesundheitliche Gründe gegen den Eingriff sprechen.

Jm Hinblick darauf, daß nach Art.1, Abs.2 der Verordnung zur Ausführung des Gesetzes zur Verhütung erbkranken Nachwuchses vom 5. Dezember 1933 der Antrag auf Unfruchtbarmachung ~~unterblei-~~ ben soll, wenn der Erbkranke nicht als fortpflanzungsfähig anzusehen ist, ersuche ich, die zum Eingriff ermächtigten Ärzte anzuweisen, vor und während der Ausführung der Operation darauf zu achten, ob etwa eindeutige Anzeichen für eine bereits bestehende Unfruchtbarkeit (z.B. hochgradiger Jnfantilismus, Tubenverlegung durch doppelseitige Salpingitis) mit völliger Sicherheit erkennbar sind. Jn derartigen Fällen würde der Eingriff, sofern es

noch

Erlaß des Preußischen Minister des Innern vom 21. August 1934 (III a II 2720/34), Ausfertigung, Abschrift noch an der Zeit ist, zu unterlassen und der zuständige beamtete Arzt zwecks Einleitung der Wiederaufnahme des Verfahrens (§ 12 Abs.2 des Ges.) zu benachrichtigen sein. Wird die Unfruchtbarmachung vorgenommen, so soll der Arzt diejenige Methode der Verlegung, Undurchgängigmachung oder Durchtrennung der Eileiter bezw. Samenleiter anwenden, die er am besten beherrscht. Die im Kommentar Gütt-Rüdin-Ruttke geschilderte und bebilderte Methode der Tubenknotung ist nicht zwingend vorgeschrieben.

Sollten trotz dieser Vorsichtsmaßnahmen weiterhin Komplikationen im Anschluß an den Eingriff auftreten, so ist deren Ursache möglichst zu klären. Bei Todesfällen wird zu diesem Zweck die Genehmigung zur Leichenöffnung anzustreben sein. Über derartige Vorkommnisse ist mir in jedem Einzelfall eingehend und unverzüglich zu berichten. Jm übrigen bringe ich in Erinnerung, daß die beamteten Ärzte verpflichtet sind, bei jeder sich bietenden Gelegenheit den Zweck des Gesetzes zur Verhütung erbkranken Nachwuchses zu erläutern und die Bevölkerung über die Notwendigkeit der Unfruchtbarmachung für die Gesamtheit des Volkes und den hieraus sich ergebenden Nutzen für die Allgemeinheit zu belehren. Jnsbesondere muß immer wieder darauf hingewiesen werden, daß die Unfruchtbarmachung keinesfalls als eine Strafmaßnahme anzusehen ist, und es muß unbedingt vermieden werden, daß der unfruchtbar Gemachte wegen seiner ihm unverschuldet überkommenen erblichen Belastung irgendwelchen Benachteiligungen oder spöttischen und beleidigenden Angriffen ausgesetzt wird. Ebenso weise ich nochmals auf strengste Befolgung der Vorschriften über die Dienstverschwiegenheit aller in Betracht kommenden Stellen hin. Mit der Schweigepflicht ist es auch nicht vereinbar, wenn dem von der Anzeige Betroffenen der Name des anzeigenden Arztes bekannt gegeben wird.

Bezüglich der Behandlung von Ausländern ist folgendes zu beachten:

Bereits im Vorverfahren, also vor Antragstellung beim Erbgesundheitsgericht ist bei Ausländern (auch Staatenlosen) unter Hinweis auf den Erlaß des Reichsministers des Jnnern vom 9. Mai 1934 dem Regierungspräsidenten zu berichten und die Behandlung des Falles nach dessen Weisung vorzunehmen. Wi das gerichtliche Verfahren durchgeführt, so ist schon im Antrag an das Erbgesundheitsgericht die Ausländereigenschaft des Erbkranken hervorzuheben. Wird der Ausländer zur Unfruchtbarmachung verurteilt, so hat der Kreisarzt erneut dem Regierungspräsidenten unter Beifügung eines kurzen Gutachtens über die Erbkrankheit oder den Alkoholismus des Ausländers wegen der etwa zu ergreifenden fremdenpolizeilichen Maßnahmen zu berichten.

Die Unfruchtbarmachung eines Ausländers bedarf meiner ausdrücklichen Zustimmung und setzt eine Äußerung des Reichsministers des Jnnern und des Auswärtigen Amtes mir gegenüber voraus.

Wird dem Regierungspräsidenten von dem Kreisarzt berichtet, daß es sich bei einem Verfahren zum Zwecke der Unfruchtbarmachung um einen Ausländer handelt, so ist entsprechend dem Erlaß des Reichsministers des Jnnern zu verfahren.

Jn Vertretung:
gez. [redacted]

An die Herren Ober- und Regierungspräsidenten.

=========

Dok.: 33 Die Zwangssterilisation soll den kriegsbedingten Verhältnissen angepaßt weiter durchgeführt werden

Abschrift.

Der Reichsminister des Innern
IV b 4720/39
1079

Berlin, den 5. Dezember 1939.
NW 40, Königsplatz 6.

Betrifft: Durchführung des Gesetzes zur Verhütung erbkranken Nachwuchses.

Das Ausmaß der Durchführung des Gesetzes zur Verhütung erbkranken Nachwuchses ist durch die Verordnung zur Durchführung des Gesetzes zur Verhütung erbkranken Nachwuchses und des Ehegesundheitsgesetzes vom 31.August 1939 - RGBl.I S.1560 - den derzeitigen Verhältnissen entsprechend festgelegt worden. Wie ich festgestellt habe, werden die in der Verordnung und in meinem Erlaß vom 13.September 1939 - IV b 3842/39-1079 - gegebenen Weisungen von einzelnen Dienststellen in einer Form ausgelegt, die mit den gegebenen Anweisungen nicht in Übereinstimmung zu bringen ist.

Zur Richtigstellung irriger Auffassungen sind die einschlägigen Gesichtspunkte von meinem Sachbearbeiter in dem abschriftlich beigefügten Schreiben an den Vorsitzenden des Erbgesundheitsgerichts Berlin zusammengestellt. Ich ersuche, hiernach künftig zu verfahren. Den Anstaltsärzten ist hiervon gleichfalls Kenntnis zu geben. Bei dieser Gelegenheit sind die Anstaltsärzte darauf hinzuweisen, daß ihrer weiteren Antragstätigkeit durch die Verordnung keine Einschränkungen auferlegt sind. § 1 Abs.1 sieht lediglich vor, daß derartige Anträge über den Amtsarzt zu leiten sind. Die zur Weiterleitung an die Amtsärzte erforderlichen Überdrucke sind beigefügt.

In Vertretung:
gez. Dr. Conti.

An die außerpreuß. Landesregierungen,
den Herrn Reichskomm.f.d.Saarland,
die Herren Regierungspräsidenten
(außer Kattowitz und Zichenau),
den Herrn Polizeipräsidenten in Berlin,
die Landeshauptmänner in der Ostmark,
den Bürgermeister von Wien,
die Amtsärzte.

Reichsministerium des Innern.
Ministerialrat Dr.Linden.

Berlin, den 5. Dezember 1939.
NW 40, Königsplatz 6.

Hierdurch bestätige ich den Eingang Ihres Schreibens vom 20.November 1939 - 261.Sam.VI.Sdh. -, dessen Inhalt mich außerordentlich interessiert hat. Die Verordnung vom 31.August 1939 zur Durchführung des Gesetzes zur Verhütung erbkranken Nachwuchses und des Ehegesundheitsgesetzes ist absichtlich weit gefaßt, um den für die Durchführung der Gesetze verantwortlichen Dienststellen eine Möglichkeit zu ihrer Steuerung nach den sich aus der Lage ergebenden Verhältnissen offen zu halten. Bei den schon einige Zeit zurückliegenden Vorarbeiten zu der Verordnung konnte selbstverständlich nicht vorausgesehen werden, wie sich die Kriegslage und die Inanspruchnahme der Gesundheitsämter usw. im einzelnen gestalten würde. Da aber der Gesetzgeber auch unter Annahme der schwierigsten Verhältnisse sich für eine Durchführung der Gesetze, wenn auch mit gewissen Einschränkungen, ausgesprochen hat, besteht kein Zweifel, daß eine vollkommene Stoppung der Antragstellung, wie sie anscheinend bei einzelnen Dienststellen eingetreten ist, nicht als dem Willen des Gesetzgebers entsprechend angesehen werden kann. Vielmehr sollen die Gesetze im Rahmen des Möglichen durchgeführt werden. Nach dem Erlaß des Herrn Reichsministers des Innern vom 13.September 1939 - IV b 3842/39-1079 - sind keine Anträge zu stellen bei möglicher aber unwahrscheinlicher Fortpflanzung sowie in unklaren und Grenzfällen. Ich bin eigentlich erstaunt, daß über die Auslegung dieser Begriffe Meinungsverschiedenheiten aufkommen konnten. Ich möchte aber, da, wie Sie schreiben, doch Auffassungsverschiedenheiten bestehen, die Gelegenheit wahrnehmen, um Sie von meiner Auffassung in Kenntnis zu setzen.

Erlaß des Reichsministers des Innern vom 5. Dezember 1939 (IV b 4720/39/1079), Ausfertigung, Abschrift

Es kann keine Rede davon sein, daß die vom Gesetzgeber in § 1 der in Rede stehenden Verordnung angeführte "besonders große Fortpflanzungsgefahr" bereits durch eine reichliche Nachkommenschaft dargetan sein muß. Der Gesetzgeber wollte vielmehr lediglich die Möglichkeit geben, bei der Antragstellung nicht nur die theoretische Möglichkeit der Fortpflanzung sondern auch die praktische Fortpflanzungsgefahr in Rechnung zu stellen. Wie Sie wissen, haben wir bisher grundsätzlich die Auffassung vertreten, daß die Frage der Fortpflanzungsfähigkeit vom Erbgesundheitsgericht nach dem körperlichen Befund zu beurteilen ist. Manche Amtsärzte haben daher -m.E. allerdings mit Unrecht- auch Anträge auf Unfruchtbarmachung bei Frauen gestellt, die sich bereits im Klimakterium befanden und bei denen die praktische Fortpflanzungsgefahr eigentlich als nicht bestehend anzunehmen war; wenn natürlich auch der Sachverständige, wenn er befragt wurde, die Möglichkeit einer Fortpflanzung nicht bestreiten konnte. In solchen Fällen sollen natürlich heute Anträge nicht mehr gestellt werden. Es wird ferner möglich sein, bei älteren Ehefrauen, die schon jahrelang in kinderloser Ehe leben, von der Antragstellung abzusehen. Auch wird man bei älteren verheirateten Männern, aus deren Ehe schon längere Zeit Kinder nicht hervorgegangen sind, den Antrag auf Unfruchtbarmachung heute nicht stellen. In all diesen Fällen ist selbstverständlich dabei noch zu berücksichtigen, ob nicht durch den Charakter der Erkrankung (z.B. manische Schübe) eine erhöhte Gefahr der Fortpflanzung entstanden ist. Der Ausdruck "besonders große Fortpflanzungsgefahr" soll also nicht besagen, daß eine über das Normalmaß hinausgehende Fortpflanzungsgefahr bestehen muß. Es soll vielmehr nicht allein die theoretische Möglichkeit einer Fortpflanzung bestehen, sondern praktisch Nachwuchs von dem Betroffenen zu befürchten sein. Ich bin daher ganz Ihrer Auffassung, daß z.B. ein junger Mann oder ein schwachsinniges Mädchen abgesehen von besonderen Ausnahmen (körperliche Erkrankungen) als besonders fortpflanzungsgefährlich anzusehen sind.

Was unklare bzw. Grenzfälle sind, sollten m.E. die Amtsärzte aus der Erbgesundheitsgerichtspraxis selbst wissen. Es sollen also keine Anträge dann gestellt werden, wenn zur Klärung des Sachverhalts die Heranziehung von vielleicht mehreren Gutachten und Obergutachten erforderlich ist. Welche Fälle als unklare oder Grenzfälle beim Schwachsinn anzusehen sind, ergibt sich m.E. ohne weiteres aus meinem Aufsatz "Angeborener Schwachsinn" im "Öffentlichen Gesundheitsdienst" 1939, Heft 8. Jedenfalls sind Schwachsinnsfälle aus Sippen, die eine Schwachsinnsanlage oder den Hang zur Asozialität erkennen lassen, auf jeden Fall auch unter den heutigen Verhältnissen - ich möchte sagen erst recht unter den heutigen Verhältnissen - unfruchtbar zu machen. Bei der Schizophrenie sind als unklare bzw. Grenzfälle diejenigen anzusehen, die als Einzelfälle in der Sippe vorkommen und bei denen nach Ablauf des Schubes eine Persönlichkeitsveränderung schizophrener Natur nicht erkennbar ist. Bei der Epilepsie sind als unklare bzw. Grenzfälle diejenigen anzusehen, die Einzelfälle in der Sippe sind und bei denen die bekannte Wesensveränderung nicht nachweisbar ist. Ich darf hierzu auf meinen Aufsatz "Die Diagnose der erblichen Fallsucht" im "Öffentlichen Gesundheitsdienst" 1938, Heft 22, verweisen. Der angeborene Veitstanz, die erbliche Blindheit und die erbliche Taubheit bieten m.E. wegen der Durchführung der Verordnung vom 31.August 1939 für die Amtsärzte keine Schwierigkeiten. Falls der behandelnde Facharzt erklärt, daß der Fall klar gelagert ist oder wenn eine entsprechende Sippenbelastung bekannt ist, wird bei bestehender Fortpflanzungsgefahr wegen der Schwere des Leidens der Fall stets als dringend anzusehen sein. Hinsichtlich der schweren körperlichen Mißbildung wird man unter den heutigen Verhältnissen davon absehen, die Frage, ob die angeborene Hüftgelenkverrenkung, der angeborene Klumpfuß oder die Lippen-Gaumenspalte als schwere erbliche körperliche Mißbildungen im Sinne des Gesetzes anzusehen sind, zum Austrag bringen zu wollen. Anträge auf Unfruchtbarmachung können aber auch in diesen Fällen dann gestellt werden, wenn die Mißbildung in der Sippe eine besondere Durchschlagskraft besitzt oder wenn neben der in Rede stehenden Mißbildung noch andere erbliche und insbesondere geistige Abwegigkeiten vorliegen. Zu den geistigen Abwegigkeiten rechne ich hierbei insbesondere asoziales oder antisoziales Verhalten des Betroffenen oder von Sippenmitgliedern.

Auch der schwere Alkoholismus dürfte keine Schwierigkeit in der Beurteilung bieten, wenn man davon ausgeht, daß wir nicht den reichlichen Alkoholkonsum sondern die erbliche geistige Abwegigkeit, die ihm zugrunde liegt, treffen wollen. Auch hier wird man daher auf Grund der Sippenverhältnisse ein Urteil sich darüber bilden müssen, wie der Nachwuchs voraussichtlich beschaffen sein wird. Handelt es sich um einen Trinker aus einer schwachsinnigen oder asozialen Sippe, so wird man unter den heutigen Verhältnissen auch dann einen Antrag stellen können, wenn der Alkoholkonsum des Betroffenen gar nicht einmal besonders schwer ist.

Zusammenfassend möchte ich sagen: Die Durchführung des Gesetzes zur Verhütung erbkranken Nachwuchses muß gerade in der heutigen Zeit darauf abgestellt sein, für die Volksgemeinschaft unerwünschten Nachwuchs zu verhüten. Wissenschaftliche Streitfragen müssen in den Hintergrund treten. Daher wird noch mehr als bisher Wert darauf zu legen sein, sich an Hand des Sippenbefundes ein Urteil über die voraussichtliche Qualität der Nachkommenschaft des Betroffenen zu verschaffen.

Müssen wir zu der Auffassung gelangen, daß der Nachwuchs des Betroffenen unerwünscht ist, so besteht erst recht in Kriegszeiten die Verpflichtung, diesen Nachwuchs zu verhüten.

Der Herr Reichsminister des Innern hat angeordnet, daß diese meine Auffassung den mit der Durchführung des Gesetzes zur Verhütung erbkranken Nachwuchses in Berlin und auch sonst im Reich beauftragten Stellen zur Kenntnis gebracht wird.

Heil Hitler!
Ihr
++ gez. Dr. Linden. ++

An den Vorsitzenden des Erbgesundheitsgerichts Berlin Herrn Amtsgerichtsrat [redacted] in Berlin-Charlottenburg, Tegeler Weg 17-20.

Der Oberpräsident der Rheinprovinz
(Verwaltung des Provinzialverbandes)

Düsseldorf, den 5. Januar 1940.

V D a. Tgb.- Nr. 3964. 3382

Abdruck zur gefl. Kenntnis und Beachtung.

Im Auftrage:
Dr. [redacted]

An den
Herrn Direktor der Provinzial-
Heil-und Pflegeanstalt

G a l k h a u s e n .

Dok.: 34 Wegfall der Meldepflicht von Sterilisationsgutachten im Krieg

Der Oberpräsident der Rheinprovinz
(Verwaltung des Provinzialverbandes)

V E a Tagebuch Nr. 1165.

Es wird gebeten, bei allen Eingaben und Antworten vorstehende Tagebuch-Nr. anzugeben.

Düsseldorf, den 15. April 1940.
Landeshaus, Fernsprecher 10219.
Postfach

Prov. Heil- u. Pflegeanstalt
Galkhausen
Eingeg. 17. APR. 1940
Tageb.-Nr. 4493

An den Herrn Direktor der
Prov. Heil-und Pflegeanstalt

in Galkhausen.
b. Langenfeld.

Die mit Verfügung vom 14.4.37 - V D a Tgb.Nr. 807 - angeordnete monatliche Meldung über die Erstattung von Sterilisationsgutachten ist für die Dauer des Krieges nicht mehr erforderlich.

Im Auftrage:
[redacted]

Verfügung des Oberpräsidenten der Rheinprovinz (VdP) an den Direktor der PHP Galkhausen vom 15. April 1940 (V E a 1165), behänd. Ausfertigung

„Euthanasie“. Die programmierte Vernichtung: Aktion „T4“

Dein Leib im Rauch durch die Luft

Und wenn diese meine Haut zerschlagen sein wird,
so werde ich ohne mein Fleisch Gott schauen.
Hiob

O DIE SCHORNSTEINE
Auf den sinnreich erdachten Wohnungen des Todes,
Als Israels Leib zog aufgelöst in Rauch
Durch die Luft –
Als Essenkehrer ihn ein Stern empfing
Der schwarz wurde
Oder war es ein Sonnenstrahl?

O die Schornsteine!
Freiheitswege für Jeremias und Hiobs Staub –
Wer erdachte euch und baute Stein auf Stein
Den Weg für Flüchtlinge aus Rauch?

O die Wohnungen des Todes,
Einladend hergerichtet
Für den Wirt des Hauses, der sonst Gast war –
O ihr Finger,
Die Eingangsschwelle legend
Wie ein Messer zwischen Leben und Tod –

O ihr Schornsteine,
O ihr Finger,
Und Israels Leib im Rauch durch die Luft!

Nelly Sachs, Das Leiden Israels, Frankfurt/M. 1964, S. 71. Der Abdruck erfolgt mit freundlicher Genehmigung des Suhrkamp Verlages. Die Gedichte von Nelly Sachs beziehen sich auf die Judenvernichtung, da aber schon im Zuge der „Euthanasie" deutsche Patienten jüdischen Glaubens getötet wurden und die „Technologie" der Judenvernichtung im Rahmen der „Euthanasie" deutscher Kranker entwickelt wurde, erscheint der Abdruck in diesem Zusammenhang gerechtfertigt

Abb.: 21 Der rauchende Schornstein des Krematoriums der Vernichtungsanstalt Hadamar
Photo, 1941

Abb.: 22 Philipp Bouhler, Reichsleiter der NSDAP und Chef der Kanzlei des Führers, wurde mit der Durchführung des „Euthanasieprogramms" beauftragt

Foto, undatiert

Nach dem Ausbruch des Zweiten Weltkrieges am 1. September 1939, unterzeichnete Hitler Ende Oktober 1939 eine Ermächtigung, die auf den Kriegsbeginn zurückdatiert wurde.

„Reichsleiter Bouhler und Dr. med. Brandt sind unter Verantwortung beauftragt, die Befugnisse namentlich zu bestimmender Ärzte so zu erweitern, daß nach menschlichem Ermessen unheilbar Kranken bei kritischster Beurteilung ihres Krankheitszustandes der Gnadentod gewährt werden kann."

Mit dieser Ermächtigung war das Schicksal von mehr als 100 000 geistig und seelisch behinderten Bürgern besiegelt. Sie wurden vergast, zu Tode gespritzt, oder man ließ sie verhungern. Dieses Euthanasieprogramm verlangte nach einer umfangreichen Organisation. Die Zentrale für die Durchführung des Euthanasieprogramms befand sich in Berlin-Charlottenburg, in der Tiergartenstraße 4. Aus Tarngründen wurde sie im Kürzel auch „T4" genannt. „T4" war für die Regelung von Personal- und Finanzfragen, das Verschicken und Begutachten der Meldebögen und die umfangreichen Transporte, die im Rahmen der Vernichtungsaktion notwendig wurden, zuständig. Nachdem in den Anstalten der Rheinprovinz die Erfassung der Anstaltsinsassen abgeschlossen und die Begutachtung durchgeführt worden war, wurden in der Berliner Zentrale „T4" Listen der zu verlegenden Patienten erstellt und an die Verwaltung des Provinzialverbandes in Düsseldorf übersandt.

Abb.: 23 Prof. Dr. Karl Brandt (rechts) hier im Gespräch mit dem Staatssekretär für Volksgesundheit Dr. Leonardo Conti, war neben Bouhler der zweite Hauptbeauftragte für das „Euthanasieprogramm“

Foto, undatiert

Der Landeshauptmann hatte zuvor entschieden die Einrichtung einer Vernichtungsanstalt in der Rheinprovinz abgelehnt. Auf Verlangen aus Berlin stimmte er der Einrichtung von zwei „Zwischenanstalten“ zu. Wegen der verkehrsgünstigen Lage wurden hierfür die Anstalten Andernach und Galkhausen ausgewählt.

Im März 1941 erschien in der Anstalt Galkhausen eine Ärztekommission, um die „Ursprungskranken“ für den Abtransport in die Vernichtungsanstalt Hadamar auszusuchen. Die Verlegung der Ursprungskranken aus der Anstalt Galkhausen erfolgte, um in der Anstalt Platz zu schaffen für die Kranken, die aus den anderen Anstalten der Rheinprovinz in die „Zwischenanstalt“ verlegt werden sollten. Die Kommission ging durch die Abteilungen und nahm die für den Abtransport vorgesehenen Kranken in Augenschein.

Die Verlegung der Patienten nach Hadamar erfolgte durch Bedienstete der „Gemeinnützigen Krankentransport GmbH“. Diese verfügte über eigene graue Omnibusse. Das Personal entstammte der SS. Mit der Verlegung wurden auch sämtliche Krankenberichte, Akten, Wertsachen etc. mitgegeben, so daß die Kliniken keine Unterlagen mehr über die Patienten besaßen.

Mit Schreiben vom 6. März 1941 war der Landeshauptmann durch die Gekrat aufgefordert worden, Kranke aus den Anstalten der Rheinprovinz auch in die vier naussauischen „Zwischenanstalten“ zu verlegen, um die eingetretenen Verzögerungen des Abtransportes von Kranken aus der Rheinprovinz aufzuholen. Dieses Ansinnen lehnte der Landeshauptmann ab.

Nachdem durch den Abtransport der „Ursprungskranken“ aus Galkhausen „freie Kapazitäten“ geschaffen worden waren, wurden in unregelmäßigen Abständen Patienten aus den Anstalten Bedburg-Hau, Düren, Düsseldorf-Grafenberg, Krefeld-Königshof, Süchteln und Waldniel nach Galkhausen verlegt.

Hier wurden die Patienten noch einmal untersucht und verblieben für einen bestimmten Zeitraum (zwischen einigen Tagen und mehreren Wochen) in Galkhausen, bis sie in die „Vernichtungsanstalt“ weitertransportiert wurden. Die ärztlichen Direktoren der „Zwischenanstalt“ hatten das Recht, Patienten, die für die Aufrechterhaltung des Betriebes in ihrer „Ursprungsanstalt“ als unentbehrlich reklamiert wurden, vom Weitertransport in die „Vollzugsanstalt“ zurückzuhalten. Voraussetzung dafür war, daß diese Patienten „gleiche Arbeitsleistungen wie eine angestellte Kraft“ erbrachten. Weitere Gesichtspunkte, Patienten von der Verlegung zurückzuhalten, waren, wenn

– sie Weltkrieg I – Teilnehmer mit Auszeichnung (Frontkämpfer) oder
– Ausländer waren,
– keine Anstaltspflegebedürftigkeit bestand,
– eine Alterserkrankung oder aber
– Transportunfähigkeit vorlag.

Am Tag vor dem jeweiligen Transport nach Hadamar wurde den dafür vorgesehenden Patienten ein zwei cm breiter Heftpflasterstreifen zwischen die Schulterblätter geklebt. Auf diesem waren zuvor die Nummer des Patienten auf der Transportliste und seine persönlichen Daten vermerkt worden.

Den meisten Patienten war bekannt, welchem Zweck diese Weiterverlegung diente. Viele weinten, auch schon am Vortag oder in der Nacht, die dem Transport vorausging.

In den schriftlichen Unterlagen der Klinik wurden diese Verlegungen unter dem Begriff „verlegt in eine unbekannte Anstalt“ geführt.

Unmittelbar nach der Ankunft in der Anstalt Hadamar wurden die Patienten entkleidet, gewogen und fotografiert. Daran anschließend wurden sie von einem Arzt, dem eine Fotokopie des Meldebogens 1 und die Krankengeschichte vorlagen, flüchtig untersucht. Danach wurden die Patienten in einen gekachelten Duschraum gebracht. An der Decke dieses Duschraumes waren Röhren verlegt, die Wasserleitungen ähnelten. In bestimmten Abständen waren kleine Öffnungen in diesen Röhren angebracht. Nachdem alle Patienten den Raum betreten hatten, wurde die Tür geschlossen, und der Arzt ließ durch die Öffnung in den Röhren Kohlenmonoxyd in den Raum einströmen.

Nach ca. 10–15 Minuten waren alle tot. Nach etwa einer Stunde wurden die Leichen mit Karren zu den in unmittelbarer Nähe gelegenen Verbrennungsöfen gebracht und sofort verbrannt.

Dok.: 35 Die Einstellung deutscher Ärzte zur „Euthanasie". Anfrage eines Doktoranden an die PHP Galkhausen

Hannover,den 2o.2.1939.

Immer wieder ist in den wissenschaftlichen Diskussionen der letzten Jahrzehnte das Problem der "Euthanasie" und im Zusammenhang damit die Frage der sog. "Vernichtung lebensunwerten Lebens" aufgetaucht. Mediziner,Juristen,Theologen und Philosophen haben das Für und Wider nach allen Richtungen hin erörtert; auch im Rahmen der deutschen Strafrechtserneuerung wurde das Thema wiederholt angeschnitten. -

In einer Dr.-Arbeit möchte ich einen zusammenfassenden Rückblick über diesen ganzen Fragenkreis (namentlich auch im Hinblick auf das Sterilisationsgesetz und seine Auswirkungen) geben. - Leider ist das vorhandene statistische Material sehr mangelhaft. Daher wende ich mich an Sie mit der Bitte,den anliegenden Fragebogen auszufüllen und möglichst bald zurückzuschicken;für ausführlichere Angaben wäre ich Ihnen natürlich besonders dankbar. Schon im Voraus danke ich Ihnen sehr herzlich für Ihre liebenswürdige Hilfe. -

Heil Hitler!

[redacted]

Hansjürgen [redacted]
Hannover,Kl.Düwelstr.3.

Schreiben vom 20. Januar 1939, behänd. Ausfertigung

Dok.: 36 Fragebogen zur Einstellung deutscher Ärzte zur „Euthanasie“

F r a g e b o g e n :

Nach allgemeiner ärztlicher Ansicht gibt es Fälle unheilbaren Blödsinns und schwerer Mißgeburten, wo jede Möglichkeit fehlt,daß nach Art der Hirnbeschaffenheit klare Vorstellungen, Gefühle oder Willensäußerungen entstehen können, und wo jedes Selbstbewußtsein fehlt. Der Psychiater Hoche bezeichnet diese Wesen als "Geistestote". -

1) Wie stehen Sie grundsätzlich als Arzt zu der Frage der schmerzlosen Vernichtung dieser "Geistestoten?"

2) Halten Sie bei theoretischer Billigung eine derartige Maßnahme für praktisch durchführbar ?

3) Haben Sie in Ihrer Anstalt solche "Geistestoten" ? (Wieviele Fälle ?)

4) Wieviele davon sind "erbkrank" im Sinne des Gesetzes zur Verhütung erbkranken Nachwuchses vom 14.Juli 1933 ?

5) Wieviele Insassen hat Ihre Anstalt überhaupt?

Anschrift der Anstalt
und ihres Leiters: ____________

Bald zurückerbeten an:

Hansjürgen [redacted]
Hannover, Kl. Düwelstr. 3.

Anlage zur Dok.: 35

Dok.: 37 Die Beantwortung des Fragebogens wird verboten

Der Oberpräsident der Rheinprovinz
(Verwaltung des Provinzialverbandes)

V D a Tagebuch Nr. 822.

Fernsprecher:
Sammel-Nr. 102 19.

Es wird gebeten, bei allen Eingaben u. Antworten die vorstehende Tagebuch-Nr. anzugeben.

Düsseldorf, den 3. März 1939.
Landeshaus.
Postfach

Ein Hansjürgen [redacted], Hannover, Kl.Düwelstr.3, hat sich mit Schreiben vom 27.2.39 an die Prov.Heil-und Pflegeanstalt Johannistal zwecks Ausfüllung eines Fragebogens gewandt, in welchem Fragen zu den Problemstellungen der "Euthanasie" und der "Vernichtung lebensunwerten Lebens" aufgeworfen sind und beantwortet werden sollen. Ich habe die Prov.Heil-und Pflegeanstalt Johannistal angewiesen, dem Fragesteller mitzuteilen, dass mit Rücksicht auf den schwierigen und heiklen Charakter der von ihm angeschnittenen Probleme eine Stellungnahme zu diesen in Form der Ausfüllung des von ihm übersandten Fragebogens nicht möglich sei. Ich ersuche, dem Fragesteller den gleichen Bescheid zu erteilen, falls er sich auch an die dortige Anstalt gewandt hat oder noch wenden sollte. Für den Fall, dass etwa eine Beantwortung des Fragebogens seitens der dortigen Anstalt vorgenommen worden sein sollte, ersuche ich mir eine Abschrift dieser Beantwortung vorzulegen.

Im Auftrage:

[redacted]

An den Herrn Direktor der
Prov.Heil-und Pflegeanstalt
in G a l k h a u s e n .

Verfügung des Oberpräsidenten der Rheinprovinz (VdP) an den Direktor der PHP Galkhausen vom 3. März 1939 (V D a/822), behänd. Ausfertigung

Dok.: 38 Die PHP Galkhausen lehnt die Beantwortung des Fragebogens ab

6. 3. 9.

Herrn

Hansjürgen [redacted],

Hannover.

Kl. Düwlstrasse 3

Auf Ihr Schreiben vom 20.2.39 teile ich Ihnen mit, dass mit Rücksicht auf den schwierigen und heiklen Charakter der von Ihnen angeschnittenen Probleme eine Stellungnahme in Form eines Fragebogens nicht möglich ist.

Heil Hitler!

[redacted]

Provinzialobermedizinalrat.

Schreiben der PHP Galkhausen vom 6. März 1939, genehm. Konzept

Dok.: 39 Ermittlung der zukünftigen „Euthanasie“-Opfer: Meldebogen 1

Meldebogen 1 Ist mit Schreibmaschine auszufüllen!

Lfde. Nr.

Name der Anstalt: Galkhausen
in: Langenfeld Rhld.

Vor- und Zuname des Patienten: Else [redacted] geborene:
Geburtsdatum: 10. 10. 1889 Ort: Döbeln b/Grimma ~~Kreis~~ in Sachsen
Letzter Wohnort: W.-Barmen, [redacted] Kreis:
ledig, verh., verw., gesch.: led. Konf.: ev. Rasse:[1] dtsch.
früherer Beruf: Näherin, Hausangestellte Staatsang.: dtsch. Kriegsteilnehmer: ja/nein
Kriegsbesch. (auch wenn nicht mit Geisteskrankh. in Zusammenhang stehend) ja/nein
Anschrift d. nächsten Angeh.: keine Angehörigen
Regelmäßig Besuch und von wem (Anschrift): von Bekannten und Kirchherr: Hugo Küstermühle, W.-Barmen, Germanenstr. 23
Vormund oder Pfleger (Name, Anschrift): –
Kostenträger: B.F.V. Wuppertal Seit wann in dortiger Anstalt: 28.9.40
Woher und wann eingeliefert: St. Krkhs. Barmen, 28.9.40 Seit wann krank: ?
In anderen Anstalten gewesen, wo und wie lange: nein
Zwilling ja/nein nein Geisteskranke Blutsverwandte: nichts bekannt
Diagnose: Cerebrale Krampfanfälle unklarer Genese. Dämmerzustände (In der Anstalt noch nicht beobachtet)
Klinische Schilderung (Vorgeschichte, Verlauf, Zustandsbild): Lt. Akten bereits seit 1915 (26 Jahre) org. Krampfanfälle. Häufige Einweisung ins Krankenhaus, da alleinstehend. – Im Jan. 41 aus der Anst. beurlaubt, im Febr. 41 bereits zurück wegen erneuten Krampfanfalls mit Dämmerzust. s. umseitig!
sehr unruhig? ja/nein nein bettlägerig? ja/nein nein
Körperl. unheilb. Leiden: ja/nein nein
Bei Schizophrenie: Frischfall Endzustand gut remittierend
Bei Schwachsinn: debil imbezill Idiot
Bei Epilepsie: psych. verändert nein durchschnittliche Häufigkeit der Anfälle bisher keine in der Anstalt beobachtet.
Therapie (Insulin, Cardiazol, Malaria, Salvarsan usw.): Luminal Dauererfolg: ja/nein
Eingewiesen auf Grund § 51, § 42b StrGB. usw. durch:
Delikt: Frühere Straftaten:
Art der Beschäftigung (ins einzelne gehende Bezeichnung der Arbeit): als Hauskranke in einem Arzthaushalt beschäftigt; arbeitet ~~flink~~, sauber, zuverlässig, umsichtig; setzt nicht aus
Dauernde ~~Zeitweise~~ Beschäftigung; selbständiger Arbeiter ja/nein ja
Wert der Arbeitsleistung (nach Möglichkeit verglichen mit Durchschnittsleistung Gesunder): sehr gut

Dieser Raum ist frei zu lassen.

Galkh. Ort, Datum 22. 10. 41

Tr.

(Unterschrift des ärztlichen Leiters oder seines Vertreters[2])

[1]) Deutschen oder artverwandten Blutes (deutschblütig), Jude, jüdischer Mischling I. oder II. Grades, Neger (Mischling),
[2]) Ärzte, die nicht psychiatrisch-neurologische Fachärzte sind, haben dies zu vermerken.

3826 41 2C

Klinische Schilderung, Fortsetzung:

Während des Anstaltsaufenthaltes sind bisher keine Anfälle aufgetreten.
Zeichen epileptischer Wesensveränderung sind nicht festzustellen.
Wenig selbstbewußt, Insuffizienzgefühle, ~~paranoid~~, ~~wehleidig~~ hin und wieder etwas verstimmt, hypochondrische Klagen. Sehr fleißig, hilfsbereit.

Bericht der PHP Galkhausen von 22. Oktober 1941, Konzept

Dok.: 40 Es wird nicht nur nach medizinisch-psychiatrischen Indikationen ausgesondert: Merkblatt

2a verl. b.

Merkblatt

Bei Ausfüllung der Meldebogen zu beachten!

Zu melden sind sämtliche Patienten, die

1. an nachstehenden Krankheiten leiden und in den Anstaltsbetrieben nicht oder nur mit mechanischen Arbeiten (Zupfen u. ä.) zu beschäftigen sind:

   Schizophrenie,
   Epilepsie (wenn exogen, Kriegsdienstbeschädigung oder andere Ursachen angeben),
   senile Erkrankungen,
   Therapie-refraktäre Paralyse und andere Lues-Erkrankungen,
   Schwachsinn jeder Ursache,
   Encephalitis,
   Huntington und andere neurologische Endzustände;

   oder

2. sich seit mindestens 5 Jahren dauernd in Anstalten befinden;

   oder

3. als kriminelle Geisteskranke verwahrt sind;

   oder

4. nicht die deutsche Staatsangehörigkeit besitzen oder nicht deutschen oder artverwandten Blutes sind unter Angabe von Rasse*) und Staatsangehörigkeit.

Die für jeden Patienten einzeln auszufüllenden Meldeblätter sind mit laufenden Nummern versehen.

Die Meldebogen sind nach Möglichkeit mit Schreibmaschine auszufüllen.

Als Stichtag gilt der 1. Juli 1940

*) Deutschen oder artverwandten Blutes (deutschblütig), Jude, jüdischer Mischling I. oder II. Grades, Neger, Negermischling, Zigeuner, Zigeunermischling usw.

7333 39 2 C

Anlage zu Dok.: 39

Dok.: 41 Weitere Spezifikation: Arbeitsleistung, kriegs- oder unfallbedingte Leiden: Ergänzungsblatt

Ergänzungsblatt
zum grünen Merkblatt.

Die Diagnose ist möglichst genau auszufüllen. Bei traumatisch bedingten Krankheitszuständen ist auch anzugeben, was für ein Trauma (Kriegsverletzung, Betriebsunfall) vorgelegen hat.

Unter "genauer Angabe der Beschäftigung" ist die Arbeitsleistung anzugeben, die der Kranke in der Anstalt verrichtet. Bei Kranken, deren Arbeitsleistung als "gut" oder "sehr gut" bezeichnet wird, soll auch ersichtlich sein, warum eine Entlassung nicht in Frage kommt. Sofern Patienten höherer Verpflegungsklassen usw. keine Arbeit verrichten, obwohl sie an und für sich dazu in der Lage wären, ist dies besonders zu vermerken.

Bei Kranken, die aus dem Räumungsgebiet in die dortige Anstalt verbracht worden sind, ist hinter den Namen ein (V) zu setzen.

Falls die Zahl der übersandten Meldebogen 1 nicht ausreichen sollte, bitte ich, bei mir die noch erforderliche Stückzahl anzufordern.

Für die nach dem Stichtag neu anfallenden Fälle zu meldender Kranker in Ihrer Anstalt sind gleichfalls Meldebogen auszufüllen und mir jeweils zum 1.2. (Stichtag 1.1.) bezw. 1.8. (Stichtag 1.7.) jeden Jahres gesammelt zu übersenden.

Anlage zu Dok.: 40

Dok.: 42 Die ersten Transporte in die „Zwischenanstalt“ Galkhausen

Rheinische Provinzial-
Heil- und Pflegeanstalt
DÜREN

Tagebuch Nr. ......

Prov. Heil- u. Pflegeanstalt
Galkhausen
Eingeg. 14. JUNI 1941
Tageb. Nr. ....

Düren (Rhld.), den 13. Juni 1941
Postschließfach Nr. 61
Fernsprecher 3732
Kasse: Postscheckkonto Nr. 17169 Köln

An den Herrn Direktor der Prov.Heil- und Pflegeanstalt
in
G a l k h a u s e n .

z.Hd. des Herrn Prov.Obermedizinalrats Dr. [redacted]

Betrifft: Überführung von Kranken.

Gemäss Verfügung des Herrn Oberpräsidenten der Rheinprovinz (Verwaltung des Prov.Verbandes) in Düsseldorf vom 3o.5.41 VEa 1878 werden am Freitag,den 2o.6.cr. 92 Patienten (Männer) dorthin übergeführt.

Unterbringungsart:

Unruhe 13
Ruhige Wache ... 23
Ohne Wache 48
Unrein 4
Festes Haus 4
Zusammen: 92

Der Transport wird mit dem planmässig 15<u>38</u> Uhr aus Richtung Düsseldorf in Imigrath eintreffenden Zug ankommen.Der Transport mittels Autobus ist wegen Treibstoffmangels nicht durchführbar. Ich bitte,für den Weitertransport vom Bahnhof Imigrath zur dortigen Anstalt durch die Strassenbahngesellschaft dortseits Sorge zu tragen, oder, falls dies nicht möglich sein sollte, mir die genaue Anschrift des Strassenbahnunternehmens mitzuteilen,damit von hier aus das Erforderliche veranlasst werden kann.

Das namentliche Verzeichnis der Kranken,sowie die übrigen Nachweisungen werden durch den Transportleiter mitgebracht.

[redacted]

Provinzialobermedizinalrat.

Schreiben der PHP Düren an die PHP Galkhausen vom 13. Juni 1941, behänd. Ausfertigung
Bem.: Unten handschr. Vermerk: *„Gespräch mit dem Direktor der Straßenbahngesellschaft am 16. Juni 41, morgens 9 Uhr 40. – Hat Bereitstellung von Straßenbahnwagen zugesagt. W. 16. Juni 41“*

Dok.: 43 Die Vorbereitungen für die Übernahme von Patienten sind abgeschlossen

Schreiben der PHP Galkhausen an die PHP Düren vom 16. Juni 1941, genehm. Konzept

G[alkhausen, den] 16. Juni [19]41

Einschreiben!
An den Herrn Direktor der Heil- u[nd] Pflegeanstalt in Düren:
Betrifft Überführung von Kranken.
Auf Ihr Schreiben vom 13. Juni 1941 teile ich mit, daß die Straßenbahnverwaltung in Langenfeld sich bereit erklärt hat, Straßenbahnwagen für den Transport der 92 Kranken von Immigrath zur Heil- u[nd] Pflegeanstalt Galkhausen zur Verfügung zu stellen. Zudem wird 1 Arzt u[nd] 10 Pfleger aus hiesiger Anstalt den Transport in Immigrath in Empfang nehmen.

[Paraphe]

Dok.: 44 Ankündigung eines weiteren Transports von Patienten

Prov. Heil- u. Pflegeanstalt Galkhausen
Eingeg. 22. JUNI 1941
Tageb. Nr. P.II 2/10

Rheinische Provinzial-
Heil- und Pflegeanstalt
DÜREN

Tagebuch Nr.

Düren (Rhld.), den 20. Juni 1941

Postschließfach Nr. 61
Fernsprecher 3732
Kasse: Postscheckkonto Nr. 17169 Köln

An den Herrn Direktor der Prov.Heil- und Pflegeanstal
in
G a l k h a u s e n
z.Hd. des Herrn Prov.Obermedizinalrats Dr. [redacted]
oder Vertreter im Amt.

Betrifft: Überführung von Kranken.

Gemäss Verfügung des Herrn Oberpräsidenten der Rheinprovinz (Verwaltung des Prov.Verbandes) in Düsseldorf vom 9.6.1941 VEa-1969- werden am Freitag,den 27.6.cr. ca. 76 Patienten (Frauen) dorthin übergeführt.

Unterbringungsart:

Unruhe	29
Halbruhige Wache .	19
Ohne Wache	22
Unsauber	6
Zusammen:	76.

Der Transport wird mit dem planmässig 15 38 Uhr aus Richtung Düsseldorf in Immigrath eintreffenden Zug ankommen. Die Überführung mittels Autobus ist wegen Treibstoffmangels nicht durchführbar. Ich bitte, wenn möglich auch dieses Mal für den Weitertransport vom Bahnhof Immigrath zur dortigen Anstalt durch die Strassenbahngesellschaft dortseits Sorge zu tragen.

Das namentliche Verzeichnis in 3-facher Ausfertigung sowie die Wertsachen der Kranken pp werden durch den Transportleiter mitgebracht.

+++

[redacted]

Gespräch mit der Straßenbahngesellschaft (Herrn [redacted]?) am 23. Juni 41, 10 Uhr 25 Min.
3 Wagen werden gestellt.
23. VI. 41. W.

Schreiben der PHP Düren an die PHP Galkhausen vom 20. Juni 1941, behänd. Ausfertigung
Bem.: Unten handschr. Vermerk.: *„Gespräch mit der Straßenbahngesellschaft (Herrn [. . .]?) am 23. Juni 41, 10 Uhr 25 Min. 3 Wagen werden gestellt. 23. VI. 41. W."*

Dok.: 45 Weitere Zugänge in der PHP Galkhausen und Abtransporte durch die Gemeinnützige Krankentransport-GmbH

30.Juni 1.

An den
Herrn Oberpräsidenten der Rheinprovinz
(Verwaltung des Provinzialverbandes)
- Abt. V E a -
D ü s s e l d o r f.

Aus der Anstalt Düren wurden der hiesigen Anstalt am 27.6.41 73 weibliche und 9 männliche Kranke zugeführt.

Heute wurden 92 männl.Kranke durch die Gemeinnützige Krankentransport G.m.b.H.Berlin hier abgeholt. (Abgabe-Anstalt Waldniel u.Süchteln, Transport vom 19.5.41.)

Die Zahl der freien Bette ist heute:

auf der Männerseite 185 freie Betten
" " Frauenseite 46 " " .

Am Dienstag, den 8.7. 41 werden wiederum 79 weibliche Kranke durch die Gemeinnützige Krankentransport G.m.b.H. hier abgeholt.(Abgabe-anstalt Süchteln,Transport vom 11.6.41.)

I.V.:
N.

Bericht des Direktors der PHP Galkhausen an den Oberpräsidenten der Rheinprovinz (VdP) vom 30. Juni 1941, genehm. Konzept

Dok.: 46 Weitere Abtransporte von Patienten durch die Gemeinnützige Krankentransport-GmbH

22. Juli 1.

P. II 222

An den
Herrn Oberpräsidenten der Rheinprovinz
(Verwaltung des Provinzialverbandes)
- Abt. V E a -

Düsseldorf.

Durch die Gemeinnützige Kranken-Transport-G.m.b.H. wurden heute 77 weibliche Kranke hier abgeholt.

Die Zahl der freien Betten ist:

auf der Männerseite 90) freie Betten.
" " Frauenseite 99)

Das Haus M. B wird hierbei allerdings als zur Frauenseite gehörend betrachtet (54 Betten).

Nach mündlicher Ausführung des Transportleiters soll am kommenden Montag, 28.Juli. und Dienstag, 29.Juli 41, je ein Abtransport stattfinden. Eine schriftliche Aufforderung hierzu liegt noch nicht vor.

I.V.:

W.

Bericht des Direktors der PHP Galkhausen an den Oberpräsidenten der Rheinprovinz (VdP) vom 22. Juli 1941, genehm. Konzept

Dok.: 47 Antrag auf Zurückstellung eines arbeitsfähigen Kranken vom Transport

30. M a i 1941.

An
die Gemeinnützige Stiftung für Anstaltspflege

B e r l i n W.9
Postfach 262

Ich bitte um die Genehmigung, den Heinrich [redacted], der am 6.5.1941 von der Anstalt Düsseldorf-Grafenberg hierher verlegt wurde, von der Weiterverlegung in eine andere Anstalt ausnehmen zu dürfen. [redacted] ist ein sehr williger, fleißiger und anstelliger Garten - und Feldarbeiter, der eine brauchbare Hilfe darstellt und für unkomplizierte Arbeiten auch als Einzelarbeiter eingesetzt wurde. Psychiatrisch handelt es sich um eine Imbezillität, Intelligenzalter 8 Jahre. In der ersten Zeit nach der Aufnahme 1931 litt er an einer sogenannten reaktiven Schwachsinnspsychose mit Sinnestäuschungen und Unruhezuständen. Die Psychose ist seit langer Zeit abgeklungen. Erregungszustände sind seitdem nicht mehr aufgetreten. In Düsseldorf - Grafenberg war [redacted] auf einer offenen Abteilung untergebracht und gab dort zu keinen Schwierigkeiten Anlaß.

In Vertretung :

Prov. Obermedizinalrat.

Schreiben der PHP Galkhausen an die Gemeinnützige Stiftung für Anstaltspflege, Berlin vom 30. Mai 1941, Konzept

Dok.: 48 Ankündigung eines Nachtransportes mit der Bitte, möglichst viele Kranke zurückzuhalten

Der Direktor
der
Rheinischen Provinzial-
Heil- und Pflegeanstalt
DÜREN

Tagebuch Nr. ....

Prov. Heil- u. Pflegeanstalt
Galkhausen
Eingeg. 27. JUNI 1941
Tageb. Nr. ......

Düren (Rhld.), den 25. Juni 1941.
Postschließfach Nr. 61
Fernsprecher: Sammelnummer 3151
Kasse: Postscheckkonto Nr. 17169 Köln

An den
Herrn Direktor der Prov.Heil.-und Pflegeanstalt,

G a l k h a u s e n.

Betr.: Überführung von Kranken.

Gemäss mündlicher Vereinbarung möchte ich Ihnen zu dem am 27.6. stattfindenen Nachtransport von männlichen Kranken folgendes mitteilen:

1. Bei [redacted] Johann handelt es sich um einen paranoiden Psychopathen, der sich innerhalb der Anstalt beschäftigt, aber dauernd anstaltspflegebedürftig sein dürfte. Er ist Weltkriegsteilnehmer und im Besitze des E.K.II.

2. Dr.med.Karl [redacted] leidet an progressiver Paralyse, ist gemäss § 42 b. St.G.B. eingewiesen. Er ist Weltkriegsteilnehmer, war 2 Mal verwundet und 1 Mal verschüttet, er besitzt das Frontkämpferehrenzeichen, ausserdem ist er alter Kämpfer der N.S.D.A.P. mit einer Mitgliedsnummer unter 100000.

3. [redacted] Josef leidet an den Folgeerscheinungen einer Gehirngrippe. Als Weltkriegsteilnehmer hat er schwere Verwundungen erlitten(Leber -und Oberschenkelschuss) und ist deshalb jahrelang in Lazarettbehandlung gewesen. Er ist im Besitze des E.K.II,

Ausserdem möchte ich Sie auf folgende Fälle aufmerksam machen, die einer Nachprüfung hinsichtlich ihrer Zurückbehaltung bedürfen.

1. [redacted] Franz, Es handelt sich um einen relativ harmlosen schwachsinnigen Menschen, der viele Beziehungen zu seinen Angehörigen hat. Er selbst ist bereit, sich kastrieren zu lassen, wollte aber noch mit seinem Bruder Rücksprache nehmen. Nach erfolgter Kastration kommt seine Entlassung in Frage. Er würde auf dem allgemeinen Arbeitsmarkt eine vollwertige Arbeitskraft bedeuten.

2. [redacted] Matthias, ist ein harmloser, leicht schwachsinniger Mensch, der sich hier in der Anstalt in sexueller Beziehung einwandfrei geführt hat und daher Aussicht auf Entlassung hat. Es kann angenommen werden, dass er sich ausserhalb der Anstalt künftig straffrei führen wird.

3. [redacted] Karl ist ein Imbeziller, der wegen Vergehen gegen § 175 auf Grund des § 42 b St.G.B. eingewiesen ist. Er ist mit seiner Kastration einverstanden. Die Genehmigung seines Bruders, der die Pflegschaft über ihn hat, steht noch aus. Nach seiner Kastration kann die Entlassung in Aussicht gestellt werden; er kann in einer Spinnerei als Arbeiter eintreten.

4. [redacted] Cornelius steht in regem Verkehr mit seinen Angehörigen und ist ein harmloser schwachsinniger Mensch, der imstande ist, als Handlanger oder Hilfsarbeiter gute Arbeit

1000 0441 B & L

Schreiben des Direktors der PHP Düren an den Direktor des PHP Galkhausen vom 25. Juni 1941, behänd. Ausfertigung gute Arbeit zu verrichten. Nach seiner Kastration, mit der er einverstanden ist, besteht Aussicht auf Entlassung und künftige gute Führung~~n~~.

5. [redacted] Peter ist ein gut remittierter Paralytiker, der sich hier einwandfrei geführt und in der Gärtnerei fleissig gearbeitet hat. Eine Entlassung kommt bei ihm vorerst nicht in Frage. Er ist lt. Militärpass im Besitze des E.K. II.

Die Personal- und Krankenakten des [redacted] Franz befinden sich bei dem Herrn Oberpräsidenten der Rheinprovinz (Verwaltung des Provinzialverbandes) in Düsseldorf.

[redacted]

Dok.: 49 Bitte um Zurückhaltung unentbehrlicher Arbeitskräfte unter den Patienten

Der Leitende Arzt der
Heil- und Pflegeanstalt
Dreifaltigkeitskloster.
-.-

Krefeld, den 12. Juli 1941

Herrn Direktor
Prov.-Obermedizinalrat Dr. [redacted],
G a l k h a u s e n .

Sehr geehrter Herr Kollege!

Aus den Krankenblättern der nach dort überführten Kranken werden Sie bei einigen unschwer erkennen, dass wertvolle z.T. für uns unentbehrliche Kräfte abgegeben werden mussten.

Aus den Besprechungen mit Herrn Landesrat Prof. Dr. [redacted] ist mir bekannt, dass die Direktoren der Provinzialanstalten das Recht haben, den Zwischenanstalten solche für den Betrieb unentbehrliche Kranken namhaft zu machen, die dann Aussicht haben nach erneuter Prüfung der Anstalt wieder zugeführt zu werden.

Dieses Recht ist uns Leitern der Privatanstalten nicht eingeräumt worden.

Jch bitte Sie nun, es mir nicht zu verübeln, wenn ich mich gewissermassen inoffiziell, in " kollegialer " Form in der gleichen Frage an Sie wende, weil ich glaube, aus den Gesprächen mit Herrn Landesrat Dr. [redacted] das - unausgesprochene - Verständnis dafür hinausgefühlt zu haben, wenn ich einen solchen Schritt bei Jhnen unternehmen würde.

Unter diesen Voraussetzungen bitte ich also in 1. Linie Frau Jakob [redacted] (Nr. 41 der Liste) einer besonderen Prüfung unterziehen zu wollen. Sie ist einer bezahlten angestellten Kraft gleichzusetzen; sie leitet völlig selbständig die ganze Gruppe der Erntearbeiterinnen und ist auch sonst in allen landwirtschaftlichen Arbeiten selbständig tätig. Sie zeigt eigentlich keine anderen Krankheitszeichen als dass sie sich " nichts hinein reden lässt " und überhaupt sehr reizbar ist. Sie könnte an sich in eine landwirtschaftliche Stellung gehen, wenn man sie selbständig schaffen und auf ihre Eigenheiten Rücksicht nehmen würde, was natürlich sehr schwierig sein würde. Wir sind g.F. gewillt, sie als bezahlte Kraft hier ordnungsmässig anzustellen.

Eine weitere tüchtige Kraft ist trotz ihrer zahlreichen Wahnideen Frau [redacted] (Nr. 4), die im Bügel- und Nähzimmer sehr wertvolle Dienste leistet, allerdings anstaltspflegebedürftig bleibt.

Dasselbe gilt für Helene [redacted] (Nr.35), die alle unsere geschäftlichen Ausgänge in der Stadt besorgte.

Schreiben des Leitenden Arztes der Heil- und Pflegeanstalt Dreifaltigkeitskloster Krefeld an den Direktor der PHP Galkhausen vom 12. Juli 1941, behänd. Ausfertigung

Ob es nun nach entsprechender Beurteilung Jhrerseits überhaupt möglich sein wird, diese Kranke wieder unserer Anstalt zuzuführen, ist allerdings sehr ungewiss; man könnte g.F. andere Unheilbare dafür austauschen.

Frau [redacted] halte ich wie gesagt nicht mehr für anstaltsbedürftig.

Vertrauensvoll habe ich Jhnen unser Anliegen unterbreitet und hoffe, Verständnis dafür bei Jhnen zu finden.

Mit kollegialer Ergebenheit
und
H e i l H i t l e r !

[redacted]

(Dr.[redacted])

Dok.: 50 Weitere Verlegungen von Patienten und Zurückstellungsanträge Bericht der PHP Galkhausen an den Oberpräsidenten der Rheinprovinz (VdP) vom 31. Juli 1941, genehm. Konzept

[. . .]
Durch die Gemeinnützige Kranken-Transport-G.m-b.H. Berlin wurden hier abgeholt:

Am 28. Juli 1941	Männer 84	Frauen –
Am 29. Juli 1941	Männer 9	Frauen 71
Insgesamt	Männer 93	Frauen 71

Von der Anstalt Bedburg-Hau wurden am 30. Juli 1941 74 Männer und 83 Frauen in die hiesige Anstalt verlegt.
Die Zahl der freien Betten ist:

auf der Männerseite	171	freie Betten.
auf der Frauenseite	39	

Durch eine schriftliche Aufforderung der Reichsarbeitsgemeinschaft Heil- und Pflegeanstalten Berlin am Freitag, den 25. 7. 41 mußten 3 Kranke, die bei dem Transport vom 24. 6. 41 ausgenommen waren, mit dem Transport am 28. 7. 41 nach H[adamar] verlegt werden. Es handelt sich um die Kranken:
1.) [. . .], Franz, geb. 25. 9. 12. Abgabeanstalt Düsseldorf-Grafenberg, übergeführt am 6. 5. 41. [. . .] wurde zurückgestellt, weil er durch Sturz bei der Arbeit erkrankte (Anstreicherarbeit).
2.) [. . .], Wilhelm, geb. 10. 4. 89, übergeführt von Waldniel am 19. 5. 41. Wurde zurückgestellt, weil er Oberleutnant und in englischer Gefangenschaft war.
3.) [. . .], Karl Ehefrau geb. 12. 6. 64, übergeführt am 6. 5. 41 von Anstalt Grafenberg, mit 65 Jahren wegen Selbstmordneigung erstmalig in die Anstalt gekommen.

Am 27. 7. 41 ging von H[adamar] die schriftliche Nachricht hier ein, daß dem Transport am 29. 7. 41 noch 9 Kranke, 3 Männer und 6 Frauen, aus der Anstalt Galkhausen als Abgabeanstalt hinzugefügt werden sollten. Von den 6 Frauen wurden 2 zurückbehalten ([. . .], Else und [. . .], Walburga) weil sie aussergewöhnlich gute und wertvolle Arbeitskräfte für die Anstalt sind.

Der für den 6. 8. 41 vorgesehene Transport nach H[adamar] wurde heute fernmündlich zurückgestellt.

I.V.:
W.

Dok.: 51 Meldung verstorbener bzw. vom Transport zurückgestellter Patienten

Bericht der PHP Galkhausen an den Oberpräsidenten der Rheinprovinz (VdP) vom 31. Juli 1941, Konzept

[. . .] Von der Verlegung in eine andere Anstalt wurden bei dem Transport vom 29. 7. 41 von dem am 27. 6. 41 von der Anstalt Düren hierher überführten Kranken ausgenommen:

1.) [. . .], Johann Anton geb. 14. 6. 81. Paranoider Psychopath; äusserlich geordnet, leidet an paranoiden Beeinträchtigungsideen. Er ist Kriegsverletzter und Inhaber des E.K.II.

2.) Dr. [. . .], Karl geb. 27. 7. 99. Progressive Paralyse; stationaer nach Malariabehandlung, starke intellektuelle und ethische Defekte bei leidlich geordneter äusserer Haltung, § 42 b wegen Verbrechen gegen § 218. Zurückbehalten, weil er als Kriegsfreiwilliger des Weltkrieges 2 mal verwundet wurde, das silberne Verwundetenabzeichen und das E.K.II erhielt und Partei-Nr. 56000 besitzt.

3.) [. . .], Josef geb. 24. 1. 97. Chronische Encephalitis mit schweren akinetischen und hyperkinetischen Symptomen, vor der Atropinbehandlung auch mit gelegentlichen triebhaften Erregungen. Zurückgestellt, weil er als Weltkriegsteilnehmer mehrere Verwundungen erlitten hat, seine akute Encephalitiserkrankung wahrscheinlich während des Kriegsdienstes eingetreten ist und er mit dem E.K.II ausgezeichnet wurde.

4.) [. . .], Maria geb. 5. 10. 00 Besitzt die schweizerische Staatsangehörigkeit.

5.) [. . .], Elisabeth geb. 5. 12. 97. Ist höchstwahrscheinlich amerikanische Staatsangehörige (Ehemann ist Amerikaner). Die Angelegenheit wird geprüft.

Von der Abgabeanstalt Galkhausen wurden zurückbehalten:

6.) [. . .], Walburga geb. 21. 1. 06. Ist seit Jahren fleißige Hilfe in der Waschküche, z. Zt. für den Betrieb unentbehrlich, ersetzt gesunde Arbeitskraft.

7.) [. . .], Else geb. 25. 1. 89. Ist unentbehrliche Arbeitskraft in der Waschküche (Bügelzimmer), macht Botengänge für die Anstalt, ersetzt gesunde Arbeitskraft.

Gestorben sind ferner aus dem Transport Düren:

8.)	[. . .], Maria	geb. 22. 6. 70	† 4. 7. 1941
9.)	[. . .], Margarete	geb. 30. 8. 81	† 3. 7. 1941
10.)	[. . .], Helene	geb. 28. 11. 98	† 10. 7. 1941
11.)	[. . .], Emilie	geb. 1. 3. 95	† 25. 7. 1941
12.)	[. . .], Wilhelmine geb. [. . .]	geb. 3. 3. 95	† 23. 7. 1941

I.V.:

Dok.: 52 Administrative Vorbereitung der Kranken für die Verlegung nach Hadamar

Merkblatt

Betr.: Verlegung von Geisteskranken.

Bei der Verlegung von Geisteskranken bitte ich, bei der Durchführung nachstehende Punkte genauestens zu beachten und zu befolgen:

1.) **Personalakten:** Die Personalakten sind bei der Verlegung mitzugeben.
2.) **Krankengeschichten:** Die Krankengeschichten sind bei der Verlegung mitzugeben.
3.) **Eigentumsnachweiskarten:** Die Eigentumsnachweiskarten sind peinlichst genau auszufüllen unter Beachtung der beigefügten Richtlinien, Männer weiß, Frauen gelb.
4.) **Geldbeträge:** Die Geldbeträge sind in einer besonderen Aufstellung mit 2 Durchschlägen (als Quittung anzusehen) bereitzuhalten.
5.) **Wertgegenstände:** Die Wertgegenstände des betr. Kranken sind gleichfalls in einer Sonderaufstellung mit 2 Durchschlägen bereitzuhalten.

Zu Punkt 4) und 5) bemerke ich, daß die Eintragungen auf den Eigentumsnachweiskarten auch enthalten sein müssen.

6.) **Persönliches Eigentum** der zu verlegende Kranken ist fertig verpackt, mit Namen des Betreffenden versehen, mitzugeben.
7.) **Markierung der Kranken:** Die Geisteskranken sind mit einem Leukoplaststreifen zu versehen, auf dem der Name des betr. Kranken geschrieben steht und der auf dem Rücken zwischen den Schulterblättern befestigt wird. Außerdem muß der Name des betr. Kranken in der Kleidung eingenäht sein.
8.) **Kranke**, deren Zustand einen längeren Transport nicht gestattet, und für sie lebensgefährlich sein würde, dürfen nicht verlegt werden.
9.) **Unruhige Kranke** sind vor Beginn der Verlegung mit entsprechenden Beruhigungsmitteln zu versehen.
10.) Die Anstaltsleitung ist dafür verantwortlich, daß keiner der zu verlegenden Kranken im Besitz von Messern oder sonstigen gefährlichen Gegenständen ist.[1]

[1] Klee, „Euthanasie“, a.a.O., S. 127

Wilhelm [. . .], geb. am 23. 2. 1921 in Aachen, wurde am 20. 6. 1941 von der Heil- und Pflegeanstalt Düren zur Heil- und Pflegeanstalt Galkhausen verlegt.

Am 28. 7. 1941 erfolgte die Verlegung nach Hadamar.

Wilhelm [. . .] war die Nr. 46 der Verlegungsliste (vgl. Dok. 56). Zwischen seinen Schulterblättern wurde ein Heftpflaster mit Namen und Nummer der Verlegungsliste angebracht.

Wilhelm [. . .] wurde wahrscheinlich noch am 28. 7. 1941 im Alter von 20 Jahren in Hadamar ermordet. Sein offizielles Todesdatum wurde mit dem 20. August 1941 angegeben.

Abb.: 24 Wilhelm [. . .] verlegt in die Tötungsanstalt Hadamar mit Transport am 28. Juli 1941

Photo, ca. 1940

Bem.: Das einzige, im Archiv der RLK Langenfeld erhaltene Photo eines Patienten, der in eine Tötungsanstalt verlegt wurde.

Dok.: 53 Ausmusterung des 1941 ermordeten Wilhelm [. . .] aus Reichsarbeitsdienst und Wehrmacht

Der Direktor
der Rhein. Provinzial Heil- u. Pflegeanstalt
Düren

Fernsprecher: Sammel-Nr. 3151
Postscheckkonto: Nr. 17169 Köln
Bankkonto: Nr. 60006 Städtische Sparkasse, Zweigst. Düren-Nord

Tagebuch Nr. ....

Düren (Rhld.), den 16. Januar 1943.
Postschließfach Nr. 61

Prov. Heil- u. Pflege... 17. ...
Tageb. ...

An die
Heil - u.-Pflegeanstalt
Galkhausen Rhld.

Jn der Anlage übersenden wir Jhnen einen Ausmusterungsschein des Reichsarbeitsdienstes und einen Ausmust.Schein der Wehrmacht, des am 20.Juni 1941 nach dort übergeführten [redacted] Wilhelm.

J.A.

[redacted]

Rentmeister.

26/7. 41 Transport

I/0167

Schreiben des Direktors der PHP Düren an den Direktor der PHP Galkhausen von 16. Januar 1943, behänd. Ausfertigung

Dok.: 54 Ausmusterung des Wilhelm [. . .] aus dem Reichsarbeitsdienst

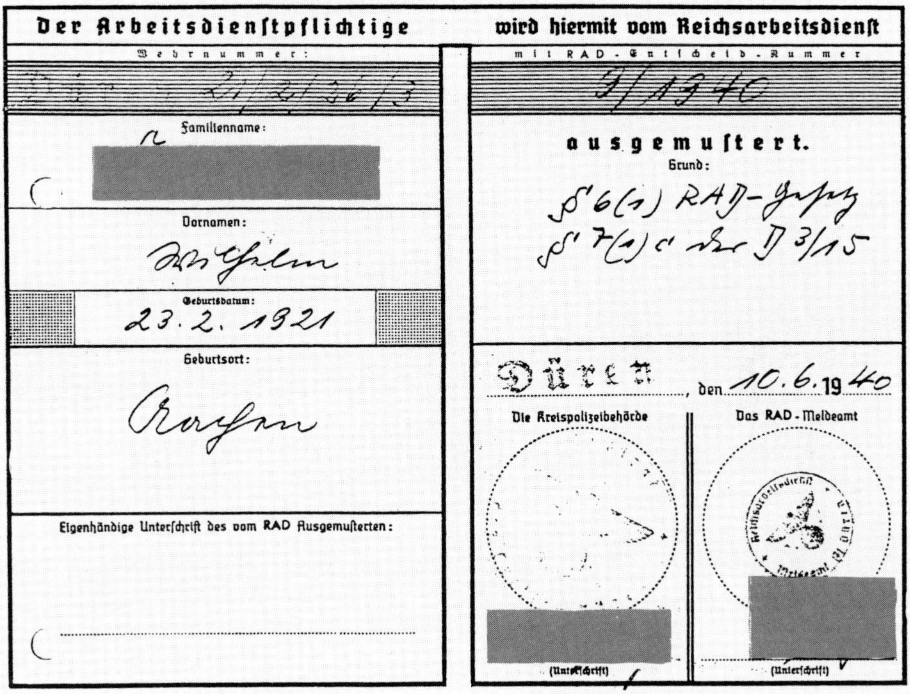

Der Arbeitsdienstpflichtige | wird hiermit vom Reichsarbeitsdienst

Wehrnummer: Düren 21/21/30/3 | mit RAD-Entscheid-Nummer: 3/1940

Familienname: [redacted]

Vornamen: Wilhelm

Geburtsdatum: 23.2.1921

Geburtsort: Kerpen

ausgemustert.

Grund: § 6 (1) RAD-Gesetz
§ 7 (1) a der D 3/15

Düren, den 10.6.1940

Die Kreispolizeibehörde

[redacted]

(Unterschrift)

Das RAD-Meldeamt

[redacted]

(Unterschrift)

Eigenhändige Unterschrift des vom RAD Ausgemusterten:

Bescheid des Reichsarbeitsdienstmeldeamtes Düren vom 10. Juni 1940, Ausfertigung
Bem.: Anlage zu Dok.: 53

Dok.: 55 Ausmusterung des Wilhelm [. . .] aus der Wehrmacht

Wehrnummer

Düren 21/2/26/3

Polizeil. Meldebehörde ....

Wehrbezirkskommando Düren

Ausmusterungsschein

Der Wilhelm [redacted]
(Beruf, Vor- und Familienname)

geb. am 23. Febr. 1921 zu Aachen
(Tag, Monat, Jahr) (Ort)

Aachen – Aachen
(Gemeinde, Kreis usw., Regierungsbezirk, Land)

Dienststempel Wehrbezirkskommando Düren

ist völlig untauglich zum Dienst in der Wehrmacht.
Er scheidet aus dem Wehrpflichtverhältnis aus.

Düren, den 10. 6. 40 19....
(Musterungsort) (Tag, Monat, Jahr)

Die Kreispolizeibehörde — Dienststempel — [redacted] (Unterschrift)

Der Wehrbezirkskommandeur — Dienststempel Wehrbezirkskommando Düren — [redacted] (Unterschrift)

Zur Beachtung

1. Alle Eintragungen sind mit Tinte oder mit Hilfe der Schreibmaschine auszuführen.
2. Der Verlust dieses Scheines ist sofort dem zuständigen Wehrmeldeamt zu melden.
3. Fälschung und mißbräuchliche Benutzung dieses Scheines wird als Urkundenfälschung gerichtlich verfolgt.

Bescheid des Wehrbezirkskommandos Düren vom 10. Juni 1940, Ausfertigung
Bem.: Anlage zu Dok.: 53

Dok.: 56 Liste der am 28. Juni 1941 in die Tötungsanstalt Hadamar verlegten Kranken

Nr.	Name und Vorname	Geburtsort – und tag:	
39	[redacted], Josef	Eildorf	22. 6.09
40	[redacted], Josef	Aachen	7. 4.82
41	[redacted], Peter	Zingsheim	12.12.89
42	[redacted], Theodor	Simmersdorf	9.11.70
43	[redacted], Karl	Niederau	24. 6.06
44	[redacted], Edmund	Groß-Strelitz	30. 6.00
45	[redacted], Konrad	Kreuzau	29. 8.90
46	[redacted], Wilhelm	Aachen	23. 2.21
47	[redacted], Josef	Grefrath	23. 5.01
48	[redacted], Mathias	Eschweiler	12. 1.15
49	[redacted], Wilhem	Düsseldorf	22. 4.03
50	[redacted], Anton (gest. 11. 7.41)	Koblenz	17. 9.68
51	[redacted], Josef	Simpelfeld	16. 9.05
52	[redacted], Johann Wilhelm	Köln	22. 3.05
53	[redacted], Daniel	Kreuznach	8.12.69
54	[redacted], Friedrich	Günteroth	9. 8.84
55	[redacted], Mathias	Hergenrath	10. 3.07
56	[redacted], Heinrich (staatsangehörigkeit ungeklärt)	Chicago	21. 5.93
57	[redacted], Adolf	Berlingen	9. 3.64
58	[redacted], Hermann	Merode	21. 4.69
59	[redacted], Friedrich	W.-Barmen	30. 3.75
60	[redacted], Adolf (in russ.Gefangsch.erkrankt)	Kirchherten	22. 3.97
61	[redacted], Otto	Berghausen	8. 1.93
62	[redacted], Anton	Gelsenkirchen	1. 4.01
63	[redacted], August	Aachen	6. 6.00
64	[redacted], Ferdinand	Aachen	15. 4.12
65	[redacted], Peter	Süchteln	6.12.02
66	[redacted], Nikolaus	Aachen	26.12.04
67	[redacted], Jakob	Elkenrath	4.12.01
68	[redacted], Nikolaus	Hollerath	11.10.60
69	[redacted], Paulinus	Aachen	19. 6.87
70	[redacted], Josef	Alsdorf	13. 9.09
71	[redacted], Mathias	Trier	2. 2.09
72	[redacted], Franz	K.-Ehrenfeld	21. 1.75
73	[redacted], Wilhelm	Fronhofen	30. 1.79
74	[redacted], Hubert	Düren	26. 4.08
75	[redacted], Ferdinand (Schenkelhalsfraktur nicht transp.fähig)	Dresden	13.12.64
76	[redacted], Jakob (gest. 7.7.41)	Aachen	27.10.10
77	[redacted], Johann	Mehringen	13. 2.91
78	[redacted], Mathias	Trier	22. 2.03
79	[redacted], Johann	Denn	6. 5.89
80	[redacted], Bruno	Köln	2.11.96
81	[redacted], Josef	Walhorn	30. 8.99

Aufstellung der PHP Galkhausen, undatiert [Juli 1941]

HÄNDE

Der Todesgärtner,
Die ihr aus der Wiegenkamille Tod,
Die auf den harten Triften gedeiht
Oder am Abhang,
Das Treibhausungeheuer eures Gewerbes gezüchtet habt.
Hände,
Des Leibes Tabernakel aufbrechend,
Der Geheimnisse Zeichen wie Tigerzähne packend –
Hände,
Was tatet ihr,
Als ihr die Hände von kleinen Kindern waret?
Hieltet ihr eine Mundharmonika, die Mähne
Eines Schaukelpferdes, faßtet der Mutter Rock im Dunkel,
Zeigtet auf ein Wort im Kinderlesebuch –
War es Gott vielleicht, oder Mensch?

Ihr würgenden Hände,
War eure Mutter tot,
Eure Frau, euer Kind?
Daß ihr nur noch den Tod in den Händen hieltet,
In den würgenden Händen?

Nelly Sachs, a.a.O. S. 76

Dok.: 57 Transporte aus Anstalten der Rheinprovinz in die ‚Zwischenanstalt' Galkhausen zur Weiterverlegung in die ‚Vollzugsanstalt' Hadamar

Lfd. Nr.	Verlegungsanstalt	Verlegungsdatum	Patienten Männer	Frauen	Summe
- 1 -	- 2 -	- 3 -	- 4 -	- 5 -	- 6 -
1	Düsseldorf-Grafenberg	6. 5. 1941	28	38	66
2	Waldniel	19. 5. 1941	106	–	106
3	Süchteln-Johannistal	19. 5. 1941	31	–	31
4	Süchteln-Johannistal	11. 6. 1941	–	85	85
5	Düren	20. 6. 1941	91	–	91
6	Düren	27. 6. 1941	9	73	82
7	Krefeld–Dreifaltigkeitskloster	12. 7. 1941	–	85	85
8	Waldniel	16. 7. 1941	50	–	50
9	Bedburg-Hau	30. 7. 1941	74	83	157
10	Süchteln-Johannistal	8. 8. 1941	85	–	85
11	Krefeld–Dreifaltigkeitskloster	27. 8. 1941	–	159	159
	Summe		474	523	997

Dok.: 58 Weitertransporte aus der ‚Zwischenanstalt' Galkhausen in die ‚Vollzugsanstalt' Hadamar

Lfd. Nr.	Verlegungs-datum	Patienten Männer	Frauen	Summe	Bemerkungen	nach Galkh. verlegt am
- 1 -	- 2 -	- 3 -	- 4 -	- 5 -	- 6 -	- 7 -
1	28. 4. 1941	90	–	90	Patienten der Anstalt Galkhausen	
2	2. 5. 1941	–	90	90	Patienten der Anstalt Galkhausen	
3	5. 5. 1941	90	–	90	Patienten der Anstalt Galkhausen	
4	27. 5. 1941	45	45	90	Patienten der Anstalt Galkhausen	
5	24. 6. 1941	36	–	36	Patienten aus der Anstalt Waldniel	19. 5. 1941
		25	31	56	Patienten/-innen aus der Anstalt Grafenberg	6. 5. 1941
6	30. 6. 1941	65	–	65	Patienten aus der Anstalt Waldniel	19. 5. 1941
		27	–	27	Patienten aus der Anstalt Süchteln	19. 5. 1941
7	22. 7. 1941	–	77	77	Patienten aus der Anstalt Süchteln	11. 6. 1941
8	28. 7. 1941	84	–	84	Patienten aus der Anstalt Düren	20. 6. 1941
		6	66	72	Patienten/-innen aus der Anstalt Düren	27. 6. 1941
		4	4	8	Patienten/innen der Anstalt Galkhausen	
9	20. 8. 1941	–	85	85	Patientinnen aus Krefeld (Dreifaltigkeitskloster)	12. 7. 1941
	Summe	472	398	870		

Abb.: 25 Reichspost – Busse der Gemeinnützigen Krankentransport-GmbH (hier vor der Anstalt Eichberg)
Photo, undatiert

Abb.: 26 Tötungsanstalt Hadamar
Photo, undatiert

Abb.: 27 Buseinfahrt der Tötungsanstalt Hadamar
Photo, undatiert

„Euthanasie“ – Aktion „T4“ und die Reaktion der Angehörigen

Gebete für den toten Bräutigam

WENN ICH nur wüßte,
Worauf dein letzter Blick ruhte.
War es ein Stein, der schon viele letzte Blicke
Getrunken hatte, bis sie in Blindheit
Auf den Blinden fielen?

Oder war es Erde,
Genug, um einen Schuh zu füllen,
Und schon schwarz geworden
Von soviel Abschied
Und von soviel Tod bereiten?

Oder war es dein letzter Weg,
Der dir das Lebewohl von allen Wegen brachte
Die du gegangen warst?

Eine Wasserlache, ein Stück spiegelndes Metall,
Vielleicht die Gürtelschnalle deines Feindes,
Oder irgend ein anderer, kleiner Wahrsager
Des Himmels?

Oder sandte dir diese Erde,
Die keinen ungeliebt von hinnen gehen läßt
Ein Vogelzeichen durch die Luft,
Erinnernd deine Seele, daß sie zuckte
In ihrem qualverbrannten Leib?

Nelly Sachs, a.a.O., S. 85

Die Angehörigen der dem Vernichtungsprogramm zum Opfer gefallenen Kranken wurden über deren Verbleib gezielt desinformiert. Die „Ursprungsanstalten" hatten die Anweisung, die Angehörigen über die Verlegung in die „Zwischenanstalt" nicht zu informieren.

Die „Zwischenanstalten" benachrichtigen die Angehörigen mit einem vorgedruckten Formular über die Verlegung aus der „Ursprungsanstalt" in die „Zwischenanstalt". Ein ähnliches vorgefertigtes Schreiben erhielten die Angehörigen, wenn die Kranken aus der „Zwischenanstalt" in die „Vernichtungsanstalt" weiterverlegt wurden.

Alsbald erhielten die Angehörigen Nachricht aus der „Vernichtungsanstalt", in der ihnen mitgeteilt wurde, daß der Kranke auf Anordnung des Reichsverteidigungskommissars dorthin verlegt und gut angekommen sei. Aus Gründen der Reichsverteidigung könnten Besuche zur Zeit nicht zugelassen werden. Bald darauf kam dann ein Schreiben, in dem den Angehörigen der Tod des Patienten mitgeteilt wurde. Wie zum Beispiel im nachstehend zitierten Brief:

Sehr geehrte Frau . . .

Es tut uns aufrichtig leid, ihnen mitteilen zu müssen, daß die Tochter ...... am ...... im Rahmen von Maßnahmen des Reichsverteidigungskommissars in die hiesige Anstalt verlegt werden mußte, hier am ...... plötzlich und unerwartet an einer Hirnschwellung verstorben ist.

Wir erlauben uns, Ihnen mit diesen Zeilen unser herzlichstes Beileid zum Ausdruck zu bringen und bitten Sie, in dem Gedanken Trost zu finden, daß Ihre Tochter obgleich sie früh aus dem Leben scheiden mußte, von einer unheilbaren Krankheit erlöst wurde. Bei der Art und der Schwere ihres Leidens wäre an eine Besserung oder an eine Heilung und damit an eine Entlassung aus der Anstalt nie zu denken gewesen. Das Leben hätte für sie nur Verzicht und Traurigkeit bedeutet.

Da in der hiesigen Anstalt zur Zeit Seuchengefahr herrscht, ordnete die Polizeibehörde sofortige Einäscherung des Leichnams an. Wir bitten um Mitteilung, an welchen Friedhof wir die Übersendung der Urne mit den sterblichen Überresten der Heimgegangenen durch die Polizeibehörde veranlassen sollen. Etwaige Anfragen bitten wir schriftlich hierher zu richten, da Besuche hier gegenwärtig aus seuchenpolizeilichen Gründen verboten sind.

Anliegend übersenden wir Ihnen 2 Sterbeurkunden zwecks evtl. Vorlage bei den Behörden und bitten Sie, diese sorgfältig aufbewahren zu wollen.

Heil Hitler

gez. . . .

Auch die Angehörigen der in der Provinzial- Heil- und Pflegeanstalt Galkhausen untergebrachten Kranken wurden über die Verlegung im Unklaren gelassen. So wandten sich viele Angehörige mit besorgten Fragen an den ärztlichen Direktor der Anstalt. Auch in persönlichen Gesprächen suchten die Angehörigen Auskünfte zu erhalten. Sie sind wie in den Briefen mit unverbindlichen Auskünften abgespeist worden.

Dok.: 59 Standardisierte Benachrichtigung der Angehörigen vom Tod ihrer Verwandten: Wilhelmine [. . .]

Heil- und Pflegeanstalt
Bernburg

Bernburg, den 21.Mai 1941
Postschließfach 266
Sprechstunde nur nach vorheriger Vereinbarung

Gesch.-Z.: B e 203/31 Sn.
(Bitte stets angeben)

Fräulein
Katharine [redacted]

O p l a d e n

Krankenhaus

Sehr geehrtes Fräulein [redacted] !

Wir bedauern, Jhnen mitteilen zu müssen, dass Jhre Schwester, Frl. Wilhelmine [redacted] am heutigen Tage unerwartet infolge Gesichtsrose, die eine Blutvergiftung zur Folge hatte, verstorben ist. Jhre Verlegung in unsere Anstalt stellt eine Kriegsmassnahme dar und erfolgte aus mit der Reichsverteidigung im Zusammenhang stehenden Gründen.

Unsere Anstalt ist nur als Durchgangsanstalt für diejenigen Kranken bestimmt, die in kurzer Zeit in eine andere Anstalt unserer Gegend verlegt werden sollen. Der Aufenthalt hier dient nur zur Feststellung von Bazillenträgern, die sich erfahrungsgemäss immer wieder unter derartigen Kranken befinden. Die zuständige Ortpolizeibehörde Bernburg-Gröna hat, um den Ausbruch und die Verschleppung übertragbarer Krankheiten zu verhindern, im Einvernehmen mit den beteiligten Stellen weitgehende Schutzmassnahmen angeordnet und gemäss § 22 der Verordnung zur Bekämpfung übertragbarer Krankheiten die sofortige Einäscherung der Leiche und die Desinfektion des Nachlasses verfügt. Einer Einverständniserklärung der Angehörigen usw. bedarf es in diesem Falle nicht.

Der Nachlass der Verstorbenen wird nach erfolgter Desinfektion hier zurückgelegt,weil er in erster Linie als Pfand für den Kostenträger der Anstaltsunterbringung dient.

Bei dieser Gelegenheit erlauben wir uns, Sie darauf hinzuweisen,dass sich eine Beschädigung des Nachlasses durch die Desinfektion infolge Verwendung nachhaltigster Mittel sehr oft nicht vermeiden lässt und vielfach sowohl Versendung wie Herbeiführung eines Entscheides über Zuweisung des Nachlasses mehr Zeit und Kosten verursacht, als der Nachlass wert ist. Wir schlagen Jhnen aus diesem Grunde vor, auf ihn zu verzichten, sodass wir ihn im Falle der Beschädigung der NSV und im anderen Falle ohne gerichtlichen Entscheid dem Kostenträger zur Verfügung überlassen können.

Falls Sie die Urne auf einem bestimmten Friedhof beisetzen lassen wollen, die Überführung erfolgt kostenlos, bitten wir Sie unter Beifügung einer Einverständniserklärung der betreffenden Friedhofverwaltung um Nachricht. Sollten Sie uns diese innerhalb 14 Tagen nicht zusenden, werden wir die Beisetzung anderweitig veranlassen, wie wir auch annehmen würden, dass Sie auf den Nachlass verzichten, wenn Sie uns innerhalb gleicher Zeit hierüber eine Mitteilung nicht zukommen lassen sollten.

Zwei Sterbeurkunden fügen wir zu Jhrer gefl. Bedienung bei.

Heil Hitler !

[redacted]

(Dr [redacted])

2 Anlagen !

Schreiben der Heil- und Pflegeanstalt Bernburg an Fräulein Katharine [. . .] vom 21. Mai 1941, behänd. Ausfertigung

Dok.: 60 Verschleierung der Tötung durch Einschaltung der Katholischen Kirche: Wilhelmine [. . .]

Katholisches Pfarramt
St. Bonifatius
Bernburg (Anhalt)
Theaterstr. 5 Telefon 2178
Postscheck-Konto: Berlin 38076
Bank-Konto: Allgem. Deutsche Credit-Anstalt
Filiale Bernburg

Bernburg, den 4. Juni 1941.
Theaterstr. 5

Sehr geehrter Herr [redacted]

Am 29.Mai haben wir die Urne mit den sterblichen Resten Ihrer Schwester auf dem hiesigen Friedhof III beigesetzt. Am darauf=folgenden Morgen haben wir hier in der Gemeinde für sie das Toten-Amt gehalten.

Sollten Sie Wünschen hinsichtlich der Ausschmückung des Grabes haben, dann wenden Sie sich an die Verwaltung des Friedhofes III. Das Grab trägt die Bezeichnung: Wilhelmine [redacted] Urnenhain Reihe VII a, Nr. 26.

Die Kosten für die Grabstätte und zwar Reihengrabstätte 5,oo
Beerdigungsgebühr 1,oo
6,oo
100 % Zuschlag für Ortsfremde 6,oo
12,oo RM.

habe ich bei der Stadt entrichtet. Die Quittung lege ich Ihnen bei. Wir werden auch in Zukunft für Ihre Schwester beten.

Mit teilnehmendem Gruss

Ihr [redacted]

Schreiben des Katholischen Pfarramtes St. Bonifatius, Bernburg an den Bruder der Wilhelmine [. . .] vom 4. Juni 1941, behänd. Ausfertigung

Dok.: 61 Totenschein für Wilhelmine [. . .]

Cc

Nr. -- 144 --

Bernburg II ———, den 21. Mai ---- 1941

Die Wilhelmine [redacted] ohne Beruf ----------

------------------------, katholisch -------------,

wohnhaft Bernburg ———

ist am 21. Mai 1941 ----------- um --- 4 Uhr 1[illegible] ---- Minuten

in der Wohnung ——— verstorben.

Die Verstorbene war geboren am 21.April 1906 -------------

in Fixheide - Lützenkirchen ------------------------

(Standesamt Schlebusch ------------------ Nr. 101/1906 --)

Vater: Wilhelm [redacted] ------------------------

Mutter: Anna [redacted] geborene [redacted] -------------

~~D.... Verstorbene war — nicht — verheiratet~~

Eingetragen auf ~~mündliche~~ — schriftliche — Anzeige des Leiters der

Heil- und Pflegeanstalt Bernburg ———

~~D.... Anzeigende~~

~~Vorgelesen, genehmigt und ...... unterschrieben~~

Der Standesbeamte
In Vertretung
[redacted]

Todesursache: Gesichtsrose, Blutvergiftung

~~Eheschließung de.... Verstorbenen am ...... in~~

~~(Standesamt ...... Nr. ......).~~

Bescheid des Standesamtes Bernburg II vom 21. Mai 1941, behänd. Ausfertigung

Dok.: 62 Standardisierte Benachrichtigung der Angehörigen vom Tod ihrer Verwandten: Gottfried Friedrich Wilhelm [. . .]

Landes-Heil- und Pflegeanstalt
Hadamar

Hadamar b. Limburg/Lahn, den 4.6.1941
Postschließfach: Hadamar/Lahnkreis Nr. 24
Fernruf: Hadamar/Lahnkreis 230
Bankkonto: Nassauische Landesbank, Landesbankstelle Limburg/Lahn, Nr. 104 673

Tgb.-Nr. E 54/31 Gh.
(Bei Antwort stets angeben!)

Frau
Henny [redacted]

Sehr geehrte Frau [redacted]

Im Nachgang zu unserem Schreiben vom 20.5.41 müssen wir Ihnen zu unserem Bedauern mitteilen, daß Ihr Ehemann, [redacted], am 4. Juni 1941 unerwartet infolge Lungenentzündung mit hinzugetretener Kreislaufschwäche verstorben ist. Seine Verlegung in unsere Anstalt stellt eine Kriegsmaßnahme dar und erfolgte aus mit der Reichsverteidigung im Zusammenhang stehenden Gründen.

Nachdem unsere Anstalt nur als Durchgangsanstalt für diejenigen Kranken bestimmt ist, die in eine andere Anstalt unserer Gegend verlegt werden sollen, und der Aufenthalt hier lediglich der Feststellung von Bazillenträgern dient, deren sich solche bekanntlich immer wieder unter derartigen Kranken befinden, hat die zuständige Ortspolizeibehörde, um den Ausbruch und die Übertragung ansteckender Krankheiten zu vermeiden, im Einvernehmen mit den beteiligten Stellen weitgehende Schutzmaßnahmen angeordnet und gemäß § 22 der Verordnung zur Bekämpfung übertragbarer Krankheiten die sofortige Einäscherung der Leiche und die Desinfektion des Nachlaßes verfügt. Einer Einwilligung der Angehörigen usw. bedarf es in diesem Falle nicht.

Der in die Anstalt mitgebrachte Nachlaß des Verstorbenen wird nach erfolgter Desinfektion zurückgelegt und Ihr Entscheid, was mit ihm geschehen soll, abgewartet. Bei dieser Gelegenheit erlauben wir uns, Sie höflichst zu bitten, in Erwägungen darüber einzutreten, ob es Ihnen nicht möglich wäre, auf den Nachlaß zu verzichten, sodaß wir ihn im Falle der Beschädigung bei der Desinfektion infolge Verwendung nachhaltigster Mittel, der NSV und im anderen Falle bedürftigen Anstaltsinsassen überlassen können.

Falls Sie die Urne auf einem bestimmten Friedhof beisetzen lassen wollen – die Überführung der Urne erfolgt kostenlos – bitten wir Sie, uns unter Beifügung einer Einverständniserklärung der betreffenden Friedhofverwaltung zu benachrichtigen. Sollten Sie uns diese nicht innerhalb von 14 Tagen zusenden, werden wir die Beisetzung anderweitig veranlassen, wie wir auch annehmen würden, daß Sie auf den Nachlaß verzichten, wenn uns nicht innerhalb gleicher Zeit hierüber eine Mitteilung zugehen sollte.

Zwei Sterbeurkunden, die Sie für eine etwaige Vorlage bei Behörden verwenden können, fügen wir bei.

2 Anlagen

Heil Hitler!

Dr. [redacted]

Schreiben der Landes-Heil- und Pflegeanstalt Hadamar an Frau Henny [. . .] vom 4. Juni 1941, behänd. Ausfertigung

Zur Erstellung gefälschter Todesursachen verfügten die Ärzte in den Tötungsanstalten über Kurzbeschreibungen von Erkrankungen, die für plötzliche Todesfälle in Frage kamen.
Dennoch kam es immer wieder zu „Pannen“, wenn die Todesursache zu offensichtlich gelogen war. Beispiel aus den Unterlagen des Brandenburger Tötungsarztes Dr. Eberl:[1]

Grundkrankheiten:	**Todesursache:**
Gesichtsfurunkel (Nase, Lippe, Wange, Ohr, Mundwinkel, Nacken)	Blutvergiftung

---

Grundkrankheiten

1.) Ätiologie:	bakteriell, Infektion von der Haut aus (Verletzung)
2.) Verlauf:	
a) Symptome:	lokale Schwellung, Rötung u. Hitze
b) Dauer:	2–5 Tage (Komplikation muß in dieser Zeit erfolgen, da sonst Durchbruch des Geschwürs nach außen auftritt)
c) Fieber:	kein Fieber, oder nur leichte Temperaturerhöhung
Differentialdiag.	keine Schwierigkeit, da Grundkrankheit leicht zu erkennen.
3.) Therapie:	Ziel: Öffnung nach außen oder Überwindung der eingedrungenen Keime nach innen. Rotlichtbestrahlung, eventuell auch Umschläge mit Essigsaurer Tonerde.
4.) Komplikationen:	a) Blutvergiftung (besonders leicht nach Oberlippenfurunkel oder Mundwinkelfurunkel) b) Hirnhautentzündung

Todesursache:

1.) Ätiologie:	Einbruch von Bakterien-Tromben in die Blutbahnen vom lokalen Herd aus.
2.) Verlauf	
a) Symptome:	Schüttelfrost mit anschließendem Hochschnellen des Fiebers, Benommenheit, schwacher, schneller Puls bei nicht beschleunigter Atmung.
b) Dauer:	2–8 Tage
c) Fieber:	verschieden: Continua oder remittierendes Fieber; rein remittierendes Fieber selten. Wichtig, daß Temperatur nach jedem Schüttelfrost hochschnellt.
3.) Therapie:	Bettruhe, Cardiaca (Herzmittel) u. Ausschaltung des lokalen Prozesses soweit möglich.
4.) Komplikationen:	akute Kreislaufschwäche od. septische Metastasen (z. B. Hirnhautentzündung)

[1] Klee, „Euthanasie“, a.a.O., S. 152f.

Dok.: 63 Formularmäßige Benachrichtigung der Angehörigen von Patienten über deren Verlegung in die (Zwischenanstalt) Galkhausen

Vordruck 1b

Der Direktor der Prov.-Heil- und Pflegeanstalt Galkhausen

Tgb. Nr. ....

Langenfeld (Rhld.), den 27. Juni 1941.
Tel. Nr. 7 u. 568

~~Der~~ Die bisher in der Prov.-Heil- und Pflegeanstalt Düren untergebracht gewesene Kranke [redacted], Pauline geb. [redacted]

geboren am 17.5.85 wurde heute in die hiesige Anstalt verlegt. Die Verlegung erfolgte aus kriegswichtigen Gründen gemäß einer Anordnung des zuständigen Reichsverteidigungskommissars.

Dortiges Aktenzeichen: ....

An
Frau [redacted]

in Köln-Deutz
[redacted]

I.V.:
Dr. [redacted]
Prov.Obermedizinalrat.

872

Schreiben des Direktors der PHP Galkhausen vom 27. Juni 1941, genehm. Konzept

Dok.: 64 Formularmäßige Benachrichtigung der Angehörigen von Patienten, die ohne Zielangabe aus der (Zwischenanstalt) Galkhausen verlegt worden sind

Vordruck 2b

Der Direktor
der Prov.-Heil- und Pflegeanstalt
Galkhausen

Langenfeld (Rhld.), den 13. Mai 1941.
Tel. Nr. 7 u. 568

Tgb. Nr. ....

Auf Grund einer Anordnung des zuständigen Reichsverteidigungskommissars wurde n

~~der~~ die Kranken [redacted] Gertrud + [redacted] Helene, geboren am 25. 10. 06. / 25. 2. 10

~~heute~~ durch die Gemeinnützige Kranken-Transport-G. m. b. H., Berlin W 9, Potsdamer Platz 1 in eine andere Anstalt verlegt, deren Name und Anschrift mir noch nicht bekannt sind. Die aufnehmende Anstalt wird Ihnen eine entsprechende Mitteilung zugehen lassen. Ich bitte Sie, bis zum Eingang dieser Mitteilung von weiteren Anfragen abzusehen.

Sollten Sie jedoch innerhalb 14 Tagen von der aufnehmenden Anstalt keine Mitteilung erhalten haben, so stelle ich Ihnen anheim, bei der Gemeinnützigen Kranken-Transport-G. m. b. H., Berlin W 9, Potsdamer Platz 1 Rückfrage zu halten.

Eine Benachrichtigung weiterer Angehöriger kann meinerseits nicht vorgenommen werden. Erforderlichenfalls wollen Sie die Benachrichtigung weiterer Angehöriger übernehmen.

Herrn Josef [redacted]
in Engelskirchen
[redacted]

I. V.:
[redacted]
Prov. Obermedizinalrat

I/0872

Schreiben des Direktors der PHP Galkhausen vom 13. Mai 1941, genehm. Konzept

Dok.: 65 Rückfragen betroffener Verwandter und die Antworten der Ärzte: Emmy [. . .]

Bei den nachfolgenden Anfragen handelt es sich aktenkundlich regelmäßig um behändigte Ausfertigungen, die Antworten der Ärzte liegen als genehmigte Konzepte mit Absendevermerk vor. Auf den Nachweis bei jedem einzelnen Briefwechsel wurde daher verzichtet

Solingen-Wald den 10. Mai 1941
P[raemissis] P[raemittendis][a] [ ][b]
Unterzeichnete wollte am Sonntag
den 3ten Mai ihre Tochter Emmy
besuchen, muste aber bedauerlicher-
weise erfahren, das meine Tochter
Emmy [. . .] nicht mehr
in Ihrer Anstallt war! Möchte
Sie nun hiermit bitten, mir doch
umgehend mitzuteilen, wo sich
meine Tochter, sich augenblicklich
befindet, da es einer Mutter doch
peinlich ist, nicht zu wissen, wo
sich sein Kind befindet. Eine Antwort
baldigst von Ihnen erwartent, verbleibt
mit Heil Hitler
Rückporto
liegt bei

Frau W[it]w[e] Julius [. . .]
[Anschrift]

a) lat.: Das Vorherzuschickende vorhergeschickt; Anredeersatz; darüber Eingangsstempel
b) Bearbeiterzuweisung

Solingen-Wald, den 10 Mai 1941

P. P.

H. [redacted]!

Unterzeichnete wollte am Sonntag den 3ten Mai ihre Tochter Emmy besuchen, müste aber bedauerlicher=weise erfahren, dass meine Tochter Emmy [redacted] nicht mehr in Ihrer Anstallt war. „Möchte Sie nun hiermit bitten, mir doch umgehend mitzuteilen, wo sich meine Tochter, sich augenblicklich befindet, da es einer Mutter doch peinlich ist, nicht zu wissen, wo sich sein Kind befindet. Eine Antwort baldigst von Ihnen erwartend, verbleibt mit Heil-Hitler

Frau Ww Julius [redacted]

Rückporto liegt bei.

Sehr geehrte Frau [redacted]!
Ihre Tochter, Emmi [redacted], wurde auf Anordnung des Reichsverteidigungs-kommissars in eine andere Anstalt verlegt. Die Verlegung der Kranken erfolgt aus kriegswichtigen Gründen. Die auf-nehmende Anstalt übernimmt die Be-nachrichtigung der Angehörigen. Sie werden inzwischen die neue Adresse Ihrer Tochter wohl schon erhalten haben.
[redacted]

Sehr geehrte Frau [. . .]

Ihre Tochter, Emmi [. . .], wurde auf Anordnung des Reichsverteidigungs-kommissars in eine andere Anstalt verlegt. Die Verlegung der Kranken erfolgt aus kriegswichtigen Gründen. Die auf-nehmende Anstalt übernimmt die Be-nachrichtigung der Angehörigen. Sie werden inzwischen die neue Adresse Ihrer Tochter wohl schon erhalten haben.

Dr. [Unterschrift]

Dok.: 66 Rückfragen betroffener Verwandter und die Antworten der Ärzte: Witwe Johann [. . .]

Sch. 2[a]

Würselen, den 7. 5. 41

An den Herrn Direktor
der Prov[inzial-] Heil [-] u[nd] Pflegeanstalt in Galkhausen.[b]

Erhielt soeben die Rechnung der Pflegekosten für meine Schwester W[it]we Johann [. . .]. Zu meinem grössten Erstaunen sehe ich dass nur für 2 Tage Pflegekosten berechnet sind. Ich muss deshalb annehmen dass meine Schwester sich nicht mehr in der dortigen Anstalt befindet, und bitte höfl[ich] um sofortige Nachricht, wo meine Schwester untergebracht ist.
Die restlichen Pflegekosten (April, Mai) gehen mit gleicher Post ab.

Heil Hitler!
Josef [. . .]
[Anschrift]

---

[a] Bedeutung nicht ermittelt
[b] folgt Bearbeiterzuweisung

Sehr geehrter Herr [. . .]

Auf Anordnung des Reichsverteidigungskommissars werden die Anstalten der Rheinprovinz in grossem Umfange geräumt.
Auch Ihre Schwester, Frau W[it]w[e] Johann [. . .], ist mit einem Sammeltransport aus unserer Anstalt heraus in eine andere Anstalt verlegt worden. Da noch nicht sicher feststeht, in welche Anstalt Ihre Tochter [!!!] kommt, ist die Anordnung ergangen, dass die aufnehmende Anstalt die Angehörigen von der Verlegung in Kenntnis setzt und Ihnen innerhalb von 14 Tagen die neue Adresse Ihrer Schwester mitteilt.

Dr. [. . .]

Dok.: 67 Rückfragen betroffener Verwandter und die Antworten der Ärzte: Witwe Hermann [. . .]

Wuppertal, d[en], 11. 5. 41[a]

An die Direktion
der Nervenheilanstalt
Galkhausen.[b]

Am 9. 5. 41 bekam ich Bescheid von der Nervenheilanstalt Hadamar b[ei] Limburg a[n] d[er] Lahn, daß meine Mutter Frau W[it]w[e] Hermann [. . .] dort gut angekommen ist, selbige lag zuletzt bei Ihnen in Haus 5. Möchte ich Sie höflichst bitten mir darüber Auskunft zu geben, aus welchen Grund meine Mutter nach Hadamar hingekommen ist. Hat sich der Zustand vielleicht verschlechtert? Bitte höflichst um umgehenden Bescheid.

Mit deutschem Gruß
Frau Martha [. . .]
[Anschrift]

---

[a] darunter Eingangsstempel vom 12. Mai 1941
[b] Bearbeiterzuweisung

Sehr geehrte Frau [. . .]

Die Verlegung Ihrer Mutter, Frau W[it]w[e] Hermann [. . .], erfolgte [a] im Rahmen einer umfangreichen Räumung der rheinschen Anstalten aus kriegswichtigen Gründen, nicht wegen einer Verschlechterung des Zustandes Ihrer Mutter.

G[alkhausen] den 13. 5. 41

Dr. [. . .]

[a] folgt gestrichen: aus

~~Wuppertal-E. 11.5.41.~~

Prov. Heil- u. Pflegeanstalt
Eingeg. 12. MAI 1941
Tageb. Nr.

An die Direktion
der Nervenheilanstalt
Galkhausen.

Dr. [redacted]! ([redacted])

Am 9.5.41. bekam ich Bescheid von der Nervenheilanstalt Hadamar b. Limburg a. d. Lahn, daß meine Mutter Frau Wwe. Hermann [redacted] dort gut angekommen ist, Selbige lag zuletzt bei Ihnen in Haus 5. Möchte Sie höflichst bitten mir darüber Auskunft zu geben, aus welchem Grund meine Mutter nach Hadamar hingekommen ist. Hat sich der Zustand vielleicht verschlechtert?

Bitte höflichst um umgehenden Bescheid.

Mit deutschem Gruß
Frau Martha [redacted]
W.-Elberfeld
[redacted]

Sehr geehrte Frau [redacted]
Die Verlegung Ihrer Mutter, Frau Wwe. Hermann [redacted], erfolgte ~~aus~~ im Rahmen einer umfangreichen Räumung der rheinischen Anstalten aus kriegswichtigen Gründen, nicht wegen einer Verschlechterung des Zustandes Ihrer Mutter.

G., den 13.5.41 [redacted]

Dok.: 68 Rückfragen betroffener Verwandter und die Antworten der Ärzte: Hedwig [. . .]

Wuppertal-Elberfeld, den 12. Mai 1941
[Anschrift]
[. . .][a]
An die
Heil & Pflegeanstalt
Galkhausen (Rhld)

Durch vervielfältigtes Schreiben der Heil & Pflegeanstalt Hadamar wurde uns mitgeteilt, dass meine Schwester Hedwig [. . .] auf Grund einer ministrieller Anordnung verlegt worden sei. Es wäre doch wohl angebracht gewesen vor der Verlegung die Angehörigen zu benachrichtigen damit ihnen noch Gelegenheit gegeben worden wäre, die Kranke zu besuchen. Mein Vater ist ziemlich gebrechlich und kann die Fahrt nach dort nicht so oft machen. Ich selbst konnte mich auch nur sehr wenig um meine Schwester kümmern, da ichin verantwortungsvoller Stellung bin und wenig Freizeit habe. Ich bitte Sie, dem behandelndem Arzt sowie den Pflegerinnen meinen Dank zu übermitteln für die gute Pflege die sie meiner Schwester in den langen Jahren haben zuteil werden lassen. Ferner bitte ich Sie, mir die Gründe für die Verlegung mitzuteilen, vor allem, wie die ministrielle Anordnung lautet, die für diesen Schritt massgebend war.
Heil Hitler
Erich [. . .]

[a] Bearbeiterzuweisung

Sehr geehrter Herr [. . .]!

Es handelt sich bei der Verlegung Ihrer Schwester um eine Anordnung des Reichsverteidigungskommissars, auf dessen Anweisung eine Räumung der Anstalten in grösserem Umfange durchzuführen ist. Die Verlegung ist nicht davon abhängig ob die Kranken häufig Besuch erhalten haben oder nicht. Eine vorherige Benachrichtigung war[a] nicht möglich nach den bestehenden Anordnungen.
Dr. [. . .]

[a] folgt gestrichen: leider

Dok.: 69 Rückfragen betroffener Verwandter und die Antworten der Ärzte: Margarete [. . .]

Prov. Heil- u. Pfl.-anstalt

Eingeg. 14. MAI 1941

Tageb. Nr. ....

Köln-Sülz, den 13.5.1941.
[redacted]

An die
Provinzial-Heil-und Pflegeanstalt
Galkhausen

Mein Sohn wollte am 4.ds.Mts. meine in dortiger Anstalt befindliche Tochter

Margareta [redacted]

(Haus FC) besuchen und es wurde ihm der Bescheid, dass dieselbe am Freitag den 2.cr. nach Mitteldeutschland verbracht worden sei. Nähere Angaben konnten nicht gemacht werden, sondern es wurde meinem Sohn gesagt, dass ich Nachricht erhalten würde, andernfalls ich mich wieder an Sie wenden solle.

Einen Bescheid habe ich bis heute nicht bekommen und ich bitte Sie daher um umgehende Mitteilung, wohin meine Tochter verbracht wurde und wie die genaue Anschrift derselben ist. Ich bitte Sie aber, mir sofort Nachricht zukommen zu lassen.

Mit Deutschem Gruss
p. Frau Wilhelm [redacted]

Frei-Umschlag.

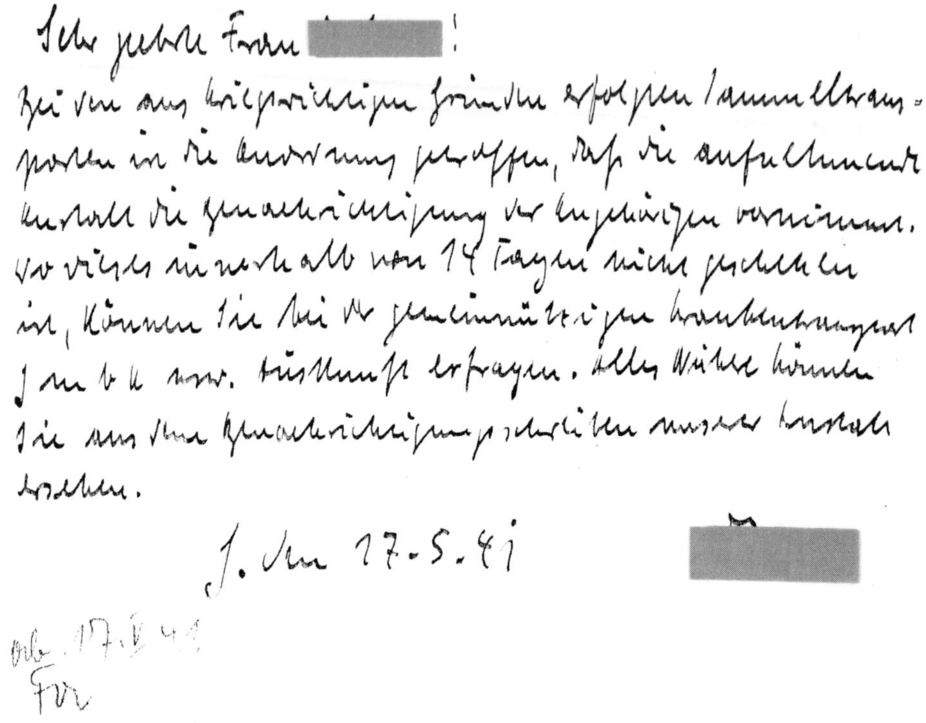

Sehr geehrte Frau [. . .]!

Bei den aus kriegswichtigen Gründen erfolgten Sammeltransporten ist die Anordnung getroffen, dass die aufnehmende Anstalt die Benachrichtigung der Angehörigen vornimmt. Wo dieses innerhalb von 14 Tagen nicht geschehen ist, können Sie bei der gemeinnützigen Krankentransport GmbH usw. Auskunft erfragen. Alles Nähere können Sie aus dem Benachrichtigungsschreiben unserer Anstalt ersehen.

G[alkhausen] den 17. 5. 41

Dr. [. . .]

Vordruck 2b

Der Direktor
der Prov.-Heil- und Pflegeanstalt
Galkhausen

Langenfeld (Rhld.), den 14. Mai 1941.
Tel. Nr. 7 u. 568

Tgb. Nr. ....

Auf Grund einer Anordnung des zuständigen Reichsverteidigungskommissars wurde ~~der~~ die Kranke Margarete [redacted], geboren am 24. 4. 1891. ~~heute~~ durch die Gemeinnützige Kranken-Transport-G. m. b. H., Berlin W 9, Potsdamer Platz 1 in eine andere Anstalt verlegt, deren Name und Anschrift mir noch nicht bekannt sind. Die aufnehmende Anstalt wird Ihnen eine entsprechende Mitteilung zugehen lassen. Ich bitte Sie, bis zum Eingang dieser Mitteilung von weiteren Anfragen abzusehen.

Sollten Sie jedoch innerhalb 14 Tagen von der aufnehmenden Anstalt keine Mitteilung erhalten haben, so stelle ich Ihnen anheim, bei der Gemeinnützigen Kranken-Transport-G. m. b. H., Berlin W 9, Potsdamer Platz 1 Rückfrage zu halten.

Eine Benachrichtigung weiterer Angehöriger kann meinerseits nicht vorgenommen werden. Erforderlichenfalls wollen Sie die Benachrichtigung weiterer Angehöriger übernehmen.

An Frau Wwe. Katharina [redacted]

in Köln-Merheim

[redacted]

I. V.!

L. [redacted]

Prov. Obermedizinalrat

I/0872

Köln-Sülz, den 18.5.1941.
[redacted]

Jr. [redacted]

Eingeg. 19. MAI 1941

An die
Direktion der Prov.Heil-u.Pflegeanstalt
Galkhausen b.Langenfeld Rhld.

Ich danke Ihnen für Ihre Mitteilung vom 17. Mai. An die Gemeinnützige Krankentransport G.m.b.H. Berlin habe ich sofort geschrieben und nehme an, dass das Schreiben ankommt, da Sie übersehen haben, die genaue Anschrift wie Strasse u.s.w. anzuführen.

In Ihrem Schreiben erwähnen Sie aber auch, dass ich alles nähere aus dem Benachrichtigungsschreiben Ihrer Anstalt ersehen könne. Ein solches Benachrichtigungsschreiben habe ich bis jetzt nicht erhalten und ich bitte Sie daher, mir dasselbe noch zugehen zu lassen. Evtl, bitte ich um Abschrift desselben. Freiumschlag füge ich bei.

Heil Hitler!

p.Frau Wilh. [redacted]

erbg. 19.V.41. Fr.

Anlage.

[redacted]

Dok.: 70 Abtransport geisteskranker Frauen nach Hadamar am 2. Mai 1941

Abgebe - Anstalt: G a l k h a u s e n   Transport am 2. M a i 1941.

Lfd. Nr.:	Name und Vorname:	Geburtsort und -tag:		Diagnose:
68	[redacted], Maria geb. [redacted]	Bensberg	24. 8.00	Schizophrenie
69	[redacted], Elisabeth	W.- Barmen	23. 2.00	Schizophrenie
70	[redacted], Antoinette geb. [redacted]	Groß-Baebelin	8. 1.89	Praesenile par. depr.Psychose
71	[redacted], Johanna geb. [redacted]	Köln	19. 5.00	Schizophrenie
72	[redacted], Wilhelmine	Gevelsberg	5. 1.91	Idiotie bei kongenitaler Lues
73	[redacted], Ellen	Andernach	18. 9.09	Schizophrenie
74	[redacted], Anna	W.- Barmen	8. 6.95	Schizophrenie
75	[redacted], Maria	Dürscheid	17. 5.92	Schizophrenie
76	[redacted], Christine	Eil Rh.-Berg,Krs	17. 1.96	Erbl. Epilepsie
77	[redacted], Paula	Wermelskirchen	18.12,04	Schizophrenie
78	[redacted], ~~Paula~~ Sofie	Köln-Nippes	13.11.00	Schizophrenie
79	[redacted], Adele geb. [redacted]	Leichlingen	11. 6.96	Schizophrenie
80	[redacted], Elisabeth	Oberhausen	5. 1.22	Angeb.Schwachsinn
81	[redacted], Maria geb. [redacted]	Heiligenhaus	26. 6.00	Erbl. Epilepsie
82	[redacted], Margarete	Köln	24.11.91	Schizophrenie
83	[redacted], Hubertine	Monheim	14. 8.83	Schizophrenie
84	[redacted], Katharina geb. [redacted]	Köln	2. 1.81	Schizophrenie
85	[redacted], Hildegard	Solingen	7. 5.15	Schizophrenie
86	[redacted], Anna	Sol.-Höhscheid	25.10.12	Schizophrenie
87	[redacted], Emmi geb. [redacted]	W.- Elberfeld	14. 7.00	Progressive Paraly
88	[redacted], Marta	Naumburg	22. 3.73	Schizophrenie
89	[redacted], Maria	Köln	3. 4.16	Schizophrenie
90	[redacted], Rosa geb. [redacted]	Würselen	18. 3.99	Schizophrenie
91	[redacted], Hedwig geb. [redacted]	W.- Elberfeld	21. 9.93	Schizophrenie
92	[redacted], Berta geb. [redacted]	W.- Barmen	22.10.78	Schizophrenie
93	[redacted], Else	Köln	19. 5.01	Schizophrenie
94	[redacted], Anna geb. [redacted] [illegible] [redacted]	Köln	10. 8.73	Schizophrenie

Aufstellung der PHP Galkhausen, undatiert, Konzept

Dok.: 71 Rückfragen betroffener Verwandter und die Antworten der Ärzte: Johanna [. . .]

[a])
Engers a[m] R[hein] den 6. 6. 1941
[b])
Herrn
Medizinalrat Dr. [. . .]
der Prov[inzial]- Heil u[nd] Pflegeanstalt Galkhausen
Galkhausen b[ei] Langenfeld Rh[ein]l[an]d

Betr.: Johanna [. . .]

Im Anschluß an meinen gestrigen Besuch und der mit der Ehefrau meines Schwagers, der Frau Antonia [. . .], Urmitz/Rh[einland] geführten Besprechung, teile ich ihnen hierdurch folgendes mit. Die Kranke Johanna [. . .] konnte in der Vergangenheit aus reinen Wohnungstechnischen gründen von der Schwester nicht übernommen werden. Auch fehlte die Einwilligung des Ehemannes der Frau [. . .] geb[orene] [. . .]

Da, die nunmehrige Einwilligung durch die Aussprache der Frau [. . .] an den Pfingstfeiertagen in Wormß mit ihrem Ehemann erfolgte, so ist die Schwester bestrebt, die Kranke Johanna [. . .] zu sich zu nehmen, zumal sie lange genug in der Anstalt gewesen sei. Auf Grund ihrer mir gestern gemachten Eröffnung die Kranken würden nach Mitteldeutschland verlegt, wovon weder mir, noch der Frau [. . .] etwas bekannt war, die Verhandlungen auf Beurlaubung und nun mehrige Übernahme bereits seit März im Gange sind, Die Kranke auch meines Erachtens nunmehr entlassungsfähig ist. Der Zustand der Entlassungsunfähigkeit laut schreiben vom 22. 3. 41 nicht mehr gegeben ist bitte ich umgehend um ihre gef[äl]l[ige] Nachricht, wann ich die Fräulein Johanna [. . .] dort abholen kann.

Es wird ausdrück[lich] darauf aufmerksam gemacht, das die Übernahme nicht für kurze Zeit, sondern auf lange Sicht erfolgt.

Nach Mitteilung der Frau [. . .] scheint der den Akten beigefügte Bericht nicht ganz zu stimmen, leider kann ich eine Nachprüfung nicht durchführen. Die Angelegenheit ist diesbezügl[ich] belanglos. Die Hauptsache ist, das die Kranke von der frau [. . .] übernommen u[nd] die Sozialversicherung dadurch entlasstet wird.

Ihrem baldigen Bescheid, wann ich die Kranke dort abholen kann sehe ich in den ersten Tagen entgegen.

Heil Hitler!
[Unterschrift]
Anlage: Rückporto –,12 R[eichs-]M[ark]Briefmarke

[a] Namensstempel des Briefschreibers
[b] Anschrift

Sehr geehrter Herr [. . .]! [a]

Auf Ihre Anfrage betreffend die Entlassung der Kranken Fr[äu]l[ein] [. . .] teile ich Ihnen mit, daß die Frage der weiteren Anstaltspflegebedürftigkeit zur Zeit noch geprüft wird. Das Ergebnis der bisherigen Beobachtung ist noch nicht ausreichend für eine endgültige Stellungnahme. Sollten wir die Entlassung von Fr[äu]l[ein] [. . .] und ihre Unterbringung in der Hausgemeinschaft ihrer Schwester für möglich halten, werden wir Ihnen Nachricht zukommen lassen.

G[alkhausen] den 12. 6. 41
Dr. [. . .]

[a] Schreiben wurde durchgestrichen und ging nicht ab

Sehr geehrter Herr [. . .]!

Bezugnehmend auf unsere Unterredung teile ich Ihnen mit, dass Fräulein Johanna [. . .] aus der Anstaltsbehandlung entlassen werden kann.

G[alkhausen] den 13. 6. 41
Dr. [. . .]

Dok.: 72 Rückfragen betroffener Verwandter und die Antworten der Ärzte: Adelheid [. . .]

Köln a[m] Rh[ein] den 28. Juni 1941

An
die Direktion, der Provinzial
Heil und Pflege-Anstalt!
Galkhausen[a]

Von fremder Seite ist mir mitgeteilt, daß meine Tochter Adelheid verehel[ichte] [. . .] geb[orene] [. . .], dortselbst verstorben sein soll; bestätigt sich diese Mitteilung, erbitte ich höflichst, Datum und Todesursache der Entschlafenen, denn Gott hat dann ein schwergeprüftes, leidendes Mutterherz erhört!

Mit verbindlichstem Dank in Voraus zeichnet
W[it]w[e] Clara [. . .]
N[ota] B[ene][b]
frankiertes
Couvert anbei![c]

---

[a] Bearbeitungsvermerk: R[ück-] F[rankierung] l[iegt] b[ei]
[b] lat: wohlgemerkt
[c] Bearbeitungsvermerk: 27. 5. 41 Transport

An Eins[ender]

Galkhausen, den 30. 6. 41

Auf Ihren Brief teile ich Ihnen mit, dass Ihre Tochter Frau Julius [. . .] am 27. 5. 41 von hier in eine andere Anstalt verlegt worden war. Über den weiteren Verlauf der Krankheit und über die Ursache des Ablebens Ihrer Tochter sind wir daher nicht unterrichtet.
Im Auftrage:
gez. [. . .]

Dok.: 73 Rückfragen betroffener Verwandter und die Antworten der Ärzte: Elly [. . .]

a b

Neuendeich d. 15. 7. 41

An den leitenden Artz
der Prov[inzial-] Heil- u[nd] Pflegeanstalt Galkhausen

Auf eine Anfrage beim leitenden Artz der Heilanstalt Süchteln nach dem Befinden meiner Schwester Frau Elly [. . .] geb.[. . .], erhielt ich die Nachricht, dass selbige zu Ihnen überwiesen ist. Hiermit erlaube ich mir die Anfrage wie es meiner Schwester Elly [. . .] geht. Ist eine Verschlimmerung ihres Leidens eingetreten? Für eine Antwort wäre ich sehr dankbar.

c Heil Hitler
Berta [. . .]

---

a) Bearbeiternotiz: R[ück]- P[orto] –,12 [Reichsmark]
b) Bearbeiterzuweisung
c) Eingangsstempel vom 2. August 1941 mit dem Vermerk: Transport 22. 7 .1941

4. August 41

An Frau
Berta [. . .]
[Anschrift]

Sehr geehrte Frau [. . .]!

Auf Ihre Anfrage teile ich Ihnen mit, dass Ihre Schwester Frau Elly [. . .] sich seit dem 22. 7. 1941 nicht mehr in der hiesigen Anstalt befindet. Es handelte sich nur um einen vorübergehenden Aufenthalt bei einem auf Anordnung des Reichsverteidigungskommissars vorgenommenen Krankentransport der Anstalt Süchteln. Vielleicht erkundigen Sie sich bei den übrigen Verwandten von Frau [. . .], ob diese vielleicht Nachricht von ihrer Schwester erhalten haben.

Im Autrage:
Provinzial Medizinalrat.
(Dr. [. . .])

Abb.: 28 Die Einzelgräber auf dem Friedhof der Tötungsanstalt Hadamar tarnen kleine Massengräber

Photo, nach 1945

Bem.: Zunächst waren die Leichen der Ermordeten eingeäschert und die Urnen den Angehörigen, soweit vorhanden, übersandt worden. Ab 1942 wurden im Rahmen der „wilden Euthanasie“ diese getarnten Massengräber angelegt. Ab 1943 gelangte eine unbekannte Zahl von Patienten aus der Rheinprovinz über die Anstalt Kloster Hoven nach Hadamar.

Grabschriften in die Luft geschrieben

DIE SCHWACHSINNIGE [B. H.]

Du stiegst auf einen Berg aus Sand
Hilfloses Wandern zu Ihm!
Und glittest hinab; dein Zeichen verschwand.
Für dich stritten die Cherubim.

DIE ABENTEURERIN [A. N.]

Wohl spieltest du mit nichts als Wasserbällen
Die lautlos an der Luft zerschellen.

Aber das siebenfarbige Licht
Gab jeder sein Gesicht.

Einen Herzschlag nur
Wie Engelflur.

Doch dein letztes Abenteuer –
Still; eine Seele ging aus dem Feuer.

DIE ERTRUNKENE [A. N.]

Immer suchtest du die Perle, am Tage deiner Geburt verloren.
Das Beseßne suchtest du, Musik der Nacht in den Ohren.

Meeresumspülte Seele, Taucherin du, bis zum Grunde.
Fische, die Engel der Tiefe, leuchten im Licht deiner Wunde.

DIE ALLES VERGESSENDE [A. R.]

Aber im Alter ist alles ein großes Verschwimmen.
Die kleinen Dinge fliegen fort wie die Immen.

Alle Worte vergaßt du und auch den Gegenstand;
Und reichtest deinem Feind über Rosen und Nesseln die Hand.

Nelly Sachs, a. a. O., S. 90, 92, 93

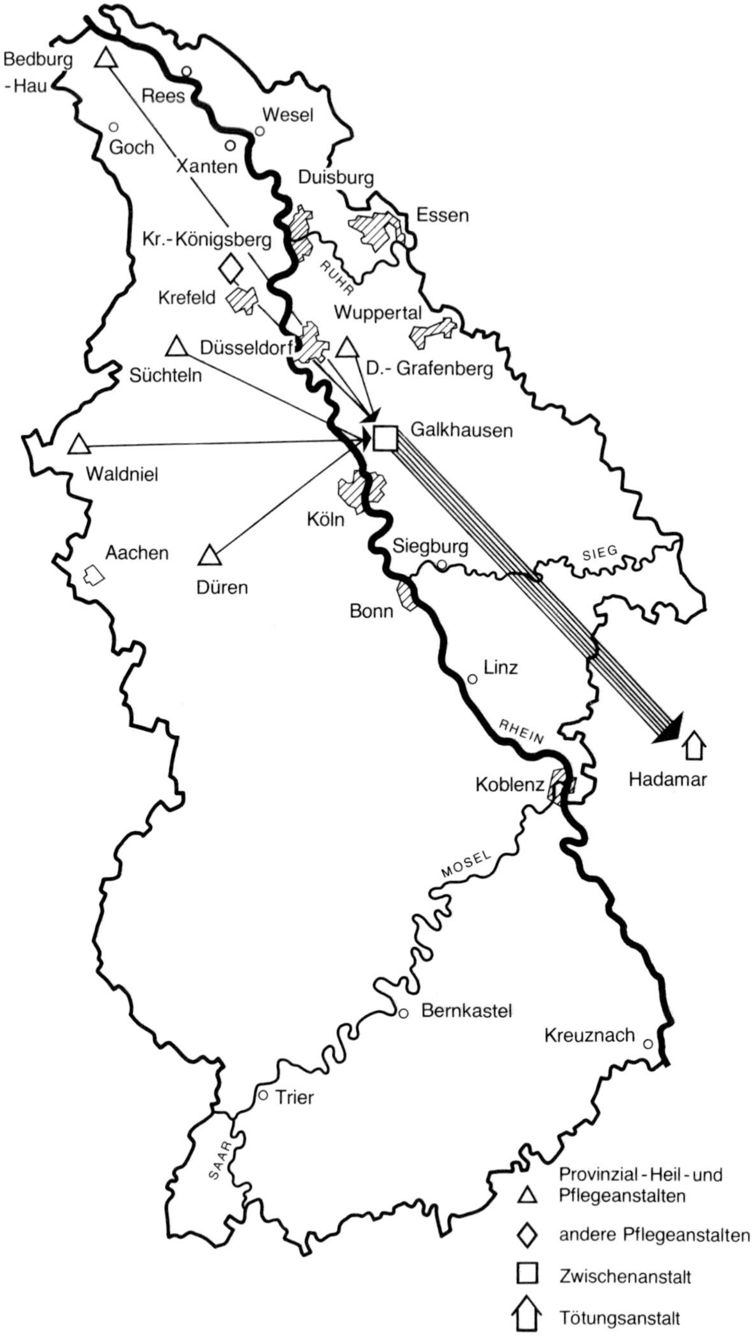

Abb.: 29 Krankentransporte aus Anstalten der nördlichen Rheinprovinz in die ‚Zwischenanstalt' Galkhausen und von dort in die ‚Tötungsanstalt' Hadamar

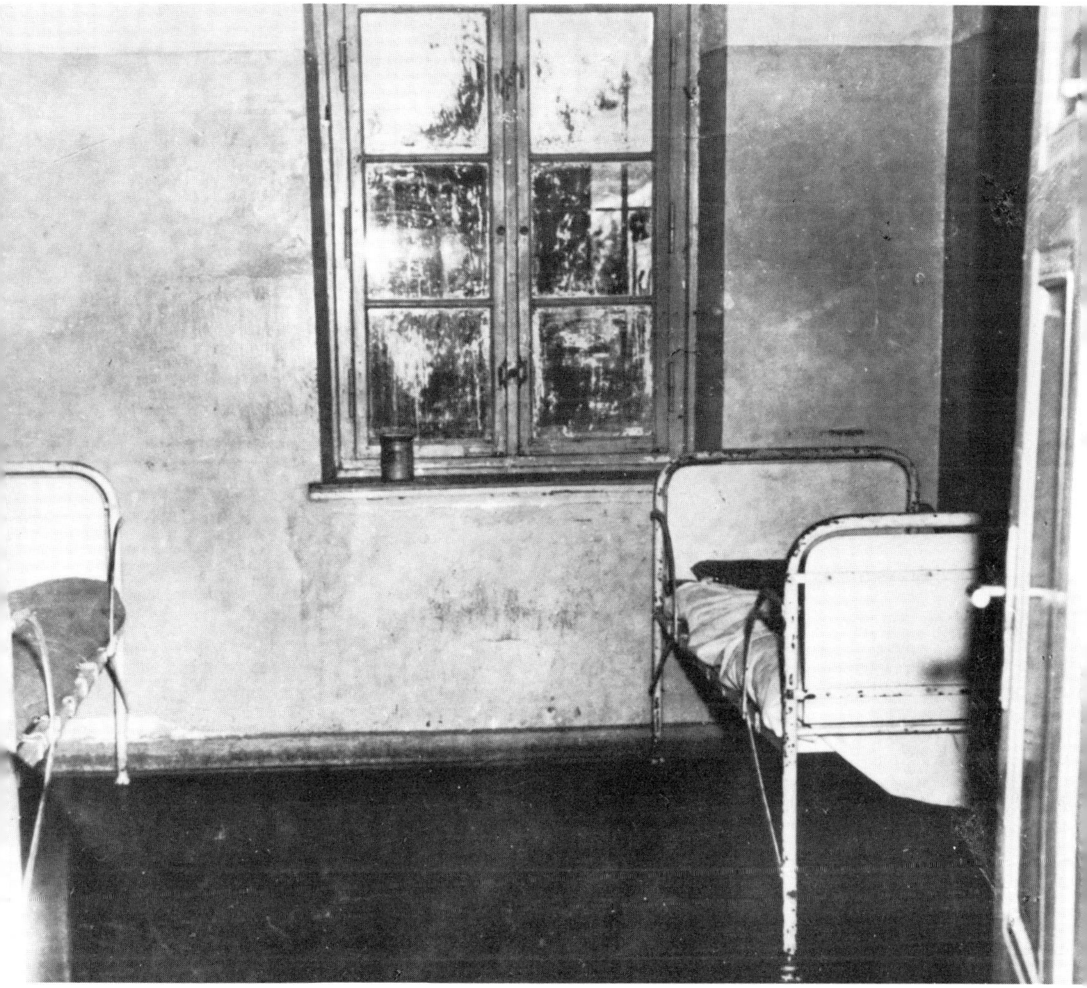

Abb.: 30 Patientenzimmer in der Heil- und Pflegeanstalt Hadamar
Photo, undatiert

„Wilde Euthanasie“. Die Transporte in den Osten

Durch den Befehl Adolf Hitlers am 24. 8. 1941 wurde die Aktion „T4“ beendet. Der Widerstand bei den Kirchen und in der Bevölkerung gegen diese Aktion – die ja potentiell jeden Bürger erfassen konnte – war erheblich.

Bis zu diesem Zeitpunkt waren im Rheinland 1948 Kranke den Vernichtungsaktionen zum Opfer gefallen. 870 kamen aus der Anstalt Galkhausen.
So waren ca. 7,5 % aller sich in den privaten und öffentlichen Anstalten des Rheinlandes befindenden Patienten ermordet worden.

Im gesamten Reichsgebiet betrug die Zahl der durch die Euthanasieaktionen zu Tode gekommenen Geisteskranken bis zum 1. September 1941 nach einer internen Statistik der „T 4“ Verwaltung 70 273 bei einem Bettenbestand von ungefähr 200 000.

Die Aktion „T4“ fand ihre Fortsetzung in der „wilden Euthanasie“, nach der eine nicht mehr bekannte Zahl von Opfern, die sicher weit höher liegt als die der Aktion „T4“,meist durch tödliche Injektionen oder durch Verhungernlassen – der Patienten zu beklagen ist.

Damit in eins geht auch die äußerliche Verelendung der Anstalten, wie der Blick in eines der Krankenzimmer kundtut, wahrlich „Wohnungen des Todes“ (Nelly Sachs).

Die „wilde Euthanasie“ hatte ihren Schwerpunkt in Meseritz-Obrawalde, Eglfing-Haar (München), Kaufbeuren, Steinhof bei Wien u. a. Die Tötungstechnologie und der Personalbestand der Aktion „T4“ wurde 1941 in die Aktion „Sonderbehandlung 14 f 13“ überführt, bei der auf Anweisung Himmlers ca. 10 000 bis 20 000 Juden und politische Gegner als Geisteskranke in den Konzentrationslagern selektiert und dem Tod in den Gaskammern zugeführt wurden. Als „diagnostische“ Kriterien dienten hier Begriffe wie „Alt“, „Krank“, „Jüdisch“, „Priester“, „Kommunist“.

Schließlich wurden Personal und Technologie von „T4“ der „Aktion Reinhard“ für die „Endlösung“ der Judenfrage zur Verfügung gestellt.

Die Ermordung von Geisteskranken ging in den besetzten Ostgebieten völlig ungehemmt weiter. In den „Kinderfachabteilungen“ wurde das Alter der zu tötenden Kinder ständig erhöht.

Mit fortschreitender Dauer des Zweiten Weltkrieges und den damit verbundenen Luftangriffen erhöhte sich auch in der Rheinprovinz der Bedarf an Lazaretten und Krankenhausbetten beträchtlich. Um für die Verwundeten des Krieges und für die Kranken aus den ausgebombten Krankenhäusern Platz zu schaffen, wurden in großem Umfang Patienten aus Anstalten der Rheinprovinz in andere Anstalten des Reichs und der Ostgebiete verlegt, die als weniger bombengefährlich galten.

Aus der Anstalt Galkhausen wurden aus diesem Grund bis zum 15. 7. 1944 insgesamt 19 Transporte durchgeführt. Die Patienten kamen in die Anstalten Alt-Scherbitz, Groß-Schweiditz, Wiesengrund/Sudetengau, Lehen bei Salzburg, Plagwitz, Gnesen, Ansbach und Meseritz-Obrawalde. Insgesamt wurden 629 Männer und 772 Frauen verlegt.

Der Verdacht neuer Tötungsmaßnahmen entstand. Über viele der Kranken, die in die Anstalten Mittel- und Ostdeutschlands verlegt worden waren, trafen bei den Angehörigen Todesnachrichten ein. Auf eine schriftliche Anfrage des Landeshauptmannes Haake an Reichminister Goebbels bekam Haake den mündlichen Bescheid, daß die erhöhte Sterblichkeit durch Kriegsverhältnisse und die dadurch bedingte Lebensmittellage sowie durch die Verlegung besonders siecher Kranker bedingt sei.

Diese Transporte erfolgten durch die Gekrat, Pflegepersonal und Ärzte der Klinik begleiteten ihre Patienten während der Verlegung. Krankengeschichten, Personalakten und das persönliche Eigentum der Patienten wurden jeweils mitgegeben.

Abb.: 31 Sowjetische Soldaten fanden im Februar 1945 tausende von unbenutzten Urnen in der Tötungsanstalt Meseritz-Obrawalde
Photo, 1945
Bem.: Für 1945 war in der Anstalt der Bau eines Krematoriums zur Einäscherung der ermordeten Opfer geplant.

Dok.: 74 Abtransport geisteskranker Ostarbeiterinnen nach Meseritz-Obrawalde am 21. Januar 1944

Transport durch: "Gemeinnützige Kranken-Transport Gesellschaft,Berlin."

Geisteskranke. / 7. Frauen.

O s t a r b e i t e r - Transport vom 24. 1. 44:

Name u. Vorname:	Geb.-Datum u. Ort:	Natio- nalität :	Letzter Auf- enhaltsort:

1) [redacted], Anna
2) [redacted], Maria
3) [redacted], Alexandria
4) [redacted], Schmine
5) [redacted], Alexandrine
6) [redacted], Mina
7) [redacted], Fiedowa
8) [redacted], Piaskawia
9) [redacted], Marga
10) [redacted], Stanislawia
11) [redacted], Anna
12) [redacted], Franziska
13) [redacted], Katharina
14) [redacted], Marja
15) [redacted], Dana
16) [redacted], Alenxandrina
17) [redacted], Anna
18) [redacted], Nina
19) [redacted], Eugenie
20) [redacted], Anna
21) [redacted], Anna
22) [redacted], Anna
23) [redacted], Anastasia
24) [redacted], Prestoniwa.

Die Kranken von Nr. 1 bis 33 wurden von der Transportgesellschaft aus verschiedenen Anstalten in der Anstalt Galkhausen in der Zeit ab 11. 1. 1944 gesammelt, und am 24. 1. 1944 abtransportiert, angeblich in eine Anstalt im Osten.
Personalien sind in der Anstalt Galkhausen nicht bekannt geworden, da die Kranken nicht in den Bestand der Anstalt übernommen worden sind.

Die Kranken Nr. 34 bis 37 waren bereits vorher in die Anstalt Galkhausen aufgenommen worden und mussten dem Transport angeschlossen werden.

Die nebenstehenden Ostarbeiter wurden von unbekanntem Personal hier in der Anstalt Galkhausen abgeholt.- Sie wurden am 24. 1. 44 mit demselben Zuge transpotiert, der einen Transport von Geisteskranken aus dem Bestande der Anstalt Galkhausen aus kriegsbedingten Räumungsgründen in die Anstalt Meseritz-Obrawalde verbrachte. Die Ostarbeiter wurden aber unterwegs in besonderen Wagen abgehängt und mit unbekanntem Ziel weitergeleitet.

- - -

Aufstellung der PHP Galkhausen, undadiert [März 1946], Ausfertigung

25) [redacted]. Vrosja

26) [redacted], Venjá

27) [redacted], Anna

28) [redacted], Maria

29) [redacted], Lisa

30) [redacted], Luba

31) [redacted], Anastasia

32) [redacted], Kelina

33) [redacted], Ludwicka

---

34) [redacted], Katja	geb. am	31.5.13	Russin
35) [redacted], Marg.	" "	30.7.94	do.
36) [redacted], Lydia	" "	25.10.23	do.
37) [redacted], Josefa	" "	28.9.24	?

Der Direktor
der Prov. Heil- u. Pflegeanstalt
Galkhausen b. Langenfeld (Rhld.

I. V. [redacted]

Dok.: 75 Abtransport geisteskranker Ostarbeiterinnen nach Meseritz-Obrawalde (?) am 24. Januar 1944

..nsport durch " Gemeinnützige Kranken-Transport Gesellschaft, Berlin.

I

Geisteskranke Ostarbeiter.

Abtransport am 24. Januar 1944: nach Meseritz

Männer.

Name u. Vorname:	Geb.Datum u. Ort:	Nationalität:	Letzter Aufenthaltsort:
1) [redacted], Johann			
2) [redacted], Zbigniew			
3) [redacted], Jwan			
4) [redacted], Stefan			
5) [redacted], Michael			
6) [redacted], Josef			
7) [redacted], Pawel			
8) [redacted], Mitri			
9) [redacted], Peter			
10) [redacted], Konstantin			
11) [redacted], Kasimir			
12) [redacted], Michael			
13) [redacted], Michael			
14) [redacted], Wladimir			
15) [redacted], Roman			
16) [redacted], Jwan			
17) [redacted], Wassil			
18) [redacted], Arnim			
19) [redacted], Anton			
20) [redacted], Wassil			
21) [redacted], Michael			
22) [redacted], Jwan (Ostarb.)			
23) [redacted], Anateli, (do.)			
24) [redacted], Heika (do.)			

Die Kranken wurden von der Transport-Gesellschaft aus verschiedenen Anstalten in der Anstalt Galkhausen in der Zeit ab 11.1.44 gesammelt und am 14.1.44 abtransportiert, angeblich in eine Anstalt im Osten.

Personalien sind in der Anstalt Galkhausen nicht bekannt geworden, da die Kranken nicht in den Bestand der Anstalt übernommen worden sind.

-.-.-.-.-.-

Die nebenstehenden Ostarbeiter wurden von unbekanntem Personal hier in der Anstalt Galkhausen abgeholt. - Sie wurden am 24. 1. 1944 mit demselben Zuge transportiert, der einen Transport von Geisteskranken aus dem Bestande der Anstalt Galkhausen aus kriegsbedingten Räumungsgründen in die Anstalt Meseritz-Obrawalde verbrachte. Die Ostarbeiter wurden aber unterwegs im besonderen Wagen abgehängt und mit unbekanntem Ziel weitergeleitet.

Der Direktor
der Prov. Heil- u. Pflegeanstalt
... Langenfeld (Rhl.)

Aufstellung der PHP Galkhausen, undadiert [März 1946], Ausfertigung

Dok.: 76 Abtransport geisteskranker Polinnen und Ostarbeiterinnen in Tötungsanstalten 1943 und 1944

Liste der aus der Rheinischen Provinzial-Heil-u. Pflege-Anstalt Galkhausen in andere Anstalten verlegten Ausländer.

Geisteskranke Frauen.

Lfd.Nr.	National.	Name	Vorname	Geb.Dat. " Ort	Bestimgs-Anstalt.
1.	Polin	[redacted]	Theophila	?	Meseritz 11.5.44.
2.	"	[redacted]	Leocardia	18.11.03.	Tiegenhof 25.6.43.
3.	Russin	[redacted]	Halina	24/12.23	Tiegenhof 25/6..43
4.	"	[redacted]	Sina	23/5.20.	Tiegenhof 25/6. 43.
5.	"	[redacted]	Anastasia	19xxx?	Ansbach 19/7 43.
6.	"	[redacted]	Anna	25/6. 26	Ansbach 19/7. 43.
7.	"	[redacted]	Anna	5./6.27	Meseritz? xxxxxxx xxxxxxxx 24Jan 44.
8.	"	[redacted]	Marianne	24/10.24.	Meseritz? 24.1.44.
9.	Ostarbeiterin	[redacted]	Sina	1927	Meseritz? 24/1.44.
10.	Russin	[redacted]	Darkowa	1906	Meseritz 4.7.44.
11.	Polin	[redacted]	Jannina	1/2.80	Meseritz? 24/1.44
12.	Russin	[redacted]	Ruska	1922	Meseritz 11.5.44.
13.	?	[redacted]	Marianne	1928	Meseritz? 24. 1..4
14.	Polin	[redacted]	Felixo	?	Meseritz 4.7.44
15.	?	[redacted]	Erdakia	2Jan.1905	Meseritz?

Aufstellung der PHP Galkhausen, undadiert [März 1946], Konzept

Dok.: 77 Anweisung zum Abtransport weiterer Patienten nach Meseritz-Obrawalde

Verfügung des Oberpräsidenten der Rheinprovinz (VdP) vom 16. Juni 1944 (VE a/1338), Ausfertigung, Abschrift

[. . .] Aus der dortigen Anstalt sollen auf Grund einer Vereinbarung mit der Gemeinnützigen Kranken-Transport-G.b.b.H. voraussichtlich am 4. 7. 44 20 männliche und 10 weibliche Kranke in die Anstalt Meseritz-Obrawalde überführt werden. Eigentumsnachweise und Kostenträgerlisten für diese Kranken sind vorrätig. Ich bitte die Kranken auszuwählen und sämtliche Vorbereitungen für den Transport so zu treffen, daß dieser an dem vorgeschriebenen Termin stattfinden kann. Sollte sich noch eine Änderung hinsichtlich des Krankentransporttermins ergeben, so wird dieselbe rechtzeitig mitgeteilt werden. Der Transportleiter der Kranken-Transporte G.m.b.H., Herr [. . .], wird sich vorraussichtlich am Tage vor Abgang des Transportes dort einfinden. Begleitpersonal ist dortseits zu stellen.

Die Ausfüllung der Kostenträgerlisten ist in doppelter Ausführung vorzunehmen. In Spalte 6 ist bei hilfsbedürftigen Kranken einzusetzen: Rhein. Landesfürsorgeverband oder bei Selbstzahlern: Selbstzahler. In Spalte 7 ist bei Bezirkshilfsbedürftigen der Bezirksfürsorgeverband, bei Landhilfsbedürftigen die Bezeichnung „landhilfsbedürftig“ und bei Selbstzahlern die genaue Anschrift des Zahlungspflichtigen anzugeben. Irgendwelche Aktenzeichenangaben sind nicht erforderlich. In Spalte 8 ist bei Hilfsbedürftigen der dortigen Anstalt der Pflegesatz von 2,50 Rm. einzusetzen. Bei Selbstzahlern ist der an die dortige Anstalt gezahlte Pflegesatz gültig.

Von den Kostenträgerlisten ist eine dem Transportleiter auszuhändigen, die andere der hiesigen Stelle einzusenden.

Weiter ist ein namentliches Verzeichnis der dem Transport mitgegebenen Kranken aufzustellen in doppelter Ausführung, das folgende Angaben enthalten muß: laufende Nr., Vor- und Zuname, Geburtsdatum, Diagnose und Angehörigenanschrift. Ein Exemplar ist dem Transportleiter auszuhändigen, das zweite durch den Führer des Begleitspersonals der Aufnahmeanstaalt Meseritz.

Krankengeschichte und Personalakten sind nach Möglichkeit dem Transport mitzugeben. Müssen noch Personalakten zurückgehalten werden, um die Angehörigen zu benachrichtigen, so müssen die Personalakten baldigst nachgesandt werden. Doch dürfte dies, falls für die dortige Anstalt ein weiteres Exemplar der Transportliste, in der die Angehörigenanschriften enthalten sind, zurückgehalten wird, nicht erforderlich sein. Die Benachrichtigung der Angehörigen und der sonstigen Dienststellen über die erfolgte Verlegung ist in der schon dort bekannten Form vorzunehmen.

Der Vorlage der üblichen Verlegungsanzeigen sehe ich entgegen.

Im Auftrage:
gez. [. . .]

Dok.: 78 Transporte von Patienten aus der PHP Galkhausen in andere Anstalten des Reichsgebietes 1943 und 1944

Lfd. Nr.	Datum	Verlegungsort (Zielort)	verlegte Patienten Männer	Frauen	Gesamt	Begleitpersonal[1] Ärzte	Pflegepersonal w.	m.	Bemerkungen
- 1 -	- 2 -	- 3 -	- 4 -	- 5 -	- 6 -	- 7 -	- 8 -	- 9 -	- 10 -
1	16. 3. 43	Altscherbitz	120	125	245	1	12	9	davon 35 Patienten aus Bedburg-Hau, die am 30. 7. 1941 nach Galkhausen verlegt worden waren, und 15 Patienten aus Waldniel (Verlegung nach Galkhausen am 8. 8. 1941)
2	20. 3. 43	Großschweidnitz	–	65	65	1	8	–	davon 11 Patientinnen aus Krefeld (Dreifaltigkeitskloster), die am 27. 8. 1941 nach Galkhausen verlegt worden waren
3	23. 3. 43	Altscherbitz	100	–	100	1	–	7	davon 18 Patienten aus Waldniel (Verlegung nach Galkhausen am 16. 7. 1941) und 30 Patienten aus Süchteln (Verlegung nach Galkhausen am 8. 8. 1941)
4	24. 3. 43	Alterscherbitz	–	100	100	–	4	–	davon 36 Patientinnen aus Krefeld (Verlegung nach Galkhausen am 27. 8. 1941) eine Patientin aus Süchteln (Verlegung nach Galkhausen am 11. 6. 1941) eine Patientin aus Grafenberg (Verlegung nach Galkhausen am 6. 5. 1941) 61 Patientinnen aus Bedburg-Hau (Verlegung nach Galkhausen am 30. 7. 1941)
5	9. 4. 43	Wiesengrund/Sud.gau	–	50	50	–	–	–	Patientinnen aus dem Aufnahmegebiet der Anstalt Galkhausen
6	10. 4. 43	Wiesengrund/Sud.gau	30	20	50	–	–	–	Patienten/-innen aus dem Aufnahmegebiet der Anstalt Galkhausen
7	17. 4. 43	Lehen b. Salzburg	20	30	50	1	3	4	Patienten/-innen aus dem Aufnahmegebiet der Anstalt Galkhausen
8	31. 5. 43	Bedburg-Hau	49	–	49	–	2	4	Patienten aus dem Aufnahmegebiet der Anstalt Galkhausen
9	31. 5. 43	Plagwitz	50	–	50	–	–	–	Patienten aus dem Aufnahmegebiet der Anstalt Galkhausen
10	2. 6. 43	Bedburg-Hau	–	50	50	–	4	–	Patientinnen aus dem Aufnahmegebiet der Anstalt Galkhausen

Lfd. Nr.	Datum	Verlegungsort (Zielort)	verlegte Patienten Männer	Frauen	Gesamt	Begleitpersonal[1] Ärzte	Pflegepersonal w.	m.	Bemerkungen
- 1 -	- 2 -	- 3 -	- 4 -	- 5 -	- 6 -	- 7 -	- 8 -	- 9 -	- 10 -
11	25. 6. 43	Tiegenhof b. Gnesen	–	120	120	–	11	–	Patientinnen aus dem Aufnahmegebiet der Anstalt Galkhausen
12	26. 6. 43	Ansbach	50	–	50	–	3	3	Der Transport geriet in einen Luftangriff auf dem Kölner Hauptbahnhof. Von den 50 Patienten starben 46 oder gelten als verschollen. Vier Patienten wurden nach Galkhausen zurück gebracht. (Patienten aus dem Aufnahmegebiet der Anstalt Galkhausen)
13	19. 7. 43	Ansbach	–	50	50	–	6	–	Patientinnen aus dem Aufnahmegebiet der Anstalt Galkhausen
14	20. 7. 43	Ansbach	50	–	50	–	3	2	Patienten aus dem Aufnahmegebiet der Anstalt Galkhausen
15	24. 1. 44	Meseritz-Obrawalde	35	–	35	–	2	3	Patienten/-innen aus dem Aufnahmegebiet der Anstalt Galkhausen
16		Meseritz-Obrawalde	–	40	40	–	6	–	Patienten/-innen aus dem Aufnahmegebiet der Anstalt Galkhausen
17		nicht bekannt	21	37	58	–	–	–	psychisch kranke Ostarbeiter/innen[2]
18	11. 5. 44	Meseritz-Obrawalde	75	75	150	–	10	6	Patienten/-innen aus dem Aufnahmegebiet der Anstalt Galkhausen
19	5. 7. 44	Meseritz-Obrawalde	49	47	96	–	–	–	Patienten/-innen aus dem Aufnahmegebiet der Anstalt Galkhausen
	Summe		649	809	1458				

[1] Aus der Anstalt Galkhausen

[2] Die Ostarbeiter/-innen wurden von Personal, das nicht zur Anstalt Galkhausen gehörte, begleitet. Auf der Fahrt nach Meseritz wurden die Waggons mit den Ostarbeitern abgehängt und mit unbekanntem Ziel weitergeleitet.

„Wilde Euthanasie“ und die Reaktion der Angehörigen

Dok.: 79 Rückfragen betroffener Verwandter und die Antworten der Ärzte: Lida [. . .]

MUDr. IVAN [redacted]
Zahnarzt
PRAG XI., [redacted]
Ord. 8–12, 1–5. Tel. 259-21.

Hauspost –

Prag, den 12. Januar 1944.

An die

Direktion der prov. Heil- und Pflegeanstalt
z. Hd. der Frau Assistenzärztin Dr. [redacted]

G a l k h a u s e n - Langenfeld
Rheinland

Betr.: Tgb. Nr. Dr. Kr. v. 20. 12. 1943.
Lida [redacted]

Ich danke vielmals für Ihre Nachricht, dass sich meine Nichte in Ihrer Anstalt befindet und bitte Sie höflich mir mitzuteilen, ob es mir gestattet wäre, sie dort zu besuchen.
Für Ihre freundliche Mitteilung danke ich Ihnen im voraus bestens und lege zu diesem Zwecke einen Freiumschlag bei.

Hochachtungsvoll

MUDr. J. [redacted]

2. 8. II. 44

Lida, [redacted] wurde am 24. I. 44 mittels eines Sammeltransportes nicht mehr arbeitsfähiger Russinnen nach dem Generalgouvernement zurücktransportiert. Der ~~frühere~~ jetzige Aufenthalt ist uns leider nicht bekannt. Ihre Nichte war bis zuletzt völlig unzugänglich u. hat auch mit ihren russischen Zimmergenossinnen u. unserer Dolmetscherin nicht gesprochen. ab 11. II. 44

Bei den nachfolgenden Anfragen handelt es sich aktenkundlich regelmäßig um behändigte Ausfertigungen, die Antworten der Ärzte liegen als genehmigte Konzepte mit Absendevermerk vor. Auf den Nachweis bei jedem einzelnen Briefwechsel wurde daher verzichtet.

Dok.: 80 Rückfragen betroffener Verwandter und die Antworten der Ärzte: Hermann [. . .]

(Auskunft)

D[uis]b[ur]g + M[ündelheim] 20. 4. 44

Herrn Doktor [. . .][a]

[b]In der Anlage, möchte ich Ihnen bitten:" Sie mir auszufüllen. Mein Mann befand sich in letzter Zeit in Meseritz, wegen Luftgefährtetverschickung v[on] Ihnen veranlaste. Vor 6 Wochen erhielt ich die Todesnachricht meines Mannes Er war ja bei Ihnen in Behandlung. Geben Sie mir bitte Nachricht, ob ich Ihnen oder die Vorlage nach Meseritz schicken soll.

Heil Hitler. Frau Hermann [. . .]

[a] Bearbeiterzuweisung
[b] Rot unterstrichener Bearbeiterhinweis: Transport – Meseritz

G[alkhausen] 25. IV. 44

Es tut mir sehr leid, daß Ihr Mann gestorben ist. Wir haben bei der Verlegung die Krankenpapiere und alle andern Unterlagen mit nach Meseritz geschickt. Ich muß Sie also bitten, sich die notwendigen Bescheinigungen usw. von dort ausstellen zu lassen. [Paraphe]

Dok.: 81 Rückfragen betroffener Verwandter und die Antworten der Ärzte: Else [. . .]

Wuppertal-Barmen,den27.7.44.

An die Aerztin
des Frauenhauses 4
der Heil & Pflegeanstalt

<u>Langenfeld.</u>

Nachdem Sie mir vor kaum 14 Tagen erklärten,"Else hat ein <u>gesundes starkes Herz</u>,sie wird in eine nicht bombengefährdete, ländliche Gegend verlegt,wo vermutl. die Verpflegung besser ist u. s. w. ",ist sie nun schon eingeäschert.

Diese Zwangsmassnahmen sind für die Angehörigen <u>u n e r t räglich</u>.

Hat man da noch den Mut,sich mit einem Leiden einem Arzt anzuvertrauen ?

In unsagbarem Leid!

Frau Elisabeth [redacted].

In Meseritz-Obrawalde wurde mir am 19. Juli 1944 meine heißgeliebte Tochter, mein einziges, liebes Schwesterlein, unsere liebe Schwägerin, Nichte und Kusine

Else [redacted]

im Alter von 28 Jahren, durch den Tod entrissen. Sie folgte meinen beiden Eltern, als Dritte in diesem Jahre, in die Ewigkeit. Nur das Wissen um ein Wiedersehen im Reiche des Friedens vermag uns in diesem tiefen Schmerz zu trösten.

Im Namen der Familie:

Frau Elisabeth [redacted]
geb. [redacted]

Wuppertal-Barmen, [redacted]

Die Urne wird nach Ueberführung auf dem Friedhof Wuppertal-Elberfeld, Varresbeck, beigesetzt.

Dok.: 82 Rückfragen betroffener Verwandter und die Antworten der Ärzte: Anna [. . .]

Obendahl, den 14. 10. 1944

An die Krankenanstalt Galkhausen![a]

Von der Stadt Radevormwald erhielt ich die Nachricht, dass meine Schwester Anna [. . .] geb. am 17. 6. 1867, am 13. 5. 1944 gestorben ist. Ich bitte die Anstalt mir mitteilen zu wollen, warum und wann meine Schwester zu der Anstalt Meseritz/Obrawalde überführt wurde.

Zudem möchte ich bitten, dass sie dafür[b] Sorge tragen wollen, dass man mir die Kleider und Wäsche recht bald zusenden möchten.[c]

Heil Hitler

[Unterschrift, Anschrift]

---

[a] Bearbeiterzuweisung

[b] folgt gestrichen: Sorge

[c] darunter Bearbeiternotiz: Eigentumssachen sind mitgegangen

23. Oktober [194]4.

Frau Emma [. . .]

(22) Dahlhausen/Wupper [. . .]

Ihre Schwester, Anna [. . .], geb. 17. 6. 1867 wurde auf Anordnung des Reichsverteidigungskommissars aus kriegswichtigen Gründen am 11. 5. 1944 in die Heil- und Pflegeanstalt Meseritz/Obrawalde im Warthegau verlegt. Ob und wann sie dort verstorben ist, ist hier unbekannt. Die Eigentumssachen wurden bei der Verlegung mitgegeben. Dieserhalb wollen Sie sich also an die obengenannte Anstalt wenden.

In Vertretung:

[Paraphe, Dienststellung]

Der für die Verlegung nach Ansbach in Bayern vorgesehene Transport vom 27. 6. 1943 geriet in einen Luftangriff auf dem Kölner Hauptbahnhof. Wie aus den Unterlagen der Klinik ersichtlich ist, wurden lediglich vier Patienten nach Galkhausen zurückgebracht. Die anderen wurden auf dem Kölner Westfriedhof in vier Massengräbern beerdigt.

Im Januar 1944 wurden in Galkhausen psychisch kranke Ostarbeiter und Ostarbeiterinnen untergebracht. Diese wurden zusammen in einem Transport nach Meseritz-Obrawalde verlegt. Die Waggons mit den Ostarbeitern wurden unterwegs abgehängt und mit unbekanntem Ziel weitergeleitet.

Viele der Patienten, die bei den Vernichtungsmaßnahmen 1941 in der Anstalt Galkhausen zurückbehalten werden konnten, wurden in den Jahren 1943 und 1944 abtransportiert. Zum Ende des Krieges hin verschlechterte sich die Verpflegungslage in den Anstalten der Rheinprovinz. Ehemalige Mitarbeiter erklärten uns: *„Die Kranken klagten über Hunger, auch Gewichtsabnahmen waren weit verbreitet“*. Von den Neuaufnahmen starben sehr viele in den ersten Tagen oder in kurzer Zeit. Die Patienten sammelten Essensreste aus den Mülltonnen. Sehr oft habe es nur Pellkartoffeln gegeben – *„aber Hunger hatten wir zu der Zeit ja alle“*.

Am 16. Februar 1945 traf eine Kommission der 16. Einheit der russischen Luftwaffe in der Anstalt Meseritz-Obrawalde ein. Die Militärärzte entdecken getarnte Massengräber. Das Sterberegister der Anstalt verzeichnet über 18 000 Tote, allein 2260 Todesfälle im Jahre 1943. Bei Exhumierung weisen 95% der Leichen Spuren von Morphium und anderen Betäubungsmitteln auf.

Aus dem Bericht der Kommission:

„In den Konzentrationslagern wurden große Gaskammern mit Gift – Zyklon A und Zyklon B – (Blausäurepräparate) verwendet, während es sich im Krankenhaus von Obrawalde um Morphium, Skopolamin, Veronal und Evipan handelte [. . .] In den Konzentrationslagern wie hier im Krankenhaus handelte es sich um die Massenvernichtung von Menschen“.[1]

Aussage eines überlebenden Patienten:

„Nach einigen Tagen sah ich am Abend, nachdem wir von der Arbeit zum Block Nr. 21 zurückkamen, wie Weidemann, Gulke, Ratajczak und Schmidt [Anstaltspersonal] *schwache Arbeiter heraussuchten und sie zum Block Nr. 17 mitnahmen. Als wir am nächsten Morgen zur Arbeit gingen, wurden die Leichen von den Personen zu einem Wagen getragen, auf die Plattform gelegt und zum Friedhof gefahren [. . .]“.*[2]

---

[1] Klee, „Euthanasie“, a. a. O., S. 405

[2] A. a. o., S. 407

Ihr Zuschauenden

Unter deren Blicken getötet wurde.
Wie man auch einen Blick im Rücken fühlt,
So fühlt ihr an euerm Leibe
Die Blicke der Toten.

Wieviel brechende Augen werden euch ansehn
Wenn ihr aus den Verstecken ein Veilchen pflückt?
Wieviel flehend erhobene Hände
In dem märtyrerhaft geschlungenen Gezweige
Der alten Eichen?
Wieviel Erinnerung wächst im Blute
Der Abendsonne?

O die ungesungenen Wiegenlieder
In der Turteltaube Nachtruf –
Manch einer hätte Sterne herunterholen können,
Nun muß es der alte Brunnen für ihn tun!

Ihr Zuschauenden,
Die ihr keine Mörderhand erhobt,
Aber die ihr den Staub nicht von eurer Sehnsucht
Schütteltet,
Die ihr stehenbliebt, dort, wo er zu Licht
Verwandelt wird.

Nelly Sachs, a. a. O., S. 79

Abb.: 32 Massengrab bei der Tötungsanstalt Meseritz-Obrawalde
Photo, 1945

„Euthanasie" in der Rheinprovinz vor Gericht

59 Kinder Opfer des „Gnadentodes"

Beginn des großen Euthanasieprozesses in Düsseldorf

Zu einer der von den Rassepolitikern des Nationalsozialismus mit besonderer Leidenschaft propagierten Theorien gehörte die Ausmerzung „lebensunwerten Lebens". Wie sich später, als die Theorie grausame Wirklichkeit wurde, erschreckend zeigen sollte, befanden sich darunter nicht nur die unheilbar Leidenden und die Geisteskranken, sondern auch die alten Leute, sofern sie der Allgemeinheit zur Last fielen und zu nichts mehr nutze waren, weiter die politischen und weltanschaulichen Gegner und nicht zuletzt die Juden und sonstige „Niederraßler". Alles in allem in der Tat ein groß angelegtes Programm, dem weder die Weite noch die Breite noch die Gründlichkeit mangelte.

Was hier das Schwurgericht, das am Dienstagmorgen zu seiner ersten Sitzung zusammentrat, abzuurteilen hat, befindet sich in der Tat auf dem engeren Feld, in dem das Wort Euthanasie noch seine Berechtigung in etwa haben mag, nämlich dem der Geisteskranken. Auf diesem Sektor allein waren es 120 000 Anstaltsinsassen des damaligen Deutschen Reiches, die man als lebensunwert auf die unterschiedlichste Weise zum Tode beförderte. Die Rheinprovinz war mit insgesamt 5046 Ausersehenen, von denen 1789 tatsächlich abtransportiert wurden, verhältnismäßig schwach vertreten. Daß das damalige System bei dieser „Gnadentoderteilung" dennoch kein gutes Gewissen hatte, zeigt, daß auch hier ein Großteil der Opfer an die bevorzugten Stellen der Untaten, nämlich nach dem Osten, abtransportiert wurde, um dort sein Schicksal zu erleiden.

Drei gut organisierte Gesellschaften sorgten dafür „daß alles vorzüglich klappte". Die Reichsarbeitsgemeinschaft Heil- und Pflegeanstalten Berlin, mit dem Ziel, durch Meldebogen die Kranken zu erfassen und später in Listen für die Tötung zusammenzustellen die Gemeinnützige Krankentransport GmbH. Berlin, der die technische Durchführung des Transportes zu den Gasanstalten oblag, und die Gemeinnützige Stiftung für Anstaltspflege als Träger der Finanzierung der Tötungsanstalten.

Hierbei in mehr oder weniger verantwortungsvoller Weise mitgewirkt zu haben, wirft die Anklage dem ehemaligen leitenden Dezernenten der medizinischen Abteilung der Heil- und Pflegeanstalten der Rheinprovinz, Professor Dr. Creutz, den Anstaltsärzten des damaligen Durchgangslagers Galkhausen, Dr. Wessenfeld und Dr. Rohder, dem damaligen Direktor der Medizinischen Anstalt an der Universität Bonn, Professor Dr. Polisch und seinem Mitarbeiter Prof. Dr. Panze vor. Dr. Wesse, leitender Arzt der Kinderklinik Waldniel und den beiden ebendort beschäftigten Pflegerinnen Frohna und Mieländer werden beschuldigt, eine größere Anzahl von Kindern durch Verabreichung von Luminal getötet zu haben, und zwar Dr. Wesse nachweislich 30, die Frohna 25 und Mieländer 4. Wesse und Frohna wurden wegen der gleichen Delikte, begangen in einer Anstalt in Idstein i. Taunus, bereits zum Tode bzw. zu 8 Jahren Zuchthaus verurteilt.

Nach Feststellung der Personalien verliest der Oberstaatsanwalt die Anklage, in denen den Beschuldigten vorgeworfen wird, Menschen in großer Zahl vorsätzlich und heimtückisch getötet und damit Verbrechen gegen die Menschlichkeit verübt zu haben. Sämtliche Angelagte bekennen sich nicht schuldig im Sinne dieser Anklage. Professor Creutz, Professor Polisch, Professor Panze, Dr. Wesenfeld und Dr. Rohder erklären sich vielmehr als ausgesprochene Gegner jeder Euthanasie. Sie hätten keineswegs die Entscheidung über Leben und Tod der auf den Fragebögen vermerkten Kranken gehabt. Es sei vielmehr so gewesen, daß ihnen lediglich die Möglichkeit verblieben sei, nach gewissen Richtlinien gewisse Kranke vor der Euthanasie zu bewahren, von welcher Möglichkeit sie den weitherzigsten Gebrauch gemacht haben wollen, der teilweise bis zur Sabotage der ihnen gegebenen Anweisungen gegangen sei. Professor Creutz insbesondere erklärt, daß er mit dem damaligen Landeshauptmann Haake eine gemeinsame energische Abwehr der Berliner Euthanasiebestrebungen durch Denkschriften und mündliche Verhandlungen erstrebt habe, die zunächst von Erfolg begleitet gewesen sei; darauf seien auch in der Hauptsache die so geringen Opfer, die das Verfahren im Rheinland zu verzeichnen hatte, zurückzuführen. Später sei die gänzliche Unterbindung der Euthanasie durch einen Führerbefehl auch ihm unmöglich gemacht worden. Er sei aber in seinem Amt geblieben, in der festen Überzeugung, nur dadurch das Allerschlimmste verhindern zu können.

Diese letztere Ansicht äußern auch die Angeklagten Polisch, Panze, Wesenfeld und Rohder. Professor Panze erklärt, daß diese plötzlichen Anordnungen die Psychiater des Rheinlandes völlig überraschend getroffen habe. Wenn es zunächst sonderbar sich anhören würde, daß hier lauter Euthanasiegegner mit der Durchführung der Euthanasie betraut worden seien, so möchte er der Überzeugung Ausdruck verleihen, daß sich im Rheinland in den Kreisen der Psychiater wohl überhaupt kaum Anhänger des Euthanasiegedankens gefunden hätten.

Als einziger bekennt sich Dr. Wesse zur Euthanasie. Selbstverständlich, so führt er aus, nur im Rahmen einer präzisen gesetzlichen Fixierung der Auslesebestimmungen. Er sei der Ansicht gewesen, daß er auf Grund gesetzlicher Bestimmungen gehandelt habe und er sei ferner der Ansicht, daß man ihn nicht zu Recht bestrafen könne, wenn er nur nach Bestimmungen gehandelt habe, die damals Gültigkeit besaßen. Die beiden Krankenpflegerinnen berufen sich darauf, daß sie lediglich den Anordnungen ihres vorgesetzten Arztes Folge geleistet hätten, indem sie den Kindern die tödliche Dosis Luminal verabreichten. In der Rheinprovinz befanden sich damals an folgenden Orten Anstalten für Geisteskranke: Bedburg-Hau, Johannisthal bei Süchteln mit Zweiganstalt Waldniel, Düsseldorf-Grafenberg, Galkhausen, Düren, Bonn, Andernach, und die Klinik für Jugendpsychiatrie in Bonn. Daneben noch 30 Privatanstalten. Bei Kriegsbeginn hatten alle diese Anstalten ungefähr 24 000 Insassen, die sich zu gleichen Teilen auf öffentliche und konfessionelle Anstalten verteilten.

Bei Redaktionsschluß dauerte die Verhandlung des ersten Tages noch an. Insgesamt dürfte der Prozeß eine voraussichtliche Dauer von vier Wochen haben.

Zeitungsbericht vom 13. Oktober 1948, Rheinische Post

Vier Wochen Euthanasie-Prozeß

Staatsanwaltschaft beantragt Zuchthausstrafen für alle Angeklagten

Der Düsseldorfer Euthanasieprozeß, der die sogenannte „Ausmerzung lebensunwerten Lebens" in den rheinischen Heil- und Pflegeanstalten zum Gegenstand hat, dauert jetzt vier Wochen. Eine große Anzahl von Zeugen, unter ihnen namhafte medizinische Wissenschaftler und Anstaltsleiter, haben ausgesagt. Jetzt hatten Oberstaatsanwalt Widuwilt und Staatsanwalt Dr. Jager als Vertreter der Anklage das Wort.

In den Anklagereden wurde der gesamte Sachverhalt noch einmal aufgerollt und unter Würdigung dessen, was die Beweisaufnahme zutage gefördert hatte, von allen Seiten beleuchtet. Die Angeklagten, so folgerte die Staatsanwaltschaft, gehören mit Ausnahme der beiden Pflegerinnen den führenden geistigen Schichten des Volkes an. Sie hätten gewußt, was die „Euthanasie" bedeutet habe, sie hätten weiter gewußt, daß die nationalsozialistische Bewegung mit diesen Unternehmungen brutal die höchsten göttlichen und natürlichen Gesetze verletzt habe, und ihnen sei bekannt gewesen, daß dies auf derselben Ebene der frivolen Verachtung des Lebens der Mitmenschen gelegen habe, wie die übrigen Mordtaten, denen die Juden, die politisch oder religiös unbequemen oder die alten Leute zum Opfer fielen. Wenn die Angeklagten mit Ausnahme des zu seinen Handlungen stehenden Wesse nun den Versuch machten, sich als Saboteure der Euthanasie zu bezeichnen, so sei dies mehr oder weniger eine Hypothese, der man rechtens die andere Hypothese entgegensetzen könne, daß die Beschuldigten im Falle eines nationalsozialistischen Triumphes als Gefeierte sich auf der „Via Triumphalis" befunden hätten. Wenn die Angeklagten wirklich Gegner der Euthanasie gewesen wären, so sei es ihre Pflicht gewesen, jede Teilnahme an diesem Verbrechen zu verweigern. Weder eine Nötigung, noch ein ungesetzlicher Notstand, noch eine Pflichtkollision habe hier vorgelegen. Die Beweisaufnahme habe erbracht, daß es aufrechte Männer gegeben habe, die, obwohl ebenso wie die Angeklagten dazu aufgefordert, diesen Bestrebungen ihre Hand nicht geliehen hätten. Selbst wenn die Beschuldigten Prof. Creutz, Dr. Weißenfeld, Dr. Rhode, Prof. Pohlisch und Prof. Panse diesen oder jenen zum Tode bestimmten Geisteskranken gerettet hätten, so entbinde sie das nicht von der schweren Mitschuld an dem Tod der vielen Tausend Vernichteten.

Dr. Wesse, so führte die Staatsanwaltschaft aus, habe sich in wohltuender Weise zu seinen Handlungen bekannt. Seine Einlassung, er habe diese Tötungen für gesetzlich und zulässig gehalten, ist jedoch nicht stichhaltig. Zu bedauern seien in gewissem Sinne die beiden Pflegerinnen, die weder die geistige Übersicht noch Urteilskraft besessen hätten, die Situation so zu übersehen, wie die Professoren und Doktoren, und die in den Ärzten „ihren Herrgott" gesehen hätten, dem sie blindlings gehorchten. Er würde, so sagte der Oberstaatsanwalt, die nun folgenden Strafanträge nicht gestellt haben, wenn er nicht zutiefst von der Berechtigung der beantragten Strafe überzeugt wäre.

Der Strafantrag lautete: für Professor Creutz 6 Jahre Zuchthaus, für Dr. Weißenfeld, Dr. Rhode, Prof. Pohlisch und Prof. Panse je 4 Jahre Zuchthaus, für Dr. Wesse lebenslängliche Zuchthausstrafe und für die beiden Pflegerinnen Wrona und Müllender je 3 Jahre Zuchthaus. Die Untersuchungshaft soll bei allen Angeklagten voll angerechnet werden. Ein Antrag auf Aberkennung der bürgerlichen Ehrenrechte erfolgte nicht.

Zeitungsbericht vom 13. November 1948, Rheinische Post

Professor Creutz' Handlungsweise gerechtfertigt

Fünf Freisprüche, drei Verurteilungen im Euthanasie-Prozeß

Nachdem alle Angeklagten im Euthanasie-Prozeß auf das Schlußwort verzichtet hatten, wurde das Urteil verkündet: Die Professoren Creutz, Weißenfeld, Rohde, Pohlisch und Panse wurden freigesprochen, Dr. Wesse wegen Mordes in 30 Fällen in Tateinheit mit einem Verbrechen gegen die Menschlichkeit zu Zuchthaus und Aberkennung der bürgerlichen Ehrenrechte auf Lebenszeit (er ist in Frankfurt bereits rechtskräftig zum Tode verurteilt) und die beiden Pflegerinnen Wrona und Müllender wegen Beihilfe zum Mord in 25 bezw. vier Fällen in Tateinheit mit einem Verbrechen gegen die Menschlichkeit zu vier Jahren bezw. drei Jahren und drei Monaten Zuchthaus und Aberkennung der bürgerlichen Ehrenrechte auf je drei Jahre verurteilt.

In der Urteilsbegründung wurde gesagt: „Die Handlungsweise des Angeklagten Prof. Creutz ist gerechtfertigt". Er sei ein entschiedener Gegner der Aktion zur Vernichtung sogenannten unwerten Lebens gewesen und habe sich nur eingeschaltet, um die Aktion einzudämmen. Das sei ihm auch gelungen, so daß das Gericht keinen Zweifel daran habe, daß sein Wirken für die Rheinprovinz von Vorteil war. Von den 105 vernommenen Zeugen und Sachverständigen habe auch nicht einer daran gezweifelt, daß sich Prof. Creutz dafür eingesetzt habe, daß die Kranken nicht getötet würden. Seine Gesinnung sei auch der Gegenseite bekannt gewesen.

Das Gericht gestand der Anklagevertretung zu, daß rechtlich der Tatbestand der Beihilfe zum Mord gegeben sei. Es fehle aber an der zur Verurteilung notwendigen Kausalität bei Prof. Creutz, Weißenfeld und Rohde, während bei Pohlisch und Panse ein übergesetzlicher Notstand vorgelegen habe. Sie hätten das höhere Gut des Lebens der zu Rettenden auf Kosten des demgegenüber minderwertigen der ohnehin Verlorenen gewahrt. Bei allen fünf Freigesprochenen habe ein echter Gewissenskonflikt bestanden. Wenn Pohlisch und Panse nicht gerade heroisch gehandelt hätten, könne das Gericht dennoch nicht den Stab über sie brechen, da ihre Tätigkeit weder unehrenhaft noch verbrecherisch gewesen sei.

Der Richter trat der zu erwartenden Auffassung: „Die Kleinen hängt man, die Großen läßt man laufen", vorsorglich entgegen, indem er erklärte, die beiden Komplexe der Freigesprochenen und Verurteilten seien vollständig getrennt zu beurteilen. Bei Dr. Wesse, Wrona und Müllender sei nicht die Frage entscheidend, ob sie das Bewußtsein der Rechtswidrigkeit gehabt hätten, sondern ob sie in der Lage gewesen seien zu erkennen, daß ihr Handeln einen Verstoß gegen Empfinden, Natur und Kultur darstellte. Und diese Frage bejahte das Gericht. Dr. Wesse habe den nötigen Verstand, die beiden Frauen das Gefühl dafür gehabt. Die Angeklagte Wrona habe selbst gesagt, daß es ihr gegraut habe, als sie den Kindern die tödlichen Tabletten reichte, und daß sie sich nach Auflösung der Mordanstalt wie ausgestoßen vorgekommen sei. Sie hätten die Kinder zwar nicht aus niedrigen Beweggründen, wohl aber heimtückisch und vertrauensbrecherisch getötet.

Die drei Verurteilten hätten ihr Amt in völlig freiwilliger Entschließung übernommen und ihre Handlungen nicht unter Zwang ausgeführt. Die mehr oder weniger verantwortliche Stellung sei nicht bei der Verurteilung, jedoch bei der Strafzumessung berücksichtigt worden. Die beiden Pflegerinnen hätten wohl Aerzte und Professoren als Vorbilder gehabt, aber nicht diejenigen, die mit ihnen auf der Anklagtenbank saßen. Sie seien die letzten Glieder in der Kette der Schuldigen gewesen. Dementsprechend habe sich das Gericht weitgehend an die gesetzliche Mindeststrafe gehalten. Dr. Wesse sei in Rechnung ge-

[. . .]

Zeitungsbericht vom 27. November 1948, Westdeutsche Rundschau
Bem.: Nach Revision vor dem Obersten Gerichtshof der Britischen Zone in Köln 1949 bestätigte das Landgericht in Düsseldorf am 27. Januar 1950 im wesentlichen das Urteil vom 24. November 1948

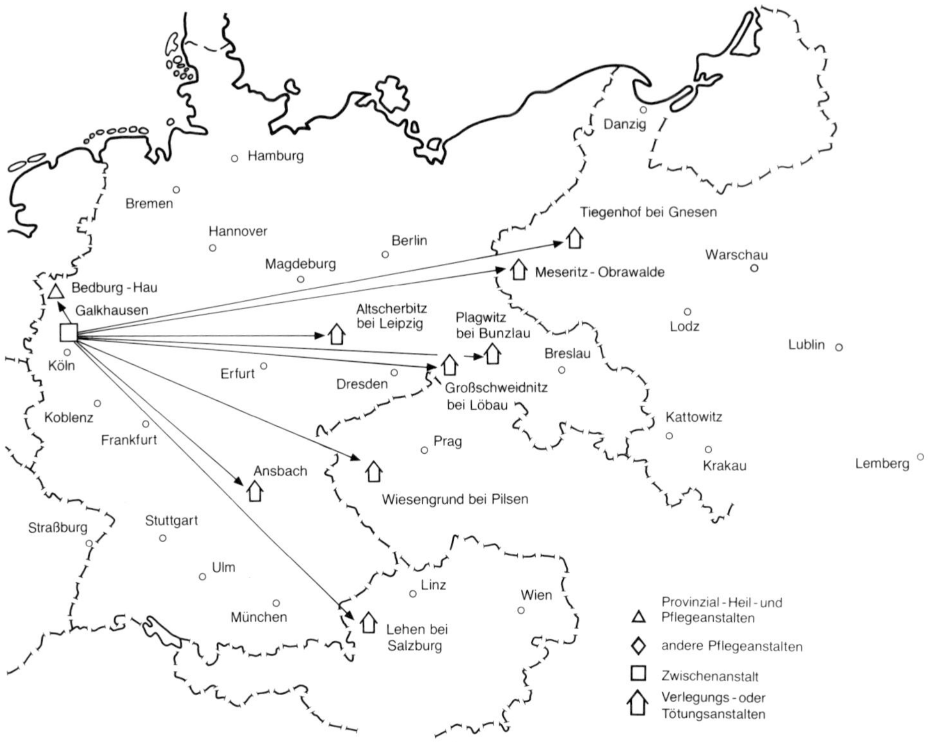

Abb.: 33 Transporte aus der PHP Galkhausen vornehmlich nach Anstalten im Osten 1943–1944
(Deutschland in den Grenzen von 1936)

WENN IM VORSOMMER der Mond geheime Zeichen aussendet,
die Kelche der Lilien Dufthimmel verströmen,
öffnet sich manches Ohr unter Grillengezirp
dem Kreisen der Erde und der Sprache
der entschränkten Geister zu lauschen.

In den Träumen aber fliegen die Fische in der Luft
und ein Wald wurzelt sich im Zimmerfußboden fest.
Aber mitten in der Verzauberung spricht eine Stimme klar und verwundert:
Welt, wie kannst du deine Spiele weiter spielen
und die Zeit betrügen –
Welt, man hat die kleinen Kinder wie Schmetterlinge,
flügelschlagend in die Flamme geworfen –

und deine Erde ist nicht wie ein fauler Apfel
in den schreckaufgejagten Abgrund geworfen worden –

Und Sonne und Mond sind weiter spazierengegangen –
zwei schieläugige Zeugen, die nichts gesehen haben.

WIR ÜBEN heute schon den Tod von morgen
wo noch das alte Sterben in uns welkt –
O Angst der Menschheit nicht zu überstehn –

O Todgewöhnung bis hinein in Träume
wo Nachtgerüst in schwarze Scherben fällt
und beinern Mond in den Ruinen leuchtet –

O Angst der Menschheit nicht zu überstchn –

Wo sind die sanften Rutengänger
Ruhe-Engel, die den verborgnen Quell
uns angerührt, der von der Müdigkeit
zum Sterben rinnt?

Nelly Sachs, a. a. O., S. 160f.

Auswahlbibliographie

Die folgende Auswahlbibliographie umfaßt nicht annähernd alle einschlägigen Titel. Sie soll helfen, über grundlegende Werke den Einstieg in die Materie zu erleichtern und die Weiterarbeit zu ebnen.

Baader, G. und Schultz, U. (Hrsg.), Medizin und Nationalsozialismus, Berlin (West) ²1983
Ders., Psychiatrischer Alltag im Nationalsozialismus, in: Peukert, D. und Reulecke, H. (Hrsg.), Die Reihen fast geschlossen, Wuppertal 1981, S. 367–380
Blasius, D., Der verwaltete Wahnsinn. Eine Sozialgeschichte des Irrenhauses, Frankfurt/M. 1980
Bock, G., Zwangssterilisation im Nationalsozialismus. Studien zur Rassenpolitik und Frauenpolitik, Opladen 1986
Degkwitz, R., Euthanasie – Menschlichkeit des 20. Jahrhunderts, Teil 2, in: Medizinische Klinik 71, 1976, S. 1800–1804
Ders., Medizinisches Denken und Handeln im Nationalsozialismus, in: Fortschritte der Neurologischen Psychiatrie 53, 1985, S. 212–225
Dieckhöfer, K., Von der Irrenfürsorge zur wissenschaftlich begründeten Psychiatrie – 100 Jahre Rheinische Landesklinik Bonn, in: Bonner Geschichtsblätter 35, 1984, S. 215–249
Dörner, K., Diagnosen der Psychiatrie, Frankfurt/M./New York 1975
Ders., Nationalsozialismus und Lebensvernichtung, in: Vierteljahrshefte für Zeitgeschichte 15, 1967, S. 121–152
Ders., (Hrsg.), Fortschritte der Psychiatrie im Umgang mit Menschen, Rehburg-Loccum 1985
Ehrhardt, H. und Pillinger, W., Euthanasie und Vernichtung Lebensunwerten Lebens, in: Gruhle, H. W. u. a. (Hrsg.), Psychiatrie und Gegenwart, Berlin–Göttingen–Heidelberg 1961, Bd. 3, S. 253 ff.
Finzen, A., Massenmord und Schuldgefühle – Anmerkungen zur Pathopsychologie des Gewissens, in: Sozialpsychiatrische Informationen 13, 1983, S. 91–101
Finzen, H., Auf dem Dienstweg – Die Verstrickung einer Anstalt in die Tötung psychisch Kranker, Rehburg-Loccum 1984
Friedrich, J., Die kalte Amnestie – NS-Täter in der Bundesrepublik, Frankfurt/M. 1983
Graf, H., „Betrifft: Überführung von Kranken“. Kranken- und Irrenpflege in der Zeit des Nationalsozialismus, in: Deutsche Krankenpflege-Zeitschrift 36, 1983, S. 2–14
Gruchmann, L., Euthanasie und Justiz im Dritten Reich, in: Vierteljahrshefte für Zeitgeschichte 20, 1972, S. 235–279
Hochmuth, A. (Hrsg.), Bethel in den Jahren 1939–1943. Eine Dokumentation zur Vernichtung lebensunwerten Lebens, Bethel 1970

Kaul, K. F., Die Psychiatrie im Strudel der „Euthanasie“, Frankfurt/M. 1979
Klee, E., „Euthanasie“ im NS-Staat, Frankfurt/M. 1983
Ders. (Hrsg.), Dokumente zur „Euthanasie“, Frankfurt/M. 1985
Kneuker, G. und Steglich, W., Begegnungen mit der Euthanasie in Hadamar, Rehburg-Loccum 1985
Kogon, E., Langbein, H., Rückerl, A. u. a., Nationalsozialistische Massentötungen durch Giftgas – eine Dokumentation, Frankfurt/M. 1983
Kudlien, F., Ärzte im Nationalsozialismus, Köln 1985
Kuhlenkampff, C., Erkenntnis, Interesse und Pragmatismus. Erinnerungen an die Zeit von 1945–1970, in: K. Dörner (Hrsg.), Fortschritte der Psychiatrie, a. a. O., S. 127 ff.
Kuhn, P., Die Geschichte des Rheinischen Landeskrankenhauses Düsseldorf-Grafenberg von 1815–1945, Diss. med. Düsseldorf 1977
Meyer, H. und Süße, Th., Die Konfrontation niedersächsischer Heil- und Pflegeanstalten mit den „Euthanasiemaßnahmen“ des Nationalsozialismus, Diss. med. Hannover 1984
Mitscherlich, A. und Mielke, F., Medizin ohne Menschlichkeit, Frankfurt/M. 1960
Nowak, K., „Euthanasie“ und Sterilisierung im „Dritten Reich“, Göttingen 1984
Platen-Hallermund, A., Die Tötung Geisteskranker in Deutschland, Frankfurt/M. 1948
Pörksen, N., Unfähigkeit zu trauern: Anklage und Verteidigung der Täter – Vergessen der Opfer, in: K. Dörner (Hrsg.), Fortschritte der Psychiatrie, a. a. O., S. 117 ff.
Roth, K. H. und Aly, G., Die Diskussion über die Legalisierung der nationalsozialistischen Anstaltsmorde in den Jahren 1938–1941, in: Recht und Psychiatrie 1, 1983, H. 2, S. 51–64
Schmidt, G., Vom Rassenmythos zu Rassenwahn und Selektion, in: Der Nervenarzt 56, 1985, S. 337–347
Ders., Selektion in der Heilanstalt 1939–1949, Frankfurt/M. 1965
Schulte, W., „Euthanasie“ und Sterilisation, in: Flitner, A., (Hrsg.): Deutsches Geistesleben und Nationalsozialismus, Tübingen 1965, S. 73–89
Siemen, H.-L., Das Grauen ist vorprogrammiert. Psychiatrie zwischen Faschismus und Atomkrieg, Gießen 1982
Stöffler, F., Die „Euthanasie“ und die Haltung der Bischöfe im hessischen Raum 1940–1945, in: Archiv für mittelrheinische Kirchengeschichte 13, 1961, S. 301–325
Wuttke (-Groneberg), W., Medizin im Nationalsozialismus. Ein Arbeitsbuch, Tübingen 1980

Indices: Orte

Indices: Personen

Abkürzungsverzeichnis

BDM	Bund deutscher Mädel
cr	currentis, lat.: des laufenden (Monats oder Jahres)
Gekrat	Gemeinnützige Krankentransport-Gesellschaft m.b.H.
GzVeN	Gesetz zur Verhützung erbkranken Nachwuchses
HJ	Hitler-Jugend
IG (Farben)	Interessengemeinschaft (Farben)
KvT	Krankenhaus Tarifordnung
KV-Prozesse	Kriegsverbrecher-Prozesse
KZ	Konzentrationslager
NSDAP	Nationalsozialistische Deutsche Arbeiterpartei
o. B.	ohne Befund
PHP	Provinzial-Heil- und Pflegeanstalt
RGBl	Reichsgesetzblatt
Rhld.	Rheinland
RLK	Rheinische Landesklinik
RM	Reichsmark
RStGB	Reichsstrafgesetzbuch
SA	Sturm-Abteilung der NSDAP
SS	Schutz-Staffel der NSDAP
Tgb. Nr.	Tagebuchnummer
VdP	Verwaltung des Provinzialverbandes

Nachweis der Abbildungen

Süddeutscher Verlag, Bilderdienst: 1, 2, 4, 21, 22, 23
Archiv des Landschaftsverbands Rheinland: 3
Archiv der RLK Langenfeld: 5, 6, 9, 10, 24
Bresler, J., Deutsche Heil- und Pflegeanstalten
Psychisch Kranke in Wort und Bild, Band 2, Halle 1912, S. 428: 7
Stadtarchiv Brandenburg: 8
Archiv der RLK Bonn: 11
Archiv des Carl-Duisberg-Gymnasiums Leverkusen: 12, 13, 14, 15, 16, 17, 20
Die Rheinprovinz 13, 1937, S. 384: 18
Archiv Alte Synagoge, Essen: 19
Klee, E., „Euthanasie im NS-Staat", Frankfurt/M. 1983: 25 (S. 125), 31 (S. 402), 32 (S. 404)
Deutsche Presse-Agentur: 26, 27, 28, 30
Rheinland-Verlag: 29, 33

Nachweis der Dokumente

Alle im folgenden nicht aufgeführten Dokumente stammen aus dem derzeit noch unverzeichneten Bestand des Archivs der RLK Langenfeld
Ministerialblatt für die Preußische Innere Verwaltung: 15 (1934, Sp. 1539) 23 (1936, Sp. 576)
Handbuch der Rheinischen Provinzialverwaltung, Band 2, Düsseldorf ^{8}1936: 22
Styrnal, R. und Graf, H., Die Situation des Pflegepersonals in der Prov.- Heil- und Pflegeanstalt Galkhausen in der Zeit von 1939–1945, ungedruckte Abschlußarbeit, Fachhochschule Osnabrück 1982: 57 (S. 102), 58 (S. 109), 78 (S. 127)
Privatbesitz: 59, 60, 61, 62
Klee, E., „Euthanasie", a. a. O.: 52 (S. 127), Zwischentexte (152 f., 405, 407)